AVALIAÇÃO DA APRENDIZAGEM ESCOLAR

estudos e proposições

Dados Internacionais de Catalogação na Publicação (CIP)
(Câmara Brasileira do Livro, SP, Brasil)

Luckesi, Cipriano Carlos
Avaliação da aprendizagem escolar : estudos e proposições / Cipriano Carlos Luckesi. — 22. ed. — São Paulo : Cortez, 2011.

Bibliografia.
ISBN 978-85-249-1744-8

1. Aprendizagem 2. Aprendizagem — Avaliação 3. Educação — Finalidades e objetivos 4. Professores — Formação I. Título.

11-05288 CDD-370

Índices para catálogo sistemático:

1. Aprendizagem : Avaliação : Educação 370

Cipriano Carlos Luckesi

AVALIAÇÃO DA APRENDIZAGEM ESCOLAR

estudos e proposições

22ª edição
8ª reimpressão

CORTEZ EDITORA

AVALIAÇÃO DA APRENDIZAGEM ESCOLAR: estudos e proposições
Cipriano Carlos Luckesi

Capa: Marcio Vasconcelos Luckesi
Revisão: Fernanda Magalhães
Preparação de originais: Jaci Dantas e Solange Martins
Composição: Linea Editora Ltda.
Coordenação editorial: Danilo A. Q. Morales

Direitos para esta edição
CORTEZ EDITORA
Rua Monte Alegre, 1074 – Perdizes
05014-001 – São Paulo-SP
Tel.: (11) 3864-0111 Fax: (11) 3864-4290
e-mail: cortez@cortezeditora.com.br
www.cortezeditora.com.br

Impresso no Brasil – dezembro de 2022

Aos educadores e futuros educadores brasileiros, na esperança e no desejo de que aprendam a trabalhar com avaliação da aprendizagem como uma aliada na prática educativa cotidiana, assim como na vida.

SUMÁRIO

PARTE III

AVALIAÇÃO DA APRENDIZAGEM E DEMOCRATIZAÇÃO DO ENSINO

PARTE IV

PLANEJAR, EXECUTAR E AVALIAR — CONDIÇÕES DO SUCESSO NA APRENDIZAGEM ESCOLAR

PARTE V

DA NECESSIDADE DO INVESTIMENTO EFICIENTE NA PRÁTICA EDUCATIVA

PARTE VI

CUIDADOS COM OS INSTRUMENTOS DE COLETA DE DADOS PARA A AVALIAÇÃO

PARTE VII

UMA ÚLTIMA OBSERVAÇÃO

PREFÁCIO À 22ª EDIÇÃO

Este livro — que agora atinge sua 22ª edição — veio a público pela primeira vez em 1995. De lá para cá — estamos em 2011 —, no decorrer dos dezesseis anos que nos separam daquela data, foram efetuadas vinte e uma edições pela Cortez Editora, São Paulo, atendendo a demanda dos leitores e estudiosos do tema da avaliação da aprendizagem, sem que se tenha introduzido qualquer modificação.

Os estudos publicados nas edições anteriores deste livro apresentavam, e apresentam ainda, um modo específico de abordar os temas da avaliação da aprendizagem. Com base em recursos originários da Filosofia, da Sociologia, da Política e da Pedagogia, os temas foram abordados, ao mesmo tempo, de forma crítica, desvendando seus determinantes histórico-socais, e de forma afirmativa, anunciando novas possibilidades e novos modos de agir nessa área da prática educativa escolar. Essas abordagens continuam essenciais para educadores e para estudantes da área de formação de professores no sentido de perceberem que o que ocorre em nossas atividades escolares no presente tem raízes assentadas, larga e longamente, em práticas históricas e tramas sociais que nos antecederam, muitas vezes, ainda atuantes em nossos dias. o que justifica que este livro continue a ser oferecido pela Editora aos estudiosos do tema. Não há como estudar o fenômeno da avaliação da aprendizagem — assim como qualquer outro fenômeno humano — e desejar ultrapassar seus contornos limitantes, sem ter presente seus determinantes histórico-sociais.

Para esta 22ª edição, e a partir dela, alguns elementos novos estão sendo introduzidos, complementando as abordagens anteriores e tornando o livro atualizado e oferecendo ao leitor uma maior gama de textos para leitura e estudo.

Para esta edição, mantém-se a "introdução", escrita no ano de 1994, onde explícito minha trajetória até aquele momento nos estudos sobre avaliação da aprendizagem, citando variados estudos, sendo que nem todos foram publicados nos capítulos do livro, como facilmente pode ser visto cotejando-se a introdução com os capítulos publicados. Mantêm-se também os nove capítulos da 1ª edição, ainda que numa nova ordem de apresentação em função da inserção de novos capítulos e do reagrupamento dos capítulos por "Partes", oferecendo ao leitor uma melhor percepção dos tratamentos aos quais o tema da avaliação foi submetido. .

As notas de pé de página no início de cada capítulo, que ofereciam a indicação das fontes onde cada texto fora publicado originalmente sob a forma de artigo, foram transformadas em "links" apostos na primeira página de cada capítulo, identificando suas fontes originais de publicação, como também a intenção com que foram escritos, o que sustenta a razão de sua inserção neste livro. Além disso, abaixo do título de cada capítulo, há a indicação da abordagem do seu conteúdo. Esses cuidados auxiliam o leitor a situar-se tanto no conteúdo da leitura, como na razão pela qual cada texto foi escrito e inserido no livro na ordem seqüencial em que está publicado..

Nesta 22ª edição, foram introduzidos mais alguns capítulos ao livro, que, como os anteriores, originalmente foram artigos escritos em ocasiões diversas, abordando questões teóricas, técnicas e éticas da avaliação da aprendizagem. São reproduções de artigos que foram escritos para a extinta revista ABC Educatio, da Editora Criarp, São Paulo, o que faz com que tenham um tom mais célere e leve (modelo próprio de comunicação dessa revista) que os capítulos anteriores (que eram mais acadêmicos), ainda que não percam em nada em termos da qualidade das abordagens dos temas tratados.

No caso, para esta inserção desses escritos no livro, sob a forma de novos capítulos, aqui e acolá, foram realizadas pequenas modificações nos textos originais, tendo em vista torná-los mais adequados para essa publicação. Caso o leitor conheça a publicação original dos artigos, observará que, em alguns momentos, foram modificadas uma ou outra expressão ou frases que foram retiradas ou inseridas, sem que, com isso, tenha se modificado o significado original dos conteúdos abordados. Ao contrário, com essas modificações, pretendi tornar os textos mais compreensíveis e significativos no seio desta 22ª edição do livro.

Como o leitor poderá observar, os capítulos desta edição do livro estão apresentados em uma nova ordem, divididos por "Partes" englobando capítulos que tratam de um mesmo conteúdo, complementando-se. Os capítulos novos integram-se e enriquecem as abordagens anteriores.

A leitura e o estudo dos capítulos deste livro poderão ser realizados segundo a necessidade do leitor, que podem ser: (01) ler o livro como um todo, seguindo capítulo a capítulo, apropriando-se do conteúdo como um todo; (02) tomar as "Partes" e apropriar-se dos capítulos componentes das mesmas, que também formam um conjunto coerente de abordagens; e, por ultimo, (03) tomar cada capítulo isoladamente. O livro inteiro, cada um das partes ou cada um dos capítulos contém tratamento por de um conteúdo por inteiro, com início, meio e fim. Só o leitor poderá decidir por sua necessidade ou desejo frente ao convite que os títulos, expressos no sumário, lhe fazem para entrar na senda de sua leitura.

O título do livro continua sendo Avaliação da aprendizagem escolar. Todavia, trouxe para a capa o subtítulo — "estudos e proposições" ---, que, nas edições anteriores, estava registrado na página dos "créditos" do livro. Esse subtítulo faz jus à reunião dos artigos aqui publicados ou re-publicados.

Ainda cabe observar que as referências bibliográficas, que se encontravam ao final de alguns dos capítulos nas edições anteriores, foram englobas na bibliografia, que se encontra ao final do livro, categorizada por temas de estudos.

Finalmente, permanecendo agradecido à José Xavier Cortez pela permanente acolhida de meus escritos por sua Editora, espero e desejo que esta 22ª edição do livro propicie aos leitores novos estudos e aprofundamentos na temática da avaliação da aprendizagem escolar, que tem trazido angústias a pais, educadores e gestores da educação. Espero e desejo estar contribuindo para que possamos ultrapassar a era dos exames escolares, incorporando o que ela tem de significativo e descartando o que já não tem mais sentido para o presente, chegando a era da avaliação da aprendizagem na escola, como recurso de sucesso em nossas atividades educativas.

Salvador, Bahia, março de 2011.

Cipriano Luckesi

INTRODUÇÃO

A avaliação da aprendizagem escolar vem sendo objeto de constantes pesquisas e estudos, com variados enfoques de tratamento, tais como tecnologia, sociologia, filosofia e política.

Neste livro, reúno um conjunto de artigos publicados ao longo de anos de trabalho com avaliação da aprendizagem escolar. Neles se fazem presentes estudos críticos sobre a prática da avaliação da aprendizagem na escola, bem como proposições e encaminhamentos.

O ano de 1968 marcou o início de meus contatos com o tema da avaliação da aprendizagem escolar. Nessa época, em São Paulo, ainda acadêmico de Licenciatura em Filosofia, participei de um curso de Medidas Educacionais, regido pelo professor Godeardo Baquero, autor do livro *Testes psicométricos e projetivos*[1]. Então entrei em contato com os quase impossíveis desejos positivistas de objetividade nas medidas educacionais, e aprendi também a trabalhar com elaboração e qualificação de testes de aproveitamento escolar. Dessa data em diante, o tema da avaliação da aprendizagem escolar assediou-me incessantemente.

Meu ingresso na área, como profissional, deu-se em 1972. Nesse mesmo ano, em Salvador, na Bahia, participei de um curso para telepromotores, promovido pelo Instituto de Radiodifusão Educativa da Bahia (IRDEB), no qual tive a oportunidade de participar das aulas de Luiz

1. Godeardo Baquero é autor do livro *Testes psicométricos e projetivos*. São Paulo: Loyola, 1968.

Iglesias Valero[2] sobre avaliação da aprendizagem. Tomei contato, na ocasião, com as taxionomias de objetivos educacionais de Benjamin Bloom, entre outros, aprofundando meus conhecimentos e práticas sobre as relações entre medidas educacionais e prática educativa. Confesso que, num primeiro momento, me empolguei com a proposta. Ela parecia responder, em grande parte, aos problemas da precisão na atividade de avaliar a aprendizagem dos alunos. Em decorrência da qualidade de minha participação nesse evento, fui admitido como profissional do IRDEB e, nessa instituição, dediquei-me por quatro anos a trabalhar com produção, revisão, quantificação, qualificação e análise de testes de aproveitamento escolar, experimentando também a produção e utilização de diferentes instrumentos de avaliação. Aprendi o uso técnico dos instrumentos, porém debatia-me com questões teóricas.

Nesse período, tive oportunidade de abordar o tema em diversos cursos e seminários. Trabalhei junto à Associação Brasileira de Tecnologia Educacional (ABT), com sede no Rio de Janeiro, em vários cursos oferecidos para diversas partes do país; também para a Secretaria de Educação do Estado da Bahia em seminários e treinamentos para os seus especialistas e para muitas escolas, situadas na cidade de Salvador e em suas circunvizinhanças.

Interesses pessoais afastaram-me, em 1976, das atividades profissionais do IRDEB e passei a me dedicar somente à vida acadêmica dentro da Universidade, onde nunca trabalhei diretamente com avaliação, mas sim com Filosofia, Filosofia da Educação[3] com Metodologia do Trabalho Científico[4].

---

2. Luiz Valero era, naquela época, o coordenador da área de avaliação da TV Educativa de E1 Salvador. O IRDEB publicou, em 1973, um volume, intitulado Supervisão e avaliação, contendo os principais documentos estudados durante o curso para telepromotores; foi uma edição interna realizada pela editora Mensageiro da Fé, Salvador, Bahia.

3. Sou professor do Departamento de Filosofia na Faculdade de Filosofia e Ciências Humanas da Universidade Federal da Bahia desde agosto de 1972; ensino Filosofia da Educação no Mestrado em Educação da UFBA desde 1985; atualmente, ofereço disciplinas dessa área também ao Doutorado em Educação na mesma instituição.

4. Desde 1976, sou professor de Metodologia do Trabalho Científico na Universidade Estadual de Feira de Santana, Bahia. A partir dessa cadeira, juntamente com mais três colegas de área, publicamos um livro intitulado *Fazer universidade: uma proposta metodológica*, editado pela Cortez Editora, São Paulo, no ano de 1984; hoje este livro encontra-se na 6ª edição.

Todavia, a avaliação da aprendizagem, como objeto de pesquisa e como prática, continuou a me fascinar e, então, aos poucos, fui colocando no papel meus estudos e reflexões sobre o tema, seja a partir de demandas pessoais, satisfazendo assim meus anseios de processar um trabalho educativo de melhor qualidade, seja a partir de solicitações externas (convites para ministrar cursos e conferências), dividindo, dessa forma, com outros educadores os conhecimentos que vinha adquirindo e formulando. Iniciei, então, uma nova fase em meus estudos sobre a temática. Já não me interessavam muito as questões técnicas; assediavam-me à mente e ao coração questões teóricas mais abrangentes; como a filosofia da avaliação da aprendizagem.

O artigo "Avaliação educacional: pressupostos conceituais"[5] marcou, em 1978, a maturação de uma primeira reflexão teórica que vinha estabelecendo. Ensaiei, nesse texto, uma definição da avaliação da aprendizagem, dando atenção a alguns pontos críticos. Nesse momento, buscava uma formulação epistemológica sobre avaliação, cuja conceituação, pouco modificada, utilizo até hoje[6].

Em 1980, como coordenador de um *Fórum de Debates* do XII Seminário Brasileiro de Tecnologia Educacional, realizado em Curitiba, PR, recebi a incumbência de redigir um texto básico que servisse de suporte para as discussões no decorrer da atividade. Escrevi cinco textos e enfeixei-os numa coletânea denominada *O papel da filosofia na prática educativa*. Havia um capítulo intitulado "Compreensão filosófica da educação: avaliação da aprendizagem"[7], no qual, dando sequência às minhas meditações anteriores,

5. Publicado na revista *Tecnologia Educacional*, Rio de Janeiro, Associação Brasileira de Tecnologia Educacional — ABT, n. 24, 1978.

6. Na ocasião em que escrevi esse artigo utilizava a definição da avaliação como "um juízo de valor sobre dados relevantes para uma tomada de decisão". Hoje, quando falo em avaliação da aprendizagem, prefiro defini-la como "um juízo de qualidade sobre dados relevantes para uma tomada de decisão". A razão da mudança é a seguinte: o elemento *valor* possui uma significação sociofilosófica-política abrangente, que ultrapassa os limites instrumentais da avaliação da aprendizagem que subsidia decisões do processo ensino-aprendizagem. Pedro Demo apresenta uma interessante discussão sobre avaliação instrumental no seu livro *Avaliação qualitativa*, publicado pela Cortez Editora, que vale a pena ser estudada.

7. A Associação Brasileira de Tecnologia Educacional — ABT, com sede no Rio de Janeiro, promove anualmente um Seminário, de âmbito nacional, tratando de temas vinculados à tecnologia educacional. Nesse ano de 1980, havia no Seminário um Fórum de Debates que era coordenado por um profissional

demonstrava que a prática da avaliação da aprendizagem não se dava em separado do projeto pedagógico, mas sim o retratava. Epistemologicamente, a avaliação não existe por si, mas para a atividade a qual serve, e ganha as conotações filosóficas, políticas e técnicas da atividade que subsidia.

Iniciei, em 1982, uma nova fase de tratamento da temática, dando margem a que os enfoques sociológico e político começassem a tomar o seu lugar. Fui convidado pela ABT para coordenar um *Fórum de Debates* do XIV Seminário Brasileiro de Tecnologia Educacional, que se realizaria no Rio de Janeiro no ano de 1982. Escrevi, então, uma série de textos, aos quais dei o nome de *Equívocos teóricos na prática educacional*. Entre eles, aquele intitulado "Avaliação: otimização do autoritarismo"[8], tratava dos diversos equívocos teóricos exercidos na prática educativa; aí tive oportunidade de abordar o equívoco em relação à avaliação da aprendizagem escolar, especialmente em função do viés de autoritarismo que mescla e direciona essa prática. Discuti, então, como a avaliação da aprendizagem se manifestava como um lugar de práticas autoritárias na relação pedagógica, traduzindo um modelo de sociedade.

Em 1984, tive nova ocasião para aprofundar esse enfoque. Em seu XVI Seminário Brasileiro de Tecnologia Educacional, realizado em Porto Alegre, a ABT abriu uma seção de "Comunicação Livre" para a qual me inscrevi com o texto "Avaliação educacional escolar: para além do autoritarismo"[9]. Num momento anterior, havia tratado a avaliação do ponto de vista do seu viés autoritário; agora desejava aprofundar esse tema e apontar alguma saída para a situação anteriormente analisada; por isso, atribuí ao artigo o subtítulo "para além do autoritarismo", por desejar ir um pouco além do que já havia feito no texto de 1982; propus, então, a avaliação diagnóstica como uma saída para o modo autoritário de agir na prática educativa em avaliação, e como meio de auxiliar a construção de uma educação que estivesse a favor da democratização da sociedade. Este texto significou meu verdadeiro foro de cidadania como estudioso que trabalha a temática da avaliação da apren-

---

e que, para tanto, deveria elaborar material específico para o evento. Estes cinco textos econtram-se em edição mimeografada da ABT.

8. *Equívocos teóricos na prática educacional*, ABT, 1984, Série Estudos e Pesquisas, n. 27.

9. Publicado na revista *Tecnologia Educacional*, ABT, Rio de Janeiro, n. 61.

dizagem; ele foi largamente estudado, debatido, elogiado e criticado[10]. Significou, para mim, um redirecionamento da questão da avaliação da aprendizagem escolar, e foi também, parece, um marco importante na discussão dessa temática no meio educacional brasileiro.

Ainda em 1984, além de aprofundar a compreensão da avaliação da aprendizagem em seu viés autoritário, comecei a trabalhar na articulação da avaliação com o processo de ensino, numa perspectiva construtiva. Fui, nesse ano, convidado pelo professor José Carlos Libâneo a participar de um Simpósio na III Conferência Brasileira de Educação (CBE), que se realizaria em Niterói. Para acompanhar a exposição, escrevi um texto que teve por título "Elementos para uma didática no contexto de uma pedagogia para a transformação"[11]. Ainda que não fosse um ensaio sobre avaliação da aprendizagem, relacionava-se com o tema. Trabalhei nesse texto questões que me pareciam fundamentais para a didática, incluindo a avaliação. A avaliação da aprendizagem escolar não poderia continuar a ser tratada como um elemento à parte, pois integra o processo didático de ensino-aprendizagem, como um de seus elementos constitutivos. Então, procurei demonstrar como a avaliação, ao lado do planejamento e da execução do ensino, constituía um todo delimitado por uma concepção filosófico-política da educação.

Desse modo, o ano de 1984 foi muito importante para a minha vida acadêmica, assim como para minha trajetória de educador que abordava a questão da avaliação da aprendizagem escolar. Organizei uma inicial compreensão sociopolítica da avaliação da aprendizagem e dei um passo na discussão de sua articulação no processo didático, subsidiando a construção bem-sucedida da aprendizagem.

Daí em diante, segui essa dupla direção, ampliando cada vez mais a compreensão do fenômeno da avaliação da aprendizagem escolar como um fenômeno merecedor de múltiplos tratamentos.

---

10. O artigo, publicado inicialmente na revista *Tecnologia Educacional*, foi reeditado na revista da AMAE-Educando, MG; na revista da AEC, RJ; e na revista da ANDE, SP.

11. Anais da III CBE — *Simpósio*. São Paulo: Loyola, 1984. A ABT republicou este artigo na sua revista *Tecnologia Educacional*, n. 65.

Em 1987, fui admitido como aluno no Doutorado em Filosofia da Educação da Pontifícia Universidade Católica de São Paulo, com um projeto de tese sobre avaliação da aprendizagem escolar, no qual me propunha a tratar o tema tendo presente aspectos filosóficos, políticos e pedagógicos. Desejava uma abordagem interdisciplinar.

Em 1988, participei de um Simpósio na V Conferência Brasileira de Educação, realizada em Brasília, onde foi discutida a questão da relação entre avaliação da aprendizagem e democratização do ensino. Então, escrevi o texto "Avalição do aluno: a favor ou contra a democratização do ensino?"[12] Nessa oportunidade, retomei todas as discussões apresentadas anteriormente e as articulei com a questão da democratização do ensino. Em 1989, participando do V Encontro Nacional de Didática e Prática de Ensino, realizado em Belo Horizonte,apresentei uma dissertação intitulada "Por uma prática docente crítica e construtiva"[13] na qual, mais uma vez, tive a oportunidade de articular avaliação com projeto pedagógico, bem como com todo o processo de ensino. A avaliação foi então colocada a serviço da aprendizagem, no seu interior, constituindo-a, e não como um seu elemento externo.

Em 1990, a FDE — Fundação para o Desenvolvimento da Educação do Estado de São Paulo — convidou-me para pronunciar uma conferência sobre avaliação da aprendizagem em um Seminário sobre *A construção do projeto de ensino e a avaliação.* Para acompanhar a fala, elaborei um texto que se chamou "Verificação ou avaliação: o que pratica a escola?", publicado na *Série Ideias,* da mesma Fundação[14]. No decorrer do meu pronunciamento, anunciei o desejo de escrever um texto que teria o nome "Do erro como fonte de castigo ao erro como fonte de virtude". Para mim, era somente um desejo longínquo, porém Maria Conceição Canholado (coordenadora geral do evento) e Maria Cristina Amoroso A. da Cunha (coor-

12. Publicado pela ABT, Rio de Janeiro, no n. 44 de sua Série Estudos e Pesquisas, sob o título *Prática docente e avaliação*, p. 35-54.

13. Publicado no livreto da Série Estudos e Pesquisas (p. 9-34) citado na nota anterior.

14. São Paulo, FDE, 1990, Série Ideias, n. 8, p. 71-80. A FDE gravou a fala no Seminário e produziu uma videoconferência que vem circulando em vários locais do país.

denadora técnica do evento) assumiram esse meu desejo como alguma coisa que deveria materializar-se de imediato e, com a doce sedução que lhes é muito própria, convenceram-me a colocar no papel o que vinha formulando sobre esse tema e, então, no mesmo volume da *Série Ideias* em que foi publicado o texto acima, inseriu-sc também este. Nesses dois textos, aprofundei a questão da avaliação da aprendizagem de modo bem específico, ou seja: de um lado, estudei como a medida é necessária para a avaliação, mas também como a avaliação ultrapassa a medida em seu significado, oferecendo ao educador um suporte dinâmico a serviço da construção da aprendizagem bem-sucedida; de outro, estudei o erro como um elemento constitutivo da aprendizagem e não como algo que devesse ser recusado, ou, mais que isso, castigado. Os dois textos deram suporte ao entendimento da avaliação como elemento subsidiário do processo ensino-aprendizagem.

Em 1991, para participar da VI CBE que se realizou em São Paulo, na Faculdade de Educação da USP, escrevi um texto que recebeu o título "Avaliação da aprendizagem escolar: apontamentos sobre a pedagogia do exame"[15], no qual denunciei a atenção exacerbada de educandos, educadores, pais, administradores da educação ao fenômeno da promoção do educando de série em série em detrimento do processo de construção da aprendizagem propriamente dita. Esse texto, acredito, coroou uma discussão que já estava latente em abordagens anteriores.

Em 1992, participei do Seminário "O diretor — articulador do projeto da escola", promovido pela FDE, no qual fiz uma exposição sobre "Planejamento e Avaliação na Escola: articulação e necessária determinação ideológica", publicado na *Série Ideias*, n. 15, onde abordei a avaliação a serviço da construção de uma intenção politicamente delimitada[16].

Meu último e mais extenso trabalho sobre avaliação da aprendizagem foi minha tese de doutoramento, apresentada à PUC de São Paulo no início de 1992, e defendida em abril desse mesmo ano, sob o título *Avaliação da aprendizagem escolar: sendas percorridas*, em que desenvolvi um

15. Revista *Tecnologia Educacional*, n. 101, p. 82-6.

16. Caderno *Ideias*, n. 11, 1992, p. 115-25.

estudo sobre a história da avaliação da aprendizagem nas pedagogias do século XVI ao XX, como também um estudo sobre a prática da avaliação da aprendizagem no Brasil. Abordei a avaliação da aprendizagem escolar nas pedagogias sob o enfoque de sua utilização disciplinar, tendo em vista a conformação do caráter dos educandos. Pretendi, com a tese, realizar um exame interdisciplinar da questão da avaliação da aprendizagem escolar, incluindo aspectos históricos, políticos, filosóficos e psicológicos. O resultado parece ter sido uma tentativa, relativamente bem-sucedida, de desvendar as "sendas percorridas" pela avaliação da aprendizagem escolar, na sociedade moderna, e na prática educativa brasileira, ao longo do tempo.

Desde que entrei em contato com a temática da avaliação da aprendizagem, em 1968, até o presente momento, em 1994, passaram-se 26 anos. Já trabalhei com as questões técnicas, as filosóficas, as políticas da avaliação da aprendizagem, e, atualmente, pesquiso as psicológicas, tentando integrar esses enfoques num todo compreensivo. Creio ter construído um longo e rico percurso. O reconhecimento do valor desse meu trabalho vem sendo manifestado pelos carinhosos convites que tenho recebido para pronunciar conferências, coordenar dias de estudos ou dar cursos nos mais variados rincões deste imenso país.

Fiz esse longo relato de minha trajetória pelo tema da avaliação para mostrar um caminho que foi construído lentamente, cuja síntese encontra-se nesta publicação. Por isso, sou grato a todos que, de uma ou outra forma, me estimularam a permanecer na trilha, na busca e na construção desse conhecimento; sou grato a mim mesmo por ter podido olhar criticamente para minha própria experiência como aluno e como professor e investigá-la a fundo; sou grato a meus filhos, desde que pude acompanhá-los, passo a passo, em seu desenvolvimento e em sua vida escolar, aprendendo sempre; sou grato a todos os meus alunos que, comigo, viveram esse longo percurso de ação e reação, sofrendo minhas mudanças; sou grato a meus colegas profissionais da educação, que debateram comigo esse tema tão emergente; sou grato aos ouvintes de minhas conferências, que sempre me estimularam a aprofundar minha investigação a partir de suas indagações e seus questionamentos; e sou grato ao José Xavier Cortez por ter decidido colocar a público este material, através de sua Editora.

O conhecimento que pude, formular e expor ao longo desses anos é fruto desse conjunto de relações que me conduziram a meditar sempre mais na temática, buscando novas trilhas de entendimento e de proposições.

Os capítulos que se seguem compõem-se de alguns textos já publicados em minha trajetória de educador e pesquisador da área da avaliação da aprendizagem. Possuem uma certa sequência lógica de tratamento, uma vez que ordenei-os levando em conta a temática da qual tratam. Por vezes, existem repetições inevitáveis, na medida em que foram textos escritos em ocasiões diferentes; contudo, cada um deles trabalha uma faceta diversa do tema.

Sinto-me gratificado por poder, mais uma vez, estar contribuindo para a meditação de todos os que vierem a fazer uso dos capítulos deste livro. Fico com uma dívida pública de, em breve, apresentar novos estudos sobre o tema. Estou certo de que estamos construindo o hoje e o amanhã, que, com certeza, será melhor do que o ontem, em decorrência da nossa ação. Juntos transformaremos nossos sonhos em realidades.

Ficarei grato por críticas e sugestões que me forem remetidas.

PARTE I

CONVITE À APRENDIZAGEM DA AVALIAÇÃO

Impossível condutas novas,
sem novas aprendizagens teórico-práticas.
Esse é o conteúdo do capítulo I, que se segue.

O texto deste capítulo é novo neste livro. Fora escrito no ano de 2008, para ser publicado na revista *ABC Educatio*, no espaço editorial "Coluna". Todavia, não o foi em função da extinção da revista; por isso, ainda é inédito para os leitores. Nele, a partir de um desafio para fazer uma conferência sobre o tema "A aprendizagem da avaliação", lembro aos educadores que a questão da avaliação é relativamente nova em termos de tempo e recentemente vem sendo colocada à frente de todos nós educadores. Necessitamosw "aprender" a avaliar a aprendizagem. Esse é um ato que ainda não se transformou numa habilidade para todos nós. Nosso senso comum está comprometido com os exames escolares e não com a avaliação. O capítulo convida o leitor a ingressar nesse estudo.

CAPÍTULO I

A APRENDIZAGEM DA AVALIAÇÃO

Sobre a necessidade do educador aprender a avaliar a aprendizagem

Recentemente, fui convidado para fazer uma conferência sobre "Avaliação da aprendizagem" e fui surpreendido na hora da apresentação, quando o locutor comunicou que eu faria uma conferência sobre "A aprendizagem da avaliação". Ele mesmo comunicou aos participantes que parecia um erro o anúncio dele, porém que efetivamente a troca do lugar dos termos no título da conferência era intencional, pois que o que importaria era que "aprendêssemos a avaliar a aprendizagem".

Gostei da intuição do coordenador da conferência, por isso, escrevo esse artigo dando corpo a esse tema.

Nossa história da avaliação da aprendizagem é recente, enquanto que nossa história dos exames escolares já é um tanto mais longa. Os exames escolares, que conhecemos e hoje ainda praticamos em nossas escolas foram sistematizados no decorrer dos séculos XVI e XVII, junto com a emergência da modernidade. A escola que conhecemos no presente é a escola da modernidade e, junto com ela foram sistematizados os exames escolares, da forma como genericamente eles ainda ocorrem hoje. Certamente que nesse longo período ocorreram mudanças, contudo sempre superficiais, na medida em que o núcleo do modo de agir se cimentou ao longo desses anos, impregnando nosso modo de nos conduzir no processo de acompanhar a aprendizagem dos nossos educandos.

Os exames escolares, da forma como foram sistematizados nesse período, têm aproximadamente quinhentos anos de vigência. Eles são conhecidos e utilizados a milênios (eram utilizados na China 3.000 anos antes da era cristã para selecionar soldados para o exército), mas, da forma como eles são praticados ainda hoje na escola, têm suas configurações situadas no período acima indicado.

A avaliação da aprendizagem, por sua vez, somente começou a ser proposta, compreendida e divulgada a partir de 1930, quando Ralph Tyler cunhou essa expressão para dizer do cuidado necessário que os educadores necessitam ter com a aprendizagem dos seus educandos. Nesse período, ele estava preocupado com o fato de a cada cem crianças que ingressavam na escola, somente trinta eram aprovadas, ou seja, anualmente, permanecia um resíduo de setenta reprovadas, o que, em síntese, supostamente significaria que elas não tinham processado uma aprendizagem satisfatória. Digo **supostamente** devido não termos um controle dos recursos técnicos que eram utilizados, naquele momento histórico, para aquilatar a aprendizagem dos educandos.

Para esse educador, essa perda era excessiva. Então, propôs que se pensasse e se usasse uma prática pedagógica que fosse eficiente e, para tanto, estabeleceu o "ensino por objetivos", o que significava estabelecer, com clareza e precisão, o que o educando deveria aprender e, como consequência, o que o educador necessitava fazer para que o educando efetivamente aprendesse. E, para construir os resultados desejados, propôs um sistema de ensino, que seria o mais óbvio possível: (1) ensinar alguma coisa, (2) diagnosticar sua consecução, (3) caso a aprendizagem fosse satisfatória, seguir em frente, (4) caso fosse insatisfatória, proceder a reorientação, tendo em vista obter o resultado satisfatório, pois que esse era o destino da atividade pedagógica escolar. Essa proposta singela e consistente não conseguiu ainda ter vigência significativa nos meios educacionais, nesses oitenta anos de educação ocidental, que nos separa de sua proposição.

No caso do Brasil, iniciamos a falar em avaliação da aprendizagem no final dos anos 1960 e início dos anos 1970 do século XX, portanto temos em torno de quarenta anos tratando desse tema e dessa prática escolar. Antes, somente falávamos em exames escolares. A LDB, de 1961, ainda contém um capítulo sobre os exames escolares e a Lei n. 5.692/71, que redefiniu o sistema de ensino no país, em 1971, deixou de utilizar a expressão "exames escolares" e passou a usar a expressão "aferição do aproveitamento escolar", mas ainda não se serviu dos termos "avaliação da aprendizagem". Somente a LDB, de 1996, se serviu dessa expressão no corpo legislativo. No caso, nossa atual legislação educacional conseguiu assimilar as novas proposições, porém nossa prática escolar, ainda está bastante longe de conseguí-la. Em nossas escolas, públicas e particulares, assim como nos nossos diversos níveis de ensino, praticamos muito mais exames escolares do que avaliação da aprendizagem. Daí, então, que a formulação do título de minha conferência, ainda que tenha me surpreendido, se me apresentou como profundamente significativo. Estamos necessitando de "aprender a avaliar", pois que, ainda, estamos mais examinando do que avaliando. Nosso senso comum, na vida escolar, é de examinadores e não de avaliadores.

Para distinguir essa duas condutas — examinar ou avaliar na escola —, basta relembrar sucintamente que o ato de examinar se caracteriza, especialmente (ainda que tenha outras características) pela *classificação* e *seletividade* do educando, enquanto que o ato de avaliar se caracteriza pelo seu *diagnóstico* e pela *inclusão*. O educando não vem para a escola para ser submetido a um processo seletivo, mas sim para aprender e, para tanto, necessita do investimento da escola e de seus educadores, tendo em vista efetivamente aprender. Por si, não interessa ao sistema escolar que o educando seja reprovado, interessa que ele aprenda e, por ter aprendido, seja aprovado. O investimento necessário do sistema de ensino é para que o educando aprenda e a avaliação está a serviço dessa tarefa. Os exames, por serem classificatórios, não têm essa perspectiva; a sua função é de sustentar a aprovação ou reprovação do educando; função diversa de subsidiar um investimento significativo no sucesso da aprendizagem, própria da avaliação.

Assim sendo, entre nós educadores, há necessidade de investir na "aprendizagem da avaliação". Essa é uma habilidade que necessitamos adquirir. Temos a habilidade de examinar, que herdamos tanto do sistema de ensino estabelecido e praticado ao longo dos anos como da nossa prática pessoal como educandos sucessivamente submetidos às práticas examinativas dos educadores que nos acompanharam em nossa trajetória de estudantes. Hoje, como educadores, repetimos com nossos educandos o que aconteceu conosco. Nem mesmo nos perguntamos se o que aconteceu conosco em nossa história escolar foi ou não adequado, simplesmente repetimos esse modo de ser e de agir. Não agimos dessa forma por um desvio ético e de conduta, mas simplesmente agimos dessa forma pelo senso comum, adquirido ao longo de nossa vivência. Como estudantes, fomos examinados, agora examinamos.

O que significa, então, "aprender a avaliar"? Significa aprender os conceitos teóricos sobre avaliação, mas, concomitante a isso, aprender a praticar a avaliação, traduzindo-a em atos do cotidiano. Aprender conceitos é fácil, o difícil mesmo é passar da compreensão para a prática.

Os conceitos poderão ser aprendidos nos livros e nos artigos de revistas especializadas, assim como em conferências e debates, a prática terá que ser aprendida no dia a dia da vida escolar, experimentando, investigando, buscando novas possibilidades, ultrapassando os impasses e incômodos, sempre assentados sobre conhecimentos significativos e válidos. Certamente que essa aprendizagem não se fará de um dia para o outro ou de um momento para outro. É uma aprendizagem que exige tempo e atenção específicas, na medida em que herdamos e constituímos hábitos que conduzem a uma forma automática de agir.

Para aprender a agir com avaliação da aprendizagem, necessitamos de colocar à nossa frente esse desejo, tomá-lo em nossas mãos, dedicando todos os dias atenção a ele, agindo e refletindo sobre nossa ação, fazendo diferente do que já foi, em compatibilidade com o que efetivamente significa avaliar. Não basta somente termos uma intenção e um desejo genérico de mudar. Não basta gostar da literatura e das conversas sobre avaliação. É preciso decidir investir cotidianamente nessa atividade.

Em grego existe um termo para dizer isso. É "metanoia", que significa "conversão". Conversão tem a ver com mais do que mudar a compreensão. Esse termo expressa uma mudança de conduta, que se traduz em prática diária. Uma aprendizagem, verdadeiramente só é uma aprendizagem quando ela se transforma em prática de vida cotidiana, assim como um alimento só é efetivamente alimento (que alimenta alguém) quando é ingerido e se transforma em sangue, em plasma. O que é aprendido é vida, é prática; e, quanto mais se pratica, mais se aprende. Como aprender a avaliar a aprendizagem de nossos educandos, incluindo a nossa autoavaliação como educadores e avaliadores?

Em primeiro lugar, importa estar aberto a aprender essa prática. Sem uma disposição psicológica de abertura afetiva para o tema, não há como cuidar dele. O fator emocional, aqui, como em qualquer outra situação humana, é fundamental. Caso não nos disponhamos a aprender, não haverá aprendizagem. Poderá até haver arremedo de aprendizagem — tal como se apropriar dos conceitos sobre avaliação, sem trazê-los para a prática cotidiana, sem transformá-los em modo de ser. De fato, aprender depende de desejar afetiva e efetivamente a aprender.

Em segundo lugar, podemos aprender sobre avaliação da aprendizagem observando se estamos satisfeitos (ou não) com os resultados de aprendizagem de nossos educandos decorrentes de nossa ação pedagógica. Se o que se nos apresenta são resultados que não estão sendo satisfatórios, o que está por trás dessa defasagem?

Muitos fatores podem estar presentes, mas um deles pode ser nossa prática avaliativa. Podemos estar utilizando instrumentos inadequados para coletar dados sobre o seu desempenho, fator que nos conduz a enganos a respeito de nossos educandos; podemos também não estar dando atenção suficiente às necessidades dos nossos educandos; nossos educandos podem estar com mais dificuldades do que esperávamos... Podemos não estar efetivamente liderando, com entusiasmo, nossos educandos em nossas aulas.

Olhar para nossa prática pode ser uma grande oportunidade de aprender. Os autores que lemos, as conferências das quais participamos, certamente que nos despertam para dar atenção ao tema, mas não necessariamente realizam transformações. As transformações (verdadeiras aprendizagens) decorrem de praticarmos, criticamente cientes do que estamos fazendo, ou seja, sempre nos perguntando: "Minha ação, meu modo de ser, de agir, estão adequados? Existe outra possibilidade de agir com mais adequação?". Não basta lermos uma receita de como fazer um determinado alimento para dizer que já sabemos fazê-lo. De fato, a essa altura, somente temos informação de como ele pode ser feito; após isso, importa, tentar produzi-lo na cozinha e no fogão de nossa casa, acertando e errando até conseguir o melhor resultado. Mas, nunca desistindo.

Em terceiro lugar, ainda que o estudo do que já foi escrito sobre avaliação da aprendizagem não ofereça para nós todos os recursos necessários à aprendizagem desse modo de agir, ele é um bom aliado. A compreensão e a experiência do outro, ou dos outros, podem ser nossos aliados em nossa jornada de busca e aprendizagem do ato de avaliar. Como os outros entendem a avaliação? Suas compreensões são diferentes das minhas? Elas se somam às minhas? Elas despertam em mim novos olhares sobre o tema e a sua prática? O relato das experiências dos outros com a prática da avaliação estimulam em mim o desejo de fazer o mesmo, ainda que com as minhas singularidades pessoais? O que posso efetivamente aplicar do que aprendo ouvindo dos outros? Estou aberto para tentar isso?

Em síntese, "aprender a avaliar a aprendizagem" é uma tarefa que está posta diante de todos nós. Na passagem dos muitos anos de vida escolar na história da modernidade o que se viveu foram os exames escolares. Para mudar isso, há que se aprender um novo modo de ser e de agir, abrindo mão de conceitos e modos de agir que estão impregnados em nossas crenças conscientes e inconscientes, em nosso senso comum, em nossos estados emocionais, que tem sua base em nossa história biográfica pessoal. As crenças são modos de agir que estão fortemente cimentadas em nosso corpo e em nossa psique, por isso, para mudá-las, necessitamos de atenção e investimentos conscientes e efetivamente desejados. Só quem deseja aprender, com ardor, aprende! Esse é o convite do primeiro capítulo dessa nova edição deste livro, sua 22ª edição.

PARTE II

DO TRÂNSITO NECESSÁRIO DOS EXAMES ESCOLARES PARA A AVALIAÇÃO DA APRENDIZAGEM

*Na escola, histórica e sociologicamente,
estamos prisioneiros do modelo dos exames escolares.
Transitar para a prática da avaliação da aprendizagem
exige compreensão teórica e investimento em novas práticas.
Os capítulos que se seguem tratam dessa temática.*

O texto do presente capítulo foi publicado na revista *Tecnologia Educacional*, Associação Brasileira de Tecnologia Educacional — ABT, Rio de Janeiro, v. 20, n. 101, jul./ago. 1991, p. 82-86. Compunha o capítulo I do livro original e, nesta edição, passa a ser o II. Fora escrito como base para um pronunciamento na VI Conferência Brasileira de Educação (CBE), realizada na Faculdade de Educação, da USP, no mesmo ano de 1991. Ele faz um diagnóstico de que, por uma razão histórico-política, na escola e fora dela, vivíamos naquele momento (1991) e ainda vivemos hoje (2011) sob a égide dos exames escolares. Antes mais do que agora. Porém ainda têm uma forte presença em nosso meio educacional. O texto estuda e explicita essa fenomenologia e o seu significado psicológico, pedagógico e sociopolítico. Estabelece uma base de compreensão, de onde partir para a "viagem" de aprendizagem proposta no capítulo anterior.

CAPÍTULO II

AVALIAÇÃO DA APRENDIZAGEM ESCOLAR: APONTAMENTOS SOBRE A PEDAGOGIA DO EXAME

Sobre a fenomenologia da presença dos exames escolares em nosso meio

O presente texto compõe-se de um conjunto de observações gerais sobre a prática da avaliação da aprendizagem na escola brasileira. São propriamente apontamentos.

A característica que de imediato se evidencia na nossa prática educativa é de que a avaliação da aprendizagem ganhou um espaço tão amplo nos processos de ensino que nossa prática educativa escolar passou a ser direcionada por uma "pedagogia do exame". O mais visível e explícito exemplo dessa pedagogia está na prática de ensino do terceiro ano do 2º grau, em que todas as atividades docentes e discentes estão voltadas para um treinamento de "resolver provas", tendo em vista a preparação para o vestibular, como porta (socialmente apertada) de entrada para a universidade. Nessa série de escolaridade, o ensino centra-se no exercício de resolver provas a partir de determinados conteúdos que concernem à seleção no vestibular. Os cursinhos preparatórios ao vestibular são mais exacerbados ainda no processo de treinamento de resolução de provas. Contudo, esse assunto poderá ser objeto de outra reflexão; para este texto, fixar-nos-emos na compreensão de que a prática pedagógica está polarizada pelas provas e exames. Esse é o tema sobre o qual declinamos os apontamentos subsequentes.

Pais, sistema de ensino, profissionais da educação, professores e alunos, todos têm suas atenções centradas na promoção, ou não, do estudante de uma série de escolaridade para outra. O sistema de ensino está interessado nos percentuais de aprovação/reprovação do total dos educandos; os pais estão desejosos de que seus filhos avancem nas séries de escolaridade; os professores se utilizam permanentemente dos procedimentos de avaliação como elementos motivadores dos estudantes, por meio da ameaça; os estudantes estão sempre na expectativa de virem a ser aprovados ou reprovados e, para isso, servem-se dos mais variados expedientes. O nosso exercício pedagógico escolar é atravessado mais por uma pedagogia do exame que por uma pedagogia do ensino/aprendizagem.

Atenção na promoção. Os alunos têm sua atenção centrada na promoção. Ao iniciar um ano letivo, de imediato, estão interessados em saber como se dará o processo de promoção no final do período escolar. Procuram saber as normas e os modos pelos quais as notas serão obtidas e manipuladas em função da promoção de uma série para a outra.

Durante o ano letivo, as notas vão sendo observadas, médias vão sendo obtidas. O que predomina é a nota: não importa *como* elas foram obtidas nem por *quais caminhos*. São operadas e manipuladas como se nada tivessem a ver com o percurso ativo do processo de aprendizagem[1].

Atenção nas provas. Os professores utilizam as provas como instrumentos de ameaça e tortura prévia dos alunos, protestando ser um elemento motivador da aprendizagem. Quando o professor sente que seu trabalho não está surtindo o efeito esperado, anuncia aos seus alunos: "Estudem!

---

1. Ver Cipriano Carlos Luckesi, Avaliação Educacional Escolar: para além do autoritarismo. In: *Tecnologia Educacional,* Revista da ABT. Rio de Janeiro, n. 61, p. 6-15; ver ainda Verificação ou Avaliação: o que pratica a escola? In: A *construção do projeto de ensino e a avaliação,* São Paulo: FDE, 1990, p. 71-80. Ambos os textos estão incluídos nesta coletânea, p. 75-93 e 45-60, respectivamente.

Caso contrário, vocês poderão se dar mal no dia da prova". Quando observa que os alunos estão indisciplinados, é comum o uso da expressão: "Fiquem quietos! Prestem atenção! O dia da prova vem aí e vocês verão o que vai acontecer". Ou, então, ocorre um terrorismo homeopático. A cada dia o professor vai anunciando uma pequena ameaça. Por exemplo, em um dia diz: "A prova deste mês está uma maravilha!" Passados alguns dias, expressa: "Estou construindo questões bem difíceis para a prova de vocês". Após algum tempo, lá vai ele: "As questões da prova são todas do livro que estamos utilizando, mas são difíceis. Se preparem!". E assim por diante... Sadismo homeopático!

Essas e outras expressões, de quilate semelhante, são comuns no cotidiano da sala de aula, especialmente na escolaridade básica e média, e mais tarde na universitária. Elas demonstram o quanto o professor utiliza-se das provas como um fator negativo[2] de motivação. O estudante deverá se dedicar aos estudos não porque os conteúdos sejam importantes, significativos e prazerosos de serem aprendidos, mas sim porque estão ameaçados por uma prova. O medo os levará a estudar.

Os pais estão voltados para a promoção. Os pais das crianças e dos jovens, em geral, estão na expectativa das notas dos seus filhos. O importante é que tenham notas para serem aprovados. Isso é facilmente observável na denominada Reunião de Pais e Mestres, no final de cada bimestre letivo, especialmente no nível de escolaridade de 1º Grau. Os professores vão à reunião para entregar os boletins aos pais e conversar com eles sobre as crianças que estão "com problemas". Tais problemas, na maior parte das vezes, se referem às baixas notas de aproveitamento. Os pais, cujos filhos apresentam notas significativas, não sentem necessidade de conversar com os professores de seus filhos (que reunião é essa, então, em que os reunidos não têm interesse em conversar sobre o tema para o qual foram convidados?). Aliás os encontros são realizados de tal forma que não há meio de se conversar. São todos os pais de uma turma de trinta ou mais alunos para conversar com um único professor num mesmo momento. O ritual é cria-

2. "Negativo" no sentido de que o professor, por uma ameaça constante, espera conseguir que seus alunos estudem. o medo deve conduzi-los a estudar.

do para que efetivamente não haja um encontro educativo. Então, em geral, os pais se satisfazem com as notas boas, que, por sua vez, estão articuladas com as provas, nas quais estão centrados professores e alunos.

O estabelecimento de ensino está centrado nos resultados das provas e exames. Por meio de sua administração, o estabelecimento de ensino, deseja verificar no todo das notas como estão os alunos. As curvas estatísticas são suficientes, pois demonstram o quadro global dos alunos no que se refere ao seu processo de promoção ou não nas séries de escolaridade. A aparência[3] dos quadros estatísticos, por vezes, esconde mais do que a nossa imaginação é capaz de atentar. Mas essa aparência satisfaz, se for compatível com a expectativa que se tem. A dinâmica dos processos educativos permanece obnubilada, porém emergem dados estatísticos formais. Sua leitura pode ser crítica ou ingênua, dependendo das categorias com que forem lidos.

O sistema social se contenta com as notas obtidas nos exames. O próprio sistema de ensino está atento aos resultados gerais. Aparentemente (só aparentemente), importa-lhe os resultados gerais: as notas, os quadros gerais de notas, as curvas estatísticas. Dizemos "aparentemente", devido ao fato de que, se uma instituição escolar inicia um trabalho efetivamente significativo do ponto de vista de um ensino e de uma correspondente aprendizagem significativa, social e politicamente, o sistema "coloca o olho" em cima dela. Pode ser que essa instituição, com tal qualidade de trabalho, esteja preparando caminhos de ruptura com a "normalidade". Contudo, se apresentar bonitos quadros de notas e não estiver atentando contra "o decoro social", ela estará muito bem. Porém, caso esteja agindo um pouco à margem do "normal" (ou seja, na perspectiva da formação de uma consciência crítica do cidadão), será "autuada". Enquanto o estabelecimento de ensino estiver dentro dos "conformes", o sistema social se contenta com os quadros estatísticos. Saindo disso, os mecanismos de controle são automaticamente acionados: pais que reclamam da escola; verbas que não chegam; inquéritos administrativos etc.

---

3. O termo "aparência" aqui está sendo compreendido como uma das categorias do método dialético na sua contraposição com o termo "essência".

Em síntese: os sistemas de exames, com suas consequências em termos de notas e suas manipulações, polarizam a todos. Os acontecimentos do processo de ensino e aprendizagem, seja para analisá-los criticamente, seja para encaminhá-los de uma forma mais significativa e vitalizante, permanecem adormecidos em um canto. De fato, a nossa prática educativa se pauta por uma "pedagogia do exame". Se os alunos estão indo bem nas provas e obtêm boas notas, o mais vai...

Desdobramentos. A atenção centralizada nas provas, exames e notas apresenta desdobramentos especialmente na relação professor-aluno.

Provas para reprovar. Os professores elaboram suas provas para "provar" os alunos e não para auxiliá-los na sua aprendizagem; por vezes, ou até em muitos casos, elaboram provas para "reprovar" seus alunos. Esse fato possibilita distorções, as mais variadas, tais como: ameaças, das quais já falamos; elaboração de itens de prova descolados dos conteúdos ensinados em sala de aula; construção de questões sobre assuntos trabalhados com os alunos, porém com um nível de complexidade maior do que aquele que foi trabalhado; uso de linguagem incompreensível para os alunos etc.

Pontos a mais e pontos a menos. Os professores fazem promessas de "pontos a mais" ou "pontos a menos" em função de atividades escolares regulares ou extras, que não estão essencialmente ligadas a determinado conteúdo. Como exemplo, podemos mencionar o professor que diz: "Quem, na próxima semana, trouxer todo o material necessário para as atividades de ciências já terá um ponto a mais na nota do final do bimestre". O que tem a ver esse ponto com a efetiva aprendizagem de ciências físicas e biológicas? Essa situação se repete com os mais variados conteúdos escolares.

Uso da avaliação da aprendizagem como disciplinamento social dos alunos. A utilização das provas como ameaça aos alunos, por si, não tem nada a ver com o significado dos conteúdos escolares, mas sim com o disciplinamento social dos educandos[4] sob a égide do medo.

4. Ver o texto anteriormente citado "Avaliação Educacional Escolar: para além do autoritarismo".

Explicações. Esses fatos não se dão por acaso. Tais práticas já estavam inscritas nas pedagogias dos séculos XVI e XVII, no processo de emergência e cristalização da sociedade burguesa, e perduram ainda hoje.

A pedagogia jesuítica.[5] Os jesuítas (século XVI), nas normas para a orientação dos estudos escolásticos, seja nas classes inferiores ou nas superiores, ainda que definissem com rigor os procedimentos a serem levados em conta num ensino eficiente (que tinha por objetivo a construção de uma hegemonia católica contra as possibilidades heréticas, especialmente as protestantes), tinham uma atenção especial com o ritual das provas e exames. Eram solenes essas ocasiões, seja pela constituição das bancas examinadoras e procedimentos de exames, seja pela comunicação pública dos resultados, seja pela emulação ou pelo vitupério daí decorrente.

A pedagogia comeniana.[6] Comênio insiste na atenção especial que se deve dar à educação como centro de interesse da ação do professor; porém, não prescinde também do uso dos exames como meio de estimular os estudantes ao trabalho intelectual da aprendizagem. Segundo ele, um aluno não deixará de se preparar para os exames finais do curso superior (a Academia) se souber que o exame para a colação de grau será "pra valer". Porém, mais que isso, Comênio diz que o medo é um excelente fator para manter a atenção dos alunos. O professor pode e deve usar esse "excelente" meio para manter os alunos atentos às atividades escolares. Então, eles aprenderão com muita facilidade, sem fadiga e com economia de tempo.

A sociedade burguesa. Além de vivermos ainda sob a hegemonia da pedagogia tradicional (os jesuítas chegaram ao Brasil, em 1549, com nosso ilustre Primeiro Governador Geral, Tomé de Souza), estamos mergulhados nos processos econômicos, sociais e políticos da sociedade burguesa, no seio da qual a pedagogia tradicional emergiu e se cristalizou, traduzindo o seu espírito. Claro, "muita água passou por baixo da ponte"

---

5. Ver Pierre Mesnard, A pedagogia dos Jesuítas. In: CHATEAU, Jean. *Os grandes pedagogistas*. São Paulo: Nacional, 1978. p. 60-116; também FRANCA, Leonel. *O método pedagógico dos jesuítas*. Rio de Janeiro: Agir, s.d.

6. Ver PIOBETTA, J. B.; COMENIUS, João Amós. In: CHATEAU, Jean. *Os grandes pedagogistas*, op. cit., p. 117-33; ver ainda Comênio, *Didática Magna*. Lisboa: Calouste Goulbenkian, 1957.

de lá para cá, porém é certo que a sociedade burguesa aperfeiçoou seus mecanismos de controle. Entre outros, destacamos a seletividade escolar e seus processos de formação das personalidades dos educandos. O medo e o fetiche são mecanismos imprescindíveis numa sociedade que não opera na transparência, mas sim nos subterfúgios.

Fetiche. Ao longo da história da educação moderna e de nossa prática educativa, a avaliação da aprendizagem escolar, por meio de exames e provas, foi se tornando um fetiche. Por fetiche entendemos uma "entidade" criada pelo ser humano para atender a uma necessidade, mas que se torna independente dele e o domina, universalizando-se.[7]

A avaliação da aprendizagem escolar, além de ser praticada com uma tal independência do processo ensino-aprendizagem, vem ganhando foros de independência da relação professor-aluno. As provas e exames são realizados conforme o interesse do professor ou do sistema de ensino. Nem sempre se leva em consideração o que foi ensinado. Mais importante do que ser uma oportunidade de aprendizagem significativa, a avaliação tem sido uma oportunidade de prova de resistência do aluno aos ataques do professor. As notas são operadas como se nada tivessem a ver com a aprendizagem. As médias são médias entre números e não expressões de aprendizagens bem ou malsucedidas.

No que se refere à aprovação ou reprovação, as médias são mais fortes do que a relação professor-aluno. Por vezes, um aluno vai ser reprovado por "décimos"; então, conversa com o professor sobre a possibilidade de sua aprovação e este responde que não há mais possibilidades, uma vez que os resultados já se encontram oficialmente na secretaria do estabelecimento de ensino; então, a responsabilidade já não está mais em suas mãos. Ou seja, uma relação entre sujeitos — professor e aluno — passa a ser uma relação entre coisas: as notas.

Mais que isso, as notas se tornam a divindade adorada tanto pelo professor como pelos alunos. O professor adora-as quando são baixas, por

7. Ver Karl Marx, O fetichismo da mercadoria no capítulo Mercadoria, de *O capital*. Rio de Janeiro: Civilização Brasileira, 1980, livro I, v. I; ver ainda Georg Lukács. A reificação e a consciência do proletariado. In: *História e consciência de classe*. Porto: Publicações Escorpião, 1974. p. 97-233.

mostrar sua "lisura" ("não aprovo de graça; sou durão"); por mostrar o seu "poder" ("não aprovo qualquer aluno e de qualquer jeito"). O aluno, por outro lado, está à procura do "Santo Graal" — a nota. Ele precisa dela, não importa se ela expressa ou não uma aprendizagem satisfatória; ele quer a nota. Faz contas e médias para verificar a sua situação. É a nota que domina tudo; é em função dela que se vive na prática escolar.

O medo. O medo é um fator importante no processo de controle social.[8] Internalizado, é um excelente freio às ações que são supostamente indesejáveis. Daí, o Estado, a Igreja, a família e a escola utilizarem-se dele de forma exacerbada. O medo gera a submissão forçada e habitua a criança e o jovem a viverem sob sua égide. Reiterado, gera modos permanentes e petrificados de ação. Produz não só uma personalidade submissa como também hábitos de comportamento físico tenso, que conduzem às doenças respiratórias, gástricas, sexuais etc. em função dos diversos tipos de estresses permanentes.

O castigo é o instrumento gerador do medo, seja ele explícito ou velado. Hoje não estamos usando mais o castigo físico explícito, porém, estamos utilizando um castigo muito mais sutil — o psicológico. A ameaça é um castigo antecipado, provavelmente mais pesado e significativo que o castigo físico, do ponto de vista do controle. A ameaça é um castigo psicológico que possui duração prolongada, na medida em que o sujeito poderá passar tempos ou até a vida toda sem vir a ser castigado, mas tem sobre sua cabeça a permanente ameaça. A palavra "preocupação" expressa bem o que significa a ameaça: "previamente" (*pre*), o sujeito tem sua psique "ocupada" (*ocupare*) com a possibilidade de um castigo. Isso equivale a um "castigo permanente". Uma forma sutil de castigo pior do que o castigo físico. A avaliação da aprendizagem em nossas escolas tem exercido esse papel, por meio da ameaça.

Consequências da pedagogia do exame. A pedagogia do exame sob a qual vivemos possui muitas consequências. Lembremos algumas:

---

8. Ver Cipriano Carlos Luckesi, Prática escolar: do erro como fonte de castigo ao erro como fonte de virtude. In: *A construção do projeto de ensino e a avaliação*. São Paulo: FDE, 1990. p. 133-140. Texto incluído nesta coletânea, p. 189-200.

- *pedagogicamente*, ela centraliza a atenção nos exames; não auxilia a aprendizagem dos estudantes. A função verdadeira da avaliação da aprendizagem seria auxiliar a construção da aprendizagem satisfatória; porém, como ela está centralizada nas provas e exames, secundariza o significado do ensino e da aprendizagem como atividades significativas em si mesmas e superestima os exames. Ou seja, pedagogicamente, a avaliação da aprendizagem, na medida em que estiver polarizada pelos exames, não cumprirá a sua função de subsidiar a decisão da melhoria da aprendizagem;
- *psicologicamente*, é útil para desenvolver personalidades submissas. O fetiche, pelo seu lado não transparente, inviabiliza tomar a realidade como limite da compreensão e das decisões da pessoa. A sociedade, por intermédio do sistema de ensino e dos professores, desenvolve formas de ser da personalidade dos educandos que se conformam aos seus ditames. A avaliação da aprendizagem utilizada de modo fetichizado é útil ao desenvolvimento da autocensura. De todos os tipos de controle, o autocontrole é a forma como os padrões externos cerceiam os sujeitos, sem que a coerção externa continue a ser exercitada. O autocontrole psicológico, talvez, seja a pior forma de controle, desde que o sujeito é presa de si mesmo. A internalização de padrões de conduta poderá ser positiva ou negativa para o sujeito. Infelizmente, os padrões internalizados em função dos processos de avaliação escolar têm sido quase todos negativos;
- *sociologicamente*, a avaliação da aprendizagem, utilizada de forma fetichizada, é bastante útil para os processos de seletividade social. Se os procedimentos da avaliação estivessem articulados com o processo de ensino-aprendizagem propriamente dito, não haveria a possibilidade de dispor-se deles como se bem entende. Estariam articulados com os procedimentos de ensino e não poderiam, por isso mesmo, conduzir ao arbítrio. No caso, a sociedade é estruturada em classes e, portanto, de modo desigual; a avaliação da aprendizagem, então, pode ser posta, sem a menor dificuldade, a favor do processo de seletividade, desde que utilizada indepen-

dentemente da construção da própria aprendizagem. No caso, a avaliação está muito mais articulada com a reprovação do que com a aprovação e daí vem a sua contribuição para a seletividade social, que já existe independente dela. A seletividade social já está posta: a avaliação colabora com a correnteza, acrescentando mais um "fio d'água".

CAPÍTULO III

VERIFICAÇÃO OU AVALIAÇÃO: O QUE PRATICA A ESCOLA?

Sobre o equívoco presente em nosso meio escolar entre classificar (exames) e avaliar (diagnóstico)

A avaliação da aprendizagem escolar adquire seu sentido na medida em que se articula com um projeto pedagógico e com seu consequente projeto de ensino. A avaliação, tanto no geral quanto no caso específico da aprendizagem, não possui uma finalidade em si; ela subsidia um curso de ação que visa construir um resultado previamente definido.

No caso que nos interessa, a avaliação subsidia decisões a respeito da aprendizagem dos educandos, tendo em vista garantir a qualidade do resultado que estamos construindo. Por isso, não pode ser estudada, definida e delineada sem um projeto que a articule.

Para os desvendamentos e proposições sobre a avaliação da aprendizagem que serão expostos neste texto, teremos sempre presente este fato, assumindo que estamos trabalhando no contexto do projeto educativo, que prioriza o desenvolvimento dos educandos — crianças, jovens e adultos — a partir de um processo de assimilação ativa do

O texto componente do capítulo foi publicado na Série *Ideias*, da Fundação para o Desenvolvimento da Educação — FDE, São Paulo, n. 8, p. 73-80, 1990. Era o capítulo V nas edições anteriores deste livro e passa a ser o III nesta edição. Foi escrito como subsídio para um pronunciamento no Seminário "A construção do projeto de ensino e a avaliação", realizado em São Paulo, no mesmo ano de 1990. Com ele pretendia sinalizar aos leitores que a escola está mais vinculada à prática da verificação (tomada como base da classificação) do que à prática da avaliação da aprendizagem, que é diagnóstica, ou seja, inclusiva e, por isso, construtiva. Discuti a questão da mensuração como base para qualquer ato investigativo da aprendizagem do educando, porém, na prática escolar, temos nos aprisionado nas medidas, transformando-as em notas (classificação) sem saber usá-las para proceder uma avaliação da aprendizagem. O presente capítulo aprofunda a abordagem do capítulo anterior, no seu aspecto analítico, contudo, também, anuncia encaminhamentos para o cotidiano da escola e do educador.

legado cultural já produzido pela sociedade: a filosofia, a ciência, a arte, a literatura, os modos de ser e de viver.

Desse modo, os encaminhamentos que estaremos fazendo para a prática da avaliação da aprendizagem destinam-se a servir de base para tomadas de decisões no sentido de construir *com* e *nos* educandos conhecimentos, habilidades e hábitos que possibilitem o seu efetivo desenvolvimento, por meio da assimilação ativa do legado cultural da sociedade.

Tendo por base a compreensão exposta neste texto, abordaremos a prática da aferição do aproveitamento escolar, utilizando como matriz de abordagem os conceitos de *verificação* e *avaliação*, na perspectiva de, ao foral, retirar proveitos para a prática docente.

Importa enfatizar que estaremos trabalhando com os *conceitos* de verificação e avaliação, e não com os *termos* verificação e avaliação. Isso significa que iremos trabalhar com tais conceitos a partir de suas "determinações" no movimento real da prática escolar com a qual convivemos.

O conceito é uma formulação abstrata que configura, no pensamento, as determinações de um objeto ou fenômeno. No contexto do pensamento marxista, o conceito equivale a uma categoria explicativa, que ordena, compreende e expressa uma realidade empírica concreta, como um "concreto pensado", "síntese de múltiplas determinações"[1].

O nosso esforço, ao longo deste texto, é expor os elementos do movimento real na prática escolar, relativos ao tratamento dos resultados da aprendizagem dos alunos, tentando responder à seguinte pergunta: a configuração formada pelos dados da prática escolar, referentes aos resultados da aprendizagem dos educandos, define-se como verificação ou como avaliação? Da resposta que pudermos dar a essa questão, estaremos retirando consequências para a prática docente, acreditando que o esforço científico visa fundamentar a ação humana de forma adequada.

A ciência constitui um instrumento com o qual se trabalha no desvendamento dos objetos e, por isso, nos permite, com alguma segurança, escolher um caminho de ação. No caso deste texto, no limite do possível,

1. Sobre a questão do que é um "conceito", ver Karl Marx, "Método da Economia Política". In: *Contribuição à crítica da economia política*, São Paulo: Martins Fontes, 1977.

a análise crítica que pretendemos proceder da prática avaliativa, identificando-a com o conceito de verificação ou de avaliação, deixa-nos aberta a possibilidade de encaminhamentos, que cremos serem coerentes e consistentes.

Fenomenologia da aferição dos resultados da aprendizagem escolar

Na prática da aferição do aproveitamento escolar, os professores realizam, basicamente, três procedimentos sucessivos:

- medida do aproveitamento escolar;
- transformação da medida em nota ou conceito;
- utilização dos resultados identificados.

Iniciaremos nossa análise pela descrição fenomenológica dessas três condutas dos professores. Tal descrição delimita um quadro empírico, que nos permitirá, posteriormente, abstrair características que nos indicarão se os atos de aferição do aproveitamento escolar, praticados pelos professores, são de verificação ou de avaliação.

Obtenção da medida dos resultados da aprendizagem

Em nossa prática escolar, os resultados da aprendizagem são obtidos, de início, pela medida, variando a especificidade e a qualidade dos mecanismos e dos instrumentos utilizados para obtê-la. Medida é uma forma de comparar grandezas, tomando uma como padrão e outra como objeto a ser medido, tendo como resultado a quantidade de vezes que a medida padrão cabe dentro do objeto medido.

O mais simples exemplo de medida dá-se com a utilização do metro (grandeza padrão) como medidor de extensão linear (grandeza a ser medida). A extensão do metro é comparada à do objeto a ser medido, possibilitando saber quantas vezes cabe a extensão do metro dentro da extensão do objeto. Por exemplo, depois de medida, pode-se dizer que a extensão linear de uma determinada rua da cidade é de 245 metros.

No caso dos resultados da aprendizagem, os professores utilizam como padrão de medida o "acerto" de questão. E a medida dá-se com a contagem dos acertos do educando sobre um conteúdo, dentro de um certo limite de possibilidades, equivalente à quantidade de questões que possui o teste, prova ou trabalho dissertativo. Num teste com dez questões, por exemplo, o padrão de medida é o acerto, e a extensão máxima possível de acertos é dez. Em dez acertos possíveis, um aluno pode chegar ao limite máximo dos dez ou a quantidades menores. A medida da aprendizagem do educando corresponde à contagem das respostas corretas emitidas sobre um determinado conteúdo de aprendizagem que se esteja trabalhando.

Usualmente, na prática escolar, os acertos nos testes, provas ou outros meios de coleta dos resultados da aprendizagem são transformados em "pontos", o que não modifica o caráter de medida, uma vez que os acertos adquiram a forma de pontos. O padrão de medida, então, passa a ser os pontos. A cada acerto corresponderá um número de pontos, previamente estabelecido, que pode ser igual ou diferenciado para cada acerto.

Por exemplo, dez questões de um teste podem ser transformadas em cem pontos. Na forma equalizada, cada acerto equivale, indistintamente, a dez pontos. Na forma diferenciada, em decorrência de ênfase neste ou naquele aspecto, os cem pontos são distribuídos desigualmente pelas questões e, então, os acertos equivalem a quantidades variadas de pontos; assim, a primeira questão pode valer dez pontos, a segunda vinte, a terceira cinco, a quarta cinco, e assim, sucessivamente, até completar os cem pontos. A atribuição de pontos às questões, e seus correspondentes acertos, não muda a qualidade da prática; ela continua sendo medida.

Para coletar os dados e proceder à medida da aprendizagem dos educandos, os professores, em sala de aula, utilizam-se de instrumentos que variam desde a simples e ingênua observação até sofisticados testes, produzidos segundo normas e critérios técnicos de elaboração e padronização.

Pode-se questionar, é claro, se o processo de medir, utilizado pelos professores em sala de aula, tem as qualidades de uma verdadeira medida, mas isso não vem ao caso aqui. Precária ou não, importa compreender que, na aferição da aprendizagem, a medida é um ato necessário e, assim, tem sido praticada na escola. Importa-nos ter clareza que, no movimento real da operação com resultados da aprendizagem, o primeiro ato do professor tem sido, e necessita ser, a medida, porque e a partir dela, como ponto de partida, que se pode dar os passos seguintes da aferição da aprendizagem.

Transformação da medida em nota ou conceito

A segunda conduta do professor no processo de aferição do aproveitamento escolar tem sido a conversão da medida em *nota* ou *conceito*.

Com o processo de medida, o professor obtém o resultado — por suposto, objetivo — da aprendizagem do educando que, por sua vez, é transformado ou em nota, adquirindo conotação numérica, ou em conceito, ganhando conotação verbal. Neste último caso, o resultado é expresso ou por símbolos alfabéticos, tais como SS = superior, MS = médio superior, ME = médio, MI = médio inferior, IN = inferior, SR = sem rendimento, ou por palavras denotativas de qualidade, tais como Excelente, Muito Bom, Bom, Regular, Inferior, Péssimo. A transformação dos resultados medidos em nota ou conceito dá-se,por meio do estabelecimento de uma equivalência simples entre os acertos ou pontos obtidos pelo educando e uma escala, previamente definida, de notas ou conceitos.

Um exemplo é suficiente para compreender como se dá esse processo. Para um teste de dez questões, as correspondências entre acertos e notas são simples: cada questão equivale a um décimo da nota máxima, que seria dez. Assim, um aluno que acertou oito questões obtém nota oito. A transformação de acertos em conceitos poderia ser feita por uma escala como a que segue: SR (sem rendimento) = nenhum acerto; IN (inferior) = um ou dois acertos; MI (médio inferior) = três ou quatro acertos; ME (médio) = cinco ou seis acertos; MS (médio superior) = sete ou oito acertos; SS (superior) = nove ou dez acertos. As escalas de conversão poderão ser mais complexas que estas, mas sem nenhuma grande dificuldade. Para proceder a essa transformação tem-se estabelecido variadas tabelas de conversão. Se não há uma tabela oficial na escola, cada professor cria a sua, em função do instrumento de coleta de dados que constrói ou utiliza.

Notas e conceitos, em princípio, expressam a qualidade que se atribui à aprendizagem do educando, medida sob a forma de acertos ou pontos. Caso o professor, por decisão pessoal ou por norma escolar, multiplique as situações e os momentos de aferição do aproveitamento escolar, para obter o resultado final de um bimestre ou ano letivo, ele se utiliza da *média* de notas ou conceitos. No caso das notas, a média é facilitada pelo fato de se estar operando com números, transformando indevidamente símbolos qualitativos em quantitativos; no caso dos conceitos, a média é obtida após a conversão dos conceitos em números. Por exemplo, pode-se estabelecer a equivalência entre S e a nota dez, entre MS e a nota oito, e assim sucessivamente. A partir daí, basta fazer uma média simples ou ponderada, conforme a decisão, obtendo-se o que seria a média da aprendizagem do educando no bimestre ou no semestre letivo. Aqui também ocorre a transposição indevida de qualidade para quantidade, de tal forma que se torna possível, ainda que impropriamente, obter uma média de conceitos qualitativos.

Utilização dos resultados

Com esse resultado em mãos, o professor tem diversas possibilidades de utilizá-lo, tais como:

- registrá-lo, simplesmente, no Diário de classe ou caderneta de alunos;
- oferecer ao educando, caso ele tenha obtido uma nota ou conceito inferior, uma "oportunidade" de melhorar a nota ou conceito, permitindo que faça uma nova aferição;
- atentar para as dificuldades e desvios da aprendizagem dos educandos e decidir trabalhar com eles para que, de fato, aprendam

aquilo que deveriam aprender, construam efetivamente os resultados necessários da aprendizagem.

Se os dados obtidos revelarem que o educando se encontra numa situação negativa de aprendizagem e, por isso, possui uma nota ou um conceito de reprovação, usualmente, tem-se utilizado a primeira e, no máximo, a segunda opção; neste caso, registram-se no mínimo, os dados em cadernetas e, no máximo, chama-se a atenção do aluno, pedindo-lhe que estude para fazer uma segunda aferição, tendo em vista a melhoria da nota e, nesta circunstância, deve-se observar que a orientação, no geral, não é para que o educando estude a fim de aprender melhor, mas estude "tendo em vista a melhoria da nota".

A partir dessa observação, poder-se-á arguir: estudar para melhorar a nota não possibilita uma aprendizagem efetiva? É possível que sim; contudo, importa observar que o que está motivando e polarizando a ação não é a aprendizagem necessária, mas sim a nota. E isso, do ponto de vista educativo, é um desvio, segundo nossa concepção.

A terceira opção possível de utilização dos resultados da aprendizagem é a mais rara na escola, pois exige que estejamos, em nossa ação docente, polarizados pela aprendizagem e pelo desenvolvimento do cducando; a efetiva aprendizagem seria o centro de todas as atividades do educador. Contudo, esta não tem sido a nossa conduta habitual de educadores escolares; usualmente, estamos preocupados com a aprovação ou reprovação do educando, e isso depende mais de uma nota que de uma aprendizagem ativa, inteligível, consistente.

Em síntese, as observações até aqui desenvolvidas demonstram que a aferição da aprendizagem escolar é utilizada, na quase totalidade das vezes, para classificar os alunos em aprovados ou reprovados. E nas ocasiões em que se possibilita uma revisão dos conteúdos, em si, não é para proceder a uma aprendizagem ainda não realizada ou ao aprofundamento de determinada aprendizagem, mas sim para "melhorar" a nota do educando e, com isso, aprová-lo[2].

---

2. Em "Avaliação Educacional Escolar: para além do autoritarismo", desenvolvo uma análise crítica da prática da avaliação escolar, que vale a pena ser retomada para compreender o seu cunho classificatório. Texto incluído nesta coletânea, p. 27-47.

A escola opera com verificação e não com avaliação da aprendizagem

Iniciemos pelos conceitos de verificação e avaliação, para, a seguir, identificarmos se a fenomenologia da aferição do aproveitamento escolar, descrita no item anterior, se configura como verificação ou avaliação.

O termo *verificar* provém etimologicamente do latim — *verum facere* — e significa "fazer verdadeiro". Contudo, o conceito verificação emerge das determinações da conduta de, intencionalmente, buscar "ver se algo é isso mesmo...", "investigar a verdade de alguma coisa...". O processo de verificar configura-se pela observação, obtenção, análise e síntese dos dados ou informações que delimitam o objeto ou ato com o qual se está trabalhando. A verificação encerra-se no momento em que o objeto ou ato de investigação chega a ser configurado, sinteticamente, no pensamento abstrato, isto é, no momento em que se chega à conclusão que tal objeto ou ato possui determinada configuração.

A dinâmica do ato de verificar encerra-se com a obtenção do dado ou informação que se busca, isto é, "vê-se" ou "não se vê" alguma coisa. E... pronto! Por si, a verificação não implica que o sujeito retire dela consequências novas e significativas.

O termo *avaliar* também tem sua origem no latim, provindo da composição *a-valere*, que quer dizer "dar valor a...". Porém, o conceito "avaliação" é formulado a partir das determinações da conduta de "atribuir um valor ou qualidade a alguma coisa, ato ou curso de ação...", que, por si, implica um posicionamento positivo ou negativo em relação ao objeto, ato ou curso de ação avaliado. Isso quer dizer que o ato de avaliar não se encerra na configuração do valor ou qualidade atribuídos ao objeto em questão, exigindo uma tomada de posição favorável ou desfavorável ao objeto de avaliação, com uma consequente decisão de ação.

O ato de avaliar implica coleta, análise e síntese dos dados que configuram o objeto da avaliação, acrescido de uma atribuição de valor ou qualidade, que se processa a partir da comparação da configuração do objeto avaliado com um determinado padrão de qualidade previamente estabelecido para aquele tipo de objeto. O valor ou qualidade atribuídos ao objeto conduzem a uma tomada de posição a seu favor ou contra ele. E o posicionamento a favor ou contra o objeto, ato ou curso de ação, a partir do valor ou qualidade atribuídos, conduz a uma decisão nova: manter o objeto como está ou atuar sobre ele.

A avaliação, diferentemente da verificação, envolve um ato que ultrapassa a obtenção da configuração do objeto, exigindo decisão do que fazer *ante* ou *com* ele. A verificação é uma ação que "congela" o objeto; a avaliação, por sua vez, direciona o objeto numa trilha dinâmica de ação.

As entrelinhas do processo descrito no tópico anterior demonstram que, no geral, a escola brasileira opera com a verificação e não com a avaliação da aprendizagem. Este fato fica patente ao observarmos que os resultados da aprendizagem usualmente têm tido a função de estabelecer uma classificação do educando, expressa em sua aprovação ou reprovação. O uso dos resultados tem se encerrado na obtenção e registro da configuração da aprendizagem do educando, nada decorrendo daí.

Raramente, só em situações reduzidas e específicas, encontramos professores que fogem a esse padrão usual, fazendo da aferição da aprendizagem um efetivo ato de avaliação. Para esses raros professores, a aferição da aprendizagem manifesta-se como um processo de compreensão dos avanços, limites e dificuldades que os educandos estão encontrando para atingir os objetivos do curso, disciplina ou atividade da qual estão participando. A avaliação é, neste contexto, um excelente mecanismo subsidiário da condução da ação.

A partir dessas observações, podemos dizer que a prática educacional brasileira opera, na quase totalidade das vezes, como verificação. Por isso, tem sido incapaz de retirar do processo de aferição as consequências mais significativas para a melhoria da qualidade e do nível de aprendizagem dos educandos. Ao contrário, sob a forma de verificação, tem se utilizado o processo de aferição da aprendizagem de uma forma negativa, à medida que tem servido para desenvolver o ciclo do medo nas crianças e jovens, pela constante "ameaça" da reprovação.

Em síntese, o atual processo de aferir a aprendizagem escolar, sob a forma de verificação, além de não obter as mais significativas consequências para a melhoria do ensino e da aprendizagem, ainda impõe aos educandos consequências negativas, como a de viver sob a égide do medo, pela ameaça de reprovação — situação que nenhum de nós, em sã consciência, pode desejar para si ou para outrem.

O modo de trabalhar com os resultados da aprendizagem escolar — sob a modalidade da verificação — reifica a aprendizagem, fazendo dela uma "coisa" e não um processo. O momento de aferição do aproveitamento escolar não é ponto definitivo de chegada, mas um momento de parar para observar se a caminhada está ocorrendo com a qualidade que deveria ter. Neste sentido, a verificação transforma o processo dinâmico da aprendizagem em passos estáticos e definitivos. A avaliação, ao contrário, manifesta-se como um ato dinâmico que qualifica e subsidia o reencaminhamento da ação, possibilitando consequências no sentido da construção dos resultados que se deseja.

Encaminhamentos

Diante do fato de que, no movimento real da aferição da aprendizagem escolar, nos deparamos com a prática escolar da verificação e não da avaliação, e tendo ciência de que o exercício efetivo da avaliação seria mais significativo para a construção dos resultados da aprendizagem do educando, propomos, neste segmento do texto, algumas indicações que poderão ser estudadas e discutidas na perspectiva de gerar encaminhamentos para a melhor forma de condução do ensino escolar.

Uso da avaliação

Em primeiro lugar, propomos que a avaliação do aproveitamento escolar seja praticada como uma atribuição de qualidade aos resultados da aprendizagem dos educandos, tendo por base seus aspectos essenciais e, como objetivo final, uma tomada de decisão que direcione o aprendizado e, consequentemente, o desenvolvimento do educando.

Com isso, fugiremos ao aspecto classificatório que, sob a forma de verificação, tem atravessado a aferição do aproveitamento escolar. Nesse sentido, ao avaliar, o professor deverá:

- coletar, analisar e sintetizar, da forma mais objetiva possível, as manifestações das condutas — cognitivas, afetivas, psicomotoras — dos educandos, produzindo uma configuração do efetivamente aprendido;
- atribuir uma qualidade a essa configuração da aprendizagem, a partir de um padrão (nível de expectativa) preestabelecido e admitido como válido pela comunidade dos educadores e especialistas dos conteúdos que estejam sendo trabalhados;
- a partir dessa qualificação, tomar uma decisão sobre as condutas docentes e discentes a serem seguidas, tendo em vista:
  - — a reorientação imediata da aprendizagem, caso sua qualidade se mostre insatisfatória e caso o conteúdo, habilidade ou hábito, que esteja sendo ensinado e aprendido, seja efetivamente essencial para a formação do educando;
  - — o encaminhamento dos educandos para passos subsequentes da aprendizagem, caso se considere que, qualitativamente, atingiram um nível satisfatório no que estava sendo trabalhado.

Assim, o objetivo primeiro da aferição do aproveitamento escolar não será a aprovação ou reprovação do educando, mas o direcionamento da aprendizagem e seu consequente desenvolvimento.

Padrão mínimo de conduta

Para que se utilize corretamente a avaliação no processo ensino-aprendizagem no contexto escolar, importa estabelecer um padrão mínimo de conhecimentos[3], habilidades e hábitos que o educando deve-

3. Sobre padrão mínimo de conhecimentos, ver: Adinoel Motta, "Como Eu Avalio a Aprendizagem dos Meus Alunos", revista *Tecnologia Educacional*, n. 57, Rio de Janeiro, ABT.

rá adquirir, e não uma média mínima de notas, como ocorre hoje na prática escolar.

A média mínima de notas é enganosa do ponto de vista de ter ciência daquilo que o educando adquiriu. Ela opera no que diz respeito ao aproveitamento escolar, com pequena quantidade de elementos — dois, três ou quatro resultados; e a média, em número reduzido de casos, cria, como sabemos, uma forte distorção na expressão da realidade.

Um aluno, por exemplo, que no primeiro bimestre letivo obtenha nota 10 em Matemática, no conteúdo de adição; no segundo bimestre, nota 10, no conteúdo de subtração; no terceiro, nota 4, no conteúdo de multiplicação; e no quarto, zero, no conteúdo de divisão, terá como média nota 6. A nota 6 engana quem a lê. Pode levar a crer que o educando chegou a um limiar de aprendizagem mínimo necessário nas quatro operações matemáticas com números inteiros, cujo mínimo era 5. Todavia, na verdade, ele só obteve aproveitamento satisfatório em adição e subtração; em multiplicação foi sofrível e em divisão, nulo. Esse aluno está carente de conhecimentos relativos à multiplicação e à divisão; no entanto, pela média, seria aprovado como se não tivesse essa carência.

De fato, o ideal seria a inexistência do sistema de notas. A aprovação ou reprovação do educando deveria dar-se pela efetiva aprendizagem dos conhecimentos mínimos necessários, com o consequente desenvolvimento de habilidades, hábitos e convicções. Entretanto, diante da intensa utilização de notas e conceitos na prática escolar e da própria legislação educacional que determina o uso de uma forma de registro dos resultados da aprendizagem, não há como, de imediato, eliminar as notas e conceitos da vida escolar. Em função disso, é possível pedagogicamente (não administrativamente) sanar essa dificuldade pelo estabelecimento de conhecimentos, habilidades e hábitos mínimos a serem adquiridos pelos educandos e pelo encaminhamento do ensino a partir dessa definição.

Teríamos de trabalhar com o mínimo necessário de aprendizagem e a esse mínimo atribuiríamos uma qualidade "minimamente satisfatória", que poderia ser expressa pela nota 7, por exemplo. Nessa perspectiva:

- todo educando, em todos os conteúdos, deveria obter no mínimo 7; para isso, ter-se-ia de estabelecer uma definição no planejamento de quais conteúdos e aprendizagens seriam necessários para se obter a menção 7, sem o que, seria impossível fazer a atribuição;

- a aprendizagem abaixo desse nível seria considerada insatisfatória; por isso, o educando deveria ser reorientado, até atingir o mínimo necessário;
- o educando que obtivesse rendimento acima desse nível mínimo necessário receberia notas superiores a 7, chegando ao máximo de 10.

Nesse contexto, poder-se-ia utilizar a média, desde que não distorcesse tanto o resultado final da aprendizagem do aluno. Neste caso, o resultado da média estaria sempre acima do mínimo necessário de conteúdos a serem aprendidos.

Para exemplificar, retomemos o caso anteriormente citado do aluno de Matemática, supondo, agora, que obteve as seguintes notas: 7, 8, 10 e 9. A média seria 8,5. Observa-se que essa média seria feita com resultados sempre superiores ao mínimo necessário, ou seja, 7 em cada um dos conteúdos. A nota assim obtida, ainda que também tenha seu lado enganoso, por dar-se sobre pequena quantidade de casos, seria mais verdadeira do ponto de vista da aprendizagem, desde que expressa que o aluno aprendeu o mínimo necessário em cada conteúdo.

Para que esta média possa ocorrer, o professor terá de planejar o que é o mínimo necessário e trabalhar com seus alunos para que todos atinjam esse mínimo. A avaliação, no caso, seria um mecanismo subsidiário pelo qual o professor iria detectando os níveis de aprendizagem atingidos pelos alunos e trabalhando para que atinjam a qualidade ideal mínima necessária. Só passaria para um conteúdo novo, quando os alunos tivessem atingido esse patamar mínimo.

Alguns alunos, devido às diferenças individuais, culturais e sociais, ultrapassarão, facilmente ou com certa dose de trabalho, o mínimo necessário; outros, porém, pelo menos, chegarão ao mínimo. Isso garantiria uma equalização entre os alunos, ao menos nas condições mínimas de aprendizagem dos conteúdos escolares. Esse seria um caminho para garantir a socialização do saber, no contexto da escola, pois todos adquiririam o mínimo necessário, e a avaliação estaria a serviço desse significativo processo social e político.

Ainda que pareça estar suficientemente claro o que estamos propondo ao falar em mínimo necessário, acrescentaremos uma observação: *definir* mínimo necessário não significa *ater-se* a ele. O mínimo necessário deverá ser ensinado e aprendido por todos, porém não há razão para não ir além dele; ele representa o limite mais baixo a ser admitido numa aprendizagem essencial. O que não podemos admitir é que muitos educandos fiquem aquém do mínimo necessário de conhecimentos, habilidades e hábitos que delineiem as possibilidades do seu desenvolvimento.

Importa ainda observar que o mínimo necessário não é e nem pode ser definido pelos professores individualmente. Este mínimo é estabelecido pelo coletivo dos educadores que trabalham em um determinado programa escolar, em articulação com o desenvolvimento da ciência, com a qual trabalham, no contexto da sociedade contemporânea em que vivemos. Caso contrário, cairemos num arbitrarismo sem tamanho, com consequências negativas para os educandos, que ficarão carentes de conteúdos, habilidades, hábitos e convicções.

Em termos de avaliação da aprendizagem, Norman Grounlund, em seu livro *Elaboração de testes para o ensino*, fala de testes referenciados a critério, que trabalhariam a partir dos mínimos necessários, e testes referenciados a norma, que trabalhariam a partir dos conteúdos de "desenvolvimento", que iriam para além dos mínimos necessários.

Estar interessado em que o educando aprenda e se desenvolva[4]

A prática da avaliação da aprendizagem, em seu sentido pleno, só será possível na medida em que se estiver efetivamente interessado na aprendizagem do educando, ou seja, há que se estar interessado em que o edu-

---

4. Escrevi um texto para o V Encontro Nacional de Didática e Prática de Ensino, realizado em Belo Horizonte, em outubro de 1989, que se intitula "Por uma prática docente crítica e construtiva", no qual trato mais largamente deste princípio. (Texto incluído nesta coletânea, p. 139-169.)

cando aprenda aquilo que está sendo ensinado. Parece um contrassenso essa afirmação, na medida em que podemos pensar que quem está trabalhando no ensino está interessado em que os educandos aprendam. Todavia, não é o que ocorre.

O sistema social não demonstra estar tão interessado em que o educando aprenda, a partir do momento em que investe pouco na educação. Os dados estatísticos educacionais estão aí para demonstrar o pequeno investimento, tanto do ponto de vista financeiro quanto do pedagógico, na efetiva aprendizagem do educando.

No caso da avaliação da aprendizagem, vale lembrar o baixo investimento pedagógico. Nós, professores, assim como normalmente os alunos e seus pais, interessamo-nos pela aprovação ou reprovação dos educandos nas séries escolares; porém, estamos pouco atentos ao seu efetivo desenvolvimento. A nossa prática educativa expressa-se mais ou menos da seguinte forma: "Ensinamos, mas os alunos não aprenderam; o que é que vamos fazer...?" De fato, se ensinamos e os alunos não aprenderam e estamos interessados em que aprendam, há que se ensinar até que aprendam; deve-se investir na construção dos resultados desejados.

A avaliação só pode funcionar efetivamente num trabalho educativo com essas características. Sem essa perspectiva dinâmica de aprendizagem para o desenvolvimento, a avaliação não terá espaço; terá espaço, sim, a verificação, desde que ela só dimensiona o fenômeno sem encaminhar decisões. A avaliação implica a retomada do curso de ação, se ele não tiver sido satisfatório, ou a sua reorientação, caso esteja se desviando. A avaliação é um diagnóstico da qualidade dos resultados intermediários ou finais; a verificação é uma configuração dos resultados parciais ou finais. A primeira é dinâmica, a segunda, estática.

Rigor científico e metodológico

Para que a avaliação se torne um instrumento subsidiário significativo da prática educativa, é importante que tanto a prática educativa como a avaliação sejam conduzidas com um determinado rigor científico e técnico.

A ciência pedagógica, hoje, está suficientemente amadurecida para oferecer subsídios à condução de uma prática educativa capaz de levar à construção de resultados significativos da aprendizagem, que se manifestem em prol do desenvolvimento do educando.

Não cabe tratar dessa questão neste texto; todavia, não poderíamos deixar de mencioná-la, pois sem ela a avaliação não alcançará seu papel significativo na produção de um ensino-aprendizagem satisfatório.[5]

5. Sobre princípios da ciência pedagógica e da prática docente, ver o texto mencionado na nota anterior deste capítulo — "Por uma prática docente crítica e construtiva" —, assim como o livro de M. A. Danilov e M. N. Skatikin. *Didactica de la escuela media*. Havana: Editorial Pueblo y Educación, 1978.

CAPÍTULO IV

AVALIAÇÃO DA APRENDIZAGEM... MAIS UMA VEZ

Uma ressistematização das relações entre examinar e avaliar na escola

O conteúdo deste capítulo foi publicado na revista *ABC Educatio*, ano 6, n. 46, jun. 2005, p. 36-37 e é inserido como um capítulo novo nesta edição do livro, na medida em que, de um modo sintético, ressistematiza as abordagens realizadas nos dois capítulos anteriores, convidando o leitor a arriscar-se na aventura da avaliação da aprendizagem, ultrapassando as práticas examinativas, abrindo-se para a utilização da avaliação como um recurso que subsidia a obtenção de resultados bem-sucedidos na prática educativa escolar. Introduz também a questão da necessidade do uso de instrumentos de coleta de dados sobre o desempenho dos educandos elaborados segundo as regras da metodologia científica. O capítulo é complementar aos dois anteriores.

Tenho acompanhado crianças que saíram de uma escola que atende do maternal ao final da quarta série do Ensino Fundamental, passando para a quinta série[1] em outra escola. Impressiona-me ver a mudança dessas crianças em suas falas e em suas crenças sobre o que, nesse espaço de ensino, denominamos de avaliação.

A experiência anterior dessas crianças estava relacionada com uma ação pedagógica que *investia no processo da aprendizagem*, a atual experiência está comprometida com o *investimento no seu produto*. Isso faz a diferença. Em pequeno espaço de tempo, as crianças tiveram que mudar seu centro de atenção, seus valores, assim como sua expressão.

Antes, eu ouvia as crianças dizendo — "Hoje, tivemos uma atividade legal na escola" —, agora, ouço-as dizendo:

1. No ano de publicação desse texto, não se falava ainda no Ensino Fundamental de 9 anos. Daí a referência à "passagem para a 5ª série".

"Tirei 3.2, valendo 5"; "Tirei 2, valendo 3"; "Tirei 7". "Graças a Deus, já passei nessa unidade; com isso é mais fácil chegar ao final do ano com 28 pontos, necessários para a aprovação"; "Amanhã é dia de prova. Todos, na escola, vão fazer prova e vai ser com fiscal". Meu Deus, do dia para a noite, os conceitos e os valores deram um salto, para pior, acredito eu!

Naquela altura do ano escolar, estávamos vivendo os primeiros dias do mês de maio, portanto a dois meses do início do ano letivo, e, nesse curto espaço de tempo, as crianças já haviam mudado sua linguagem e seu modo de ser, vivido durante os longos anos de escola maternal, pré-escola e séries iniciais do Ensino Fundamental. Elas vinham de uma experiência de investimento no processo e passaram para uma experiência de investimento no produto e esse fato é fundamental para compreender essa mudança.

Exatamente esta é questão que tenho exposto em escritos e em falas, sinalizando a diferença entre avaliar e examinar. Parece que ela tem sido compreendida conceitualmente, mas, de fato, não tem gerado condutas novas entre os educadores. Daí, mais uma vez, insistir no tema.

O ato de examinar tem como função a classificação do educando, minimamente, em "aprovado ou reprovado"; no máximo, em uma escala mais ampla de graus, tais como as notas, que variam de 0 (zero) a 10 (dez) ou como é uma escala de conceitos, que pode conter cinco ou mais graus. Ao ato de examinar não importa que todos os estudantes aprendam com qualidade, mas somente a demonstração e classificação dos que aprenderam e dos que não aprenderam. E isso basta. Deste modo, o ato de examinar está voltado para o passado, na medida em que deseja saber do educando somente o que ele já aprendeu; o que ele não aprendeu não traz nenhum interesse.

Diversamente, o ato de avaliar tem como função investigar a qualidade do desempenho dos estudantes, tendo em vista proceder a uma intervenção para a melhoria dos resultados, caso seja necessária. Assim, a avaliação é diagnóstica. Como investigação sobre o desempenho escolar dos estudantes, ela gera um conhecimento sobre o seu estado de aprendizagem e, assim, tanto é importante o que ele aprendeu como o que ele ainda não aprendeu. O que já aprendeu está bem; mas, o que não aprendeu (e necessita de aprender, porque essencial) indica a necessidade da intervenção de reorientação..., até que aprenda. Alguma coisa que necessita de ser aprendida, como essencial, não pode permanecer não aprendida. Tomar conhecimento somente do que o educando aprendeu não permite investir no processo, porém somente no produto. Foi isso que as crianças, acima citadas, aprenderam rapidamente sob a imposição da autoridade do sistema escolar: centrar-se no "tirar nota" e não no "aprender".

O que é mesmo investir no processo e não no produto? O *processo* compõe-se do conjunto de procedimentos que adotamos para chegar ao resultado mais satisfatório; o que nos motiva, no caso, é a obtenção do melhor resultado. *Produto*, por sua vez, significa o resultado final ao qual chegamos e, na escola, infelizmente, admitimos que ele é o suficiente do "jeito que ele se manifesta".

Se, dessa forma, investimos no produto, qualquer resultado está bom, pois que dizemos que o estudante foi responsável por obter somente a nota que tirou, e acreditamos que ela expressa o que ele aprendeu e que ele não consegue mesmo ir para além disso; por isso, damos por encerrado o processo. Não importa se o resultado foi satisfatório ou insatisfatório, importa que foi esse o obtido pelo estudante. Se, por outro lado, investimos no processo, o resultado da aprendizagem, manifestado pelo estudante vai se qualificado em satisfatório ou em insatisfatório. Se for satisfatório, está bem; porém, se for insatisfatório, há que se intervir para que a aprendizagem se manifeste satisfatória. Então, podemos perguntar: "Mas, nós não agimos para atingir um produto?" Claro que sim, porém o mais satisfatório, decorrente do investimento adequado no processo. Não é qualquer produto, seja lá qual for; é o melhor produto buscado.

Tanto os atos de centrar nossa atenção exclusivamente sobre o produto ou sobre o processo da aprendizagem na escola, seguido do melhor produto, dependem da concepção que temos sobre o ser humano e sua trajetória na vida, ou seja, dependem da teoria pedagógica e do projeto pedagógico, que temos. Caso assumamos uma teoria que compreende o ser humano como "pronto", somente desejamos olhar para o produto, qualquer produto, atitude expressa pela frase: "Caso tenha atingido o nível esperado, está bem; caso, não tenha chegado a esse produto, a questão é do estudante". Porém, se, pelo contrário, assumimos o ser humano como um ser "em desenvolvimento", então, temos certeza de que o estudante ainda não aprendeu o que tinha que aprender e, por isso, vamos investir nele novamente, até que aprenda.

A pedagogia que sustenta o exame se contenta com a classificação, seja ela qual for; a pedagogia que sustenta o ato de avaliar não se contenta com qualquer resultado, mas somente com o resultado satisfatório. Mais que isso: não atribui somente ao educando a responsabilidade pelos resultados insatisfatórios; investiga suas causas, assim como busca e realiza ações curativas. O ato de avaliar dedica-se a desvendar impasses e buscar soluções.

Qual será a pedagogia que está por detrás da atividade escolar que se centra na preparação dos estudantes quase que exclusivamente para o vestibular, que é um exame? Óbvio que é uma pedagogia que não investe no educando como um ser histórico, inacabado, como dizia Paulo Freire, mas somente como um ser que deve apresentar produtos, segundo os parâmetros esperados por aquela escola. Para o educador atuar centrado na avaliação, necessita conceber o educando como um ser em movimento, em formação e agir coerentemente a partir dessa concepção. Então, não vamos preparar nossos educandos para o vestibular? Claro que sim; contudo o vestibular permanece como "uma" das atenções da prática educativa escolar, não a única. Para treinar para o vestibular, podemos fazer *simulados* na escola e não exames que ameaçam e geram excessivas ansiedades em nossas crianças e nossos adolescentes. Deixemos os exames para as situações de exames (concursos); na sala de aulas, sirvamo-nos da avaliação. Bom ensino é o ensino de qualidade que investe no processo e, por isso, chega a produtos significativos e satisfatórios. Os resultados não nos chegam, eles são construídos.

Por último, para fazermos diagnóstico e intervenção, nossos instrumentos de coleta de dados para avaliação terão que ser estruturados como instrumentos de coleta de dados para investigação sobre o desempenho de nossos educandos e não como "cascas de banana ao chão, para que pisem, escorreguem e caiam na armadilha". Isso implica em que estejam focados no essencial ensinado e que deveria ser aprendido; todavia, devem estar focados sobre todo o essencial ensinado, ou seja, tudo o que é essencial deve ser investigado, pois que, se é essencial, deve ser buscado. Um teste, um questionário (com perguntas abertas e fechadas), uma redação, uma ficha de observação,... todos os instrumentos necessitam de cobrir todo o essencial, não somente um que outro ponto e sim todos os pontos essenciais, tendo presente informações, habilidades, procedimentos e valores componentes da conduta em construção. Afinal, como poderemos proceder a um diagnóstico se não cobrimos, ao mesmo tempo, "tanto o que é essencial, assim como tudo o que é essencial"? É assim que age qualquer investigador que tem a intenção clara de produzir um diagnóstico e uma consequente ação eficaz sobre alguma coisa. Um médico não pode, sob pena de não atingir a sua meta — que é garantir melhoria de saúde para seu cliente —, usar como critério para escolher os exames a serem realizados no cliente "os que ele mais gosta de fazer" ou "os que mais fazem o cliente sofrer"; diversamente disso, ele seleciona todos os recursos necessários ao diagnóstico, para que possa ter a melhor compreensão do estado de saúde do seu cliente, o que lhe possibilitará a mais adequada intervenção. De forma semelhante necessita de agir o educador: o melhor diagnóstico possibilitará a melhor intervenção e, consequentemente, os melhores resultados.

Isso é investir no processo, o que, por sua vez, produzirá o melhor produto para todos. E, então, nossas crianças e nossos adolescentes criarão para si mesmos valores, que os orientarão na vida para dar o melhor de si naquilo que fazem, com cuidado e com alegria, muito além do cumprimento de uma tarefa para somente, e tão somente, "tirar uma nota".

No que se refere à avaliação da aprendizagem, acredito que já estamos passando da hora de transformar conceitos em práticas. A avaliação da aprendizagem exige a apropriação dos conceitos de forma encarnada, traduzidos no cotidiano das nossas salas de aulas. Não bastam somente bons discursos, importam boas ações baseadas em conceitos adequados.

CAPÍTULO V

DE EXAMINAR PARA AVALIAR, UM TRÂNSITO DIFÍCIL, MAS NECESSÁRIO

Este é um capítulo novo no livro, inserido para esta 22ª edição. O texto foi escrito em fins do ano de 2007, para ser publicado na revista *ABC Educatio*, no espaço "Coluna", porém não logrou essa possibilidade com a extinção da referida revista. Completando os tratamentos dos capítulos anteriores desta Parte do livro, trato da necessidade e, ao mesmo tempo, da dificuldade que temos para transitar da prática dos exames escolares para a avaliação da aprendizagem na escola. O conteúdo do texto complementa e amplia a abordagem dos capítulos anteriores, novamente na perspectiva de motivar o leitor a investir no processo de ultrapassagem das condutas examinativas na escola, que, por si, nao trazem beneficios ao sucesso da vida escolar.

Sobre a necessidade de ultrapassar a época dos exames escolares e entrar na época da avaliação da aprendizagem

John Hunter, em seu livro *Princípios de liderança segundo o monge e o executivo*, define *insanidade* como o ato de desejar resultados novos, sem mudar hábitos antigos. De fato, assim é.

Para termos resultados novos no processo de ensino-aprendizagem em nossas escolas são necessários hábitos novos e estes, por sua vez, exigem novas aprendizagens, como também novas condições para exercitá-las. A transição dos hábitos de examinar na escola para os hábitos de avaliar exige atenção constante, pois que os primeiros estão profundamente arraigados em nossa história, em nossa sociedade e na personalidade pessoal de cada um de nós.

Tem sido difícil, para nós educadores, transitar dos hábitos relativos aos exames escolares para hábitos relativos à avaliação. As razões que geram essa dificuldade podem ser sintetizadas em três temas: (1) as contribuições da história da educação (os exames escolares que conhecemos hoje foram sistematizados com a emergência da modernidade, no século XVI), (2) o modelo de sociedade no qual vivemos (o modelo burguês de sociedade, em sua constituição, é excludente, característica reproduzida pelos exames escolares), (3) a repetição inconsciente do que ocorreu com cada um de nós, ao longo de nossa vida escolar.

Primeiro, a história da educação nos aprisiona. No que se refere à avaliação da aprendizagem, nós educadores temos estado aprisionados a padrões de compreensão e de conduta que vem de séculos passados; minimamente, do início da modernidade para cá.

Michel Foucault, em seu livro *Vigiar e punir*, nos lembra que, com o final dos mecanismos inquisitoriais, públicos e teatrais, do final da Idade Média, passamos, na emergência da modernidade, para os mecanismos de disciplinamento através dos micropoderes, que são recursos silenciosos de controle de pessoas e de grupos humanos, que operam no seio das instituições sociais.

A escola é uma dessas instituições e os exames um desses recursos. Os exames escolares, da forma como existem hoje, desde que foram sistematizados no século XVI, carregam uma carga de ameaça e castigo sobre os educandos, cujo objetivo é pressioná-los, para que disciplinadamente estudem, aprendam e assumam condutas, muitas vezes, além de externas a eles mesmos, também aversivas. O disciplinamento — não a disciplina (essa tem dimensão muito diversa do disciplinamento) — cria o controle, na maior parte das vezes, aversivo e imposto, sobre os educandos. A permanência desse modo de uso dos exames escolares criou, ao longo dos cinco séculos da modernidade, um padrão de conduta arraigado no modo de conceber e agir dos educadores.

Cinco séculos constituem um período de tempo bastante longo para que desejemos mudá-lo rapidamente, como em um passe de mágica. A história da educação moderna nos aprisiona, pois, no modelo examinativo no que se refere ao acompanhamento da aprendizagem dos educandos na escola.

Para mudar isso, é preciso remover o peso desse modo de compreender e agir, que se apresenta como um "campo mórfico" (na linguagem de Rupert Scheldrak[1]) blindado e resistente a qualquer mudança. Assim sendo, não faz muito sentido *condenar* educadores que, hoje, ainda, não conseguem transitar do ato de examinar para o ato de avaliar na escola. Importa agir junto a eles para que, vagarosamente, possam produzir uma "desconstrução" interna desse modo de agir, reconstruindo um novo; ou, segundo uma linguagem do materialismo dialético, importa agir junto a eles para que possam superar o passado, incorporando-o numa nova visão e num novo modo de ser.

Não se pode negar o passado, o que se pode fazer é superá-lo, incorporando o que ele ofereceu para a história. A configuração histórica do modo de agir com os exames tornou-se resistente a mudanças, pois que ela oferece um modo confortável de ser, garantindo ao educador poder de controle sobre os educandos. Não é fácil abrir mão disso. Contudo, para atuar com avaliação, importa superar a prática dos exames escolares, incorporando-a como nosso passado, assim como usufruindo dela o que ela ainda, por ventura, possa nos ensinar para a perspectiva construtiva, que temos hoje. Como um todo, os exames escolares, hoje, não nos ajudam a produzir resultados escolares bem-sucedidos; todavia, por exemplo, aprendemos com eles a necessidade de acompanhar nossos educandos; e essa é uma noção profundamente importante para quem deseja sucesso; o que não serve mais, para a escola, é o modo de compreender e praticar esse processo.

Segundo, o modelo social. Por trás dessa longa vivência histórica dos exames escolares, que está arraigada em nossas condutas e nos aprisiona, há o segundo fator que dificulta a mudança: o modelo de sociedade vigente na modernidade, que é excludente.

---

1. Rupert Sheldrak é um biólogo inglês que desenvolveu a compreensão de que somos guiados por "campos mórficos", invisíveis porém atuantes, no nosso entorno. Praticamente é um modo de ser que configura nosso modo de viver e agir. Eles são constituídos pelo modo de viver de uma comunidade, de uma instituição, de uma pessoa. Cada um de nós vive, pensa e age em conformidade com esses campos, prontos ou em construção. Tanto sofremos a ação dos campos mórficos como somos criadores de novos campos mórficos.

O modelo social burguês capitalista nos compromete a todos. Os exames são excludentes e, por isso, compatíveis com o modelo de sociedade dentro do qual existe e se realiza. Há, pois, uma compatibilidade entre modelo social vigente e exames escolares, fato que reforça o significado e a permanência destes últimos e, ao mesmo tempo, reforça o significado e a permanência do modelo social. A avaliação da aprendizagem é democrática, pois que, sendo inclusiva, acolhe a todos, o que se opõe ao modelo social hierarquizado e excludente da sociedade burguesa, daí ser difícil praticá-la. Agir examinativamente reforça tanto o modelo dos exames quanto o modelo social. Daí o modelo social dentro do qual se processa os atos examinativos ser um fator determinante na constituição e permanência da resistência ao trânsito do ato de examinar para o ato de avaliar na escola.

Agir inclusivamente numa sociedade excludente exige consciência crítica, clara, precisa e desejo político de se confrontar com esse modo de ser, que já não nos satisfaz mais. O ato de usar a avaliação da aprendizagem dentro da escola, hoje, configurada como investigação e intervenção a serviço da obtenção de resultados bem-sucedidos, é um ato revolucionário em relação ao modelo social vigente. Significa agir de modo inclusivo dentro de uma sociedade excludente; para tanto há necessidade de comprometimento político... de muito comprometimento político. É mais fácil agir na direção para a qual leva a maré; para opor-se a ela, há que se colocar força no remo, muita força!

Terceiro fator, a experiência biográfica de cada um de nós educadores. Este fator atua fortemente na constituição e manutenção da resistência ao trânsito do ato de examinar para o ato de avaliar. Durante nossa vida escolar pregressa, fomos excessivamente examinados, o que quer dizer "ameaçados com os exames escolares". Agora, nos tornamos educadores e, então, replicamos junto aos nossos educandos aquilo que aconteceu conosco: "fomos examinados, agora examinamos". E, repito, não é por má vontade que os educadores agem assim. A frase acima está inscrita em nosso inconsciente, não no nosso consciente; e, de lá, atua de modo automático. Dada uma situação específica, o modo examinativo de agir dispara por si mesmo, automaticamente. Da forma como fomos examinados, examinamos!

Romper com esse modo de agir exige consciência, atenção e cuidados permanentes, até que consigamos mudar nossos velhos hábitos.

Em nossas vidas escolares, aprendemos obedecer, de modo externo e aversivo, e, agora, repetimos essa prática junto aos nossos educandos, usando os exames como recurso de controle. Os traumas e abusos, pelos quais passamos em nossas vidas, fixam-se em nosso inconsciente e, de lá, acionam automaticamente comandos, que externamente regem nossas condutas. Eles nos obrigam a reproduzir automaticamente um modo de ser. Os que gostam de cinema poderão assistir ao filme da Disney, *Duas Vidas*, com Bruce Willis, e, então, verão como um trauma age automaticamente na vida de um ser humano. Sem consciência e atenção específicas, replicamos com os outros aquilo que aconteceu conosco.

Assim sendo, educadores que desejam efetivamente atuar pedagogicamente, servindo-se dos recursos da avaliação da aprendizagem necessitam de assumir consciência clara de que estão rompendo com o modelo social excludente (a avaliação é inclusiva), com cinco séculos de história de educação (os exames escolares foram sistematizados no século XVI e a avaliação da aprendizagem no século XX), assim como com os próprios fantasmas internos adquiridos ao longo de sua vida pessoal e escolar (os medos e as ansiedades que passamos não devem ser argumento suficiente para que também geremos o medo e a ansiedade junto aos nossos educandos).

Para transitar do ato de examinar para o ato de avaliar na escola, necessitamos de proceder a uma *metanoia*, termo grego que significa *conversão*. Conversão, aqui, não tem nada a ver com "conversão religiosa"; tem a ver, sim, com ultrapassagem de conceitos e modos de agir que já não mais nos auxiliam em nosso caminhar pela vida e pela atividade profissional. E, aqui volta, a compreensão do que é insanidade para John Hunter: insano é querer obter resultados novos com hábitos antigos. Para se obter resultados novos, são necessários modos novos de agir.

Avaliar é um ato subsidiário da obtenção de resultados positivos com nossa ação. Ninguém de nós, em sã consciência, age para obter insucesso. Todos desejamos sucesso. Por que, então, na prática educativa, nos contentamos com o fracasso de nossos educandos; ou, pior ainda, ficamos felizes, quando geramos esse fracasso com as provas desnecessariamente complicadas que elaboramos e aplicamos em nossos educandos? A avaliação subsidia, em qualquer atividade humana, o resultado bem-sucedido. Ela oferece os recursos para *diagnosticar* (*investigar*) uma ação qualquer e, a partir do conhecimento que obtém sobre a qualidade dos resultados dessa ação, *intervir* nela para que se encaminhe na direção dos resultados desejados. É assim que agimos em nosso cotidiano. Por que não agir assim também na prática educativa escolar? Não parece insano, agir sem que se busque, ao máximo, resultados positivos? Em tudo desejamos o sucesso, mas, no que se refere à escola, acreditamos que "alguém tem que ser reprovado, pois que nem todos podem aprender todas as coisas". Crença estranha, mas existente!!!

O sucesso, em que área de atuação for, exige investimento; e o ato de avaliar dá suporte e sustentação para a busca desse sucesso. Ela subsidiou os grandes cientistas, os inventores das tecnologias, os empreendedores bem-sucedidos em todas as áreas humanas, assim como subsidiou todos aqueles que buscaram a superação de uma dificuldade ou impasse na vida. O ato de avaliar é um aliado de todos que desejam produzir resultados satisfatórios com sua ação. Por que não na prática educativa?

Este texto é um convite para olharmos para nós mesmos e para nossas condutas, assim como um convite para decidirmos, se desejamos, mudar nossa conduta de educadores no que se refere à avaliação da aprendizagem. Caso desejemos transitar do ato de examinar para o ato de avaliar, todos os dias, antes de nos dirigirmos para o contato com nossos estudantes na sala de aula, necessitaremos de repetir um propósito: "nunca mais atuarei com os atos examinativos em minha sala de aula". Será necessária a repetição desse propósito por muitas e muitas vezes, até que, vagarosamente, deixaremos de ser examinadores para sermos avaliadores. Temos muito a fazer para que isso aconteça, mas vale a pena.

PARTE III

AVALIAÇÃO DA APRENDIZAGEM E DEMOCRATIZAÇÃO DO ENSINO

Transitar do modelo dos exames escolares na escola para o modelo da avaliação da aprendizagem significa investir no processo de democratização do saber e, em consequência da sociedade. É desse tema que tratam os dois capítulos subsequentes.

CAPÍTULO VI

AVALIAÇÃO EDUCACIONAL ESCOLAR: PARA ALÉM DO AUTORITARISMO

Sobre a fenomenologia do autoritarismo presente em nossas práticas avaliativas, seu significado e as possibilidades de sua ultrapassagem

O texto que compõe este capítulo foi publicado pela revista *Tecnologia Educacional*, Associação Brasileira de Tecnologia Educacional — ABT, v. 13, n. 61, nov./dez. 1984, p. 6-15. Ele compunha o capítulo II da edição original do livro; agora é o VI. Foi escrito como base para uma "Comunicação Livre" no XVI Seminário Brasileiro de Tecnologia Educacional, realizado em Porto Alegre, RS, no ano de 1984. Com esse texto, sob uma abordagem histórico-sociológica, eu tinha a intenção de proceder a uma análise do autoritarismo presente na prática da avaliação da aprendizagem em nosso país, que, por si, dificulta os processos de democratização da escola, assim como anunciar possibilidades de ultrapassagem desse impasse. O texto estuda como se manifesta a prática autoritária na avaliação da aprendizagem, reproduzindo o contexto sócio-histórico no qual está inserida, assim como aponta possibilidades de contribuição da escola, através de um verdadeiro sistema de avaliação, para a democratização social.

Introdução

Em outros momentos já tivemos oportunidade de mencionar e dar algum tratamento ao tema da presente discussão, que versa sobre a questão do autoritarismo na prática da avaliação educacional escolar e sua possível superação por vias intraescolares (Luckesi, 1984a e 1984b). Na presente ocasião, todavia, pretendemos ordenar e sistematizar, de forma mais orgânica e adequada, esta análise e subsequente proposição de um modo de agir que possa significar um avanço para além dos limites dentro dos quais se encontra demarcada hoje a prática da avaliação educacional em sala de aula. Portanto, este trabalho versa sobre a avaliação escolar, especificamente.

Desse delineamento inicial, emerge o objetivo principal deste estudo que será desvendar a teia de fatos e aspectos patentes e latentes que delimitam o fenômeno que analisamos e, em seguida, tentar mostrar um encaminhamento que possibilite uma transformação de tal situação.

Para compreender adequadamente o que aqui vamos propor, importa estarmos cientes de que a avaliação educacional, em geral, e a avaliação da aprendizagem escolar, em particular, são meios e não fins em si mesmas, estando assim delimitadas pela teoria e pela prática que as circunstancializam. Desse modo, entendemos que a avaliação não se dá nem se dará num vazio conceitual, mas sim dimensionada por um modelo teórico de mundo e de educação, traduzido em prática pedagógica.

Nessa perspectiva de entendimento, é certo que o atual exercício da avaliação escolar não está sendo efetuado gratuitamente. Está a serviço de uma pedagogia, que nada mais é do que uma concepção teórica da educação, que, por sua vez, traduz uma concepção teórica da sociedade. O que pode estar ocorrendo é que, hoje, se exercite a atual prática da avaliação da aprendizagem escolar — ingênua e inconscientemente *como se ela não estivesse a serviço de um modelo teórico de sociedade e de educação*, como se ela fosse uma atividade neutra. Postura essa que indica uma defasagem no entendimento e na compreensão da prática social (Luckesi, 1980).

A prática escolar predominante hoje se realiza dentro de um modelo teórico de compreensão que pressupõe a educação como um mecanismo de conservação e reprodução da sociedade (Althusser, s.d.; Bourdieu e Passeron, 1975). O autoritarismo, como veremos, é elemento necessário para a garantia desse modelo social, daí a prática da avaliação manifestar-se de forma autoritária.

Estando a atual prática da avaliação educacional escolar a serviço de um entendimento teórico conservador da sociedade e da educação, para propor o rompimento dos seus limites, que é o que procuramos fazer, temos de necessariamente situá-la num outro contexto pedagógico, ou seja, temos de, opostamente, colocar a avaliação escolar a serviço de uma pedagogia que entenda e esteja preocupada com a educação como mecanismo de transformação social.

Tomando por base esta tessitura introdutória, nosso trabalho desenvolver-se-á em três passos consecutivos, a seguir discriminados. Em primeiro lugar, situaremos a avaliação educacional escolar dentro dos modelos pedagógicos para a conservação e para a transformação. Num segundo momento, analisaremos a fenomenologia da atual prática de avaliação escolar, tentando desocultar suas latências autoritárias e conservadoras. Por último, faremos algumas indicações de saída desta situação, a partir do entendimento da educação como instrumento de transformação da prática social.

Contextos pedagógicos para a prática da avaliação educacional

A avaliação da aprendizagem escolar no Brasil, hoje, tomada *in genere*, está a serviço de uma pedagogia dominante que, por sua vez, serve a um modelo social dominante, o qual, genericamente, pode ser identificado como modelo social *liberal conservador*, nascido da estratificação dos empreendimentos transformadores que culminaram na Revolução Francesa.

A burguesia fora revolucionária em sua fase constitutiva e de ascensão, na medida em que se unira às camadas populares na luta contra os privilégios da nobreza e do clero feudal; porém, desde que se instalara vitoriosamente no poder, com o movimento de 1789, na França, tornara-se reacionária e conservadora (Politzer, s.d.), tendo em vista garantir e aprofundar os benefícios econômicos e sociais que havia adquirido. No entanto, os entendimentos, os ideais e os caracteres do entendimento liberal que nortearam as ações revolucionárias da burguesia, com vistas à transformação do modelo social vigente na época, permaneceram e hoje definem formalmente a sociedade que vivemos. Assim, a nossa sociedade prevê e garante (com os percalços conhecidos de todos nós) aos cidadãos os direitos de igualdade e liberdade perante a lei. Cada indivíduo (esta é outra categoria fundamental do pensamento liberal) pode e deve, com o seu próprio esforço, livremente, contando com a formalidade da lei, buscar sua autorrealização pessoal, por meio da conquista e do usufruto da propriedade privada e dos bens.

As pedagogias hegemônicas (ou em busca de hegemonia) que se definiram historicamente nos períodos subsequentes à Revolução Francesa estiveram e ainda estão a serviço desse modelo social. Consequentemente, a avaliação educacional em geral e a da aprendizagem em específico, contextualizadas dentro dessas pedagogias, estiveram e estão instrumentalizadas pelo mesmo entendimento teórico-prático da sociedade.

Simplificando, podemos dizer que o modelo liberal conservador da sociedade produziu três pedagogias diferentes, mas relacionadas entre si e com um mesmo objetivo: conservar a sociedade na sua configuração. A pedagogia *tradicional*, centrada no intelecto, na transmissão de conteúdo e na pessoa do professor; a pedagogia *renovada* ou *escolanovista*, centrada nos sentimentos, na espontaneidade da produção do conhecimento e no educando com suas diferenças individuais; e, por último, a pedagogia *tecnicista*, centrada na exacerbação dos meios técnicos de transmissão e apreensão dos conteúdos e no princípio do rendimento; todas são traduções do modelo liberal conservador da nossa sociedade, tentando produzir, sem o conseguir, a equalização social, pois há a garantia de que todos são formalmente iguais (Saviani, 1983). A desejada e legalmente definida equalização social não pode ser atingida, porque o modelo social não o permite. A equalização social só poderia ocorrer num outro modelo social. Então, as três pedagogias anteriormente citadas, movendo-se dentro deste modelo social conservador, não poderiam propor nem exercitar tentativas para transcendê-lo. O modelo social conservador e suas pedagogias respectivas permitem e procedem renovações *internas* ao sistema, mas não propõem e nem permitem propostas para sua superação, o que, de certa forma, seria um contrassenso. Nessa perspectiva, os elementos dessas três pedagogias pretendem garantir o sistema social na sua integridade. Daí decorrem as definições pedagógicas, ou seja, como deve se dar a relação educador e educando, como deve ser executado o processo de ensino e de aprendizagem, como deve se proceder a avaliação etc. Para traduzir as aspirações do modelo social, por meio da educação, estabelece-se um *ritual pedagógico*, de contornos suficientemente definidos, de tal forma que a integridade do sistema permaneça intocável (Cury, 1979).

No seio e no contexto da prática social liberal conservadora, vem-se aspirando e já se antevê uma opção por um outro modelo social, em que a igualdade entre os seres humanos e a sua liberdade não se mantivessem tão somente ao nível da formalidade da lei, mas que se traduzissem em concretudes históricas. Desse modo, um entendimento socializante da sociedade foi se formulando e uma nova pedagogia foi nascendo para este modelo social. Tentando traduzir este projeto histórico em prática educacional, já contamos, hoje, em nosso meio, com a pedagogia denominada de *libertadora*, fundada e representada pelo pensamento e pela prática pedagógica inspirada nas atividades do professor Paulo Freire. Pedagogia esta marcada pela ideia de que a transformação virá pela emancipação das camadas populares, que define-se pelo processo de conscientização cultural e política fora dos muros da escola; por isso mesmo, destinada fundamentalmente à educação de adultos. Já temos também entre nós manifestações da pedagogia *libertária*, representada pelos antiautoritários e autogestionários e centrada na ideia de que a escola deve ser um instrumento de conscientização e organização política dos educandos; e, por último, mais recentemente, está se formulando em nosso meio a chamada pedagogia dos *conteúdos socioculturais*, representada pelo grupo do professor Dermeval Saviani, centrada na ideia de igualdade, de oportunidade para todos no processo de educação e na compreensão de que a prática educacional se faz pela transmissão e assimilação dos conteúdos de conhecimentos sistematizados pela humanidade e na aquisição de habilidades de assimilação e transformação desses conteúdos, no contexto de uma prática social (Libâneo, 1984).

Utilizando uma expressão do professor Paulo Freire, poderíamos resumir estes dois grupos de pedagogias entre aquelas que, de um lado, têm por objetivo a *domesticação* dos educandos e, de outro, aquelas que pretendem a *humanização* dos educandos (Freire, 1975). Ou seja, de um lado, estariam as pedagogias que pretendem a conservação da sociedade e, por isso, propõem e praticam a adaptação e o enquadramento dos educandos no modelo social e, de outro, as pedagogias que pretendem oferecer ao educando meios pelos quais possa ser sujeito desse processo e não objeto de ajustamento. O primeiro grupo de pedagogias está preocupado com a reprodução e conservação da sociedade e, o segundo, voltado para as perspectivas e possibilidades de transformação social (Libâneo, 1984). Esses dois grupos de pedagogias, circunstancializados pelos dois modelos sociais correspondentes, exigem duas práticas diferentes de avaliação educacional e de avaliação da aprendizagem escolar.

A prática da avaliação escolar, dentro do modelo liberal conservador, terá de, obrigatoriamente, ser autoritária, pois esse caráter pertence à essência dessa perspectiva de sociedade, que exige controle e enquadramento dos indivíduos nos parâmetros previamente estabelecidos de equilíbrio social, seja pela utilização de coações explícitas seja pelos meios subreptícios das diversas modalidades de propaganda ideológica.[1] A avaliação educacional será, assim, um instrumento disciplinador não só das condutas cognitivas como também das sociais, no contexto da escola.

Ao contrário, a prática da avaliação nas pedagogias preocupadas com a transformação deverá estar atenta aos modos de superação do autoritarismo e ao estabelecimento da autonomia do educando, pois o novo modelo social exige a participação democrática de todos. Isso significa igualdade, fato que não se dará se não se conquistar a autonomia e a reciprocidade de relações (Piaget, 1973; Luckesi, 1984a). Nesse contexto a avaliação educacional deverá manifestar-se como um mecanismo de diagnóstico da situação, tendo em vista o avanço e o crescimento e não a estagnação disciplinadora.

As análises e entendimentos que apresentaremos a seguir levarão em conta esses elementos que vimos definindo, ou seja, teremos oportunidade de identificar que a avaliação da aprendizagem escolar será autoritária estando a serviço de uma pedagogia conservadora e, querendo estar atenta à transformação, terá de ser democrática e a serviço de uma pedagogia que esteja preocupada com a transformação da sociedade a favor do ser humano, de todos os seres humanos, igualmente.

A atual prática da avaliação educacional escolar: manifestação e exacerbação do autoritarismo

A avaliação pode ser caracterizada como uma forma de ajuizamento da qualidade do objeto avaliado, fator que implica uma tomada de posição

1. Uma breve informação sobre a questão da propaganda ideológica pode ser encontrada em Nelson Jahr Garcia. *O que é a propaganda ideológica*. São Paulo: Brasiliense, 1983.

a respeito do mesmo, para aceitá-lo ou para transformá-lo. A definição mais comum adequada, encontrada nos manuais, estipula que a *avaliação é um julgamento de valor sobre manifestações relevantes da realidade, tendo em vista uma tomada de decisão* (Luckesi, 1978).

Em primeiro lugar, ela é um *juízo de valor*, o que significa uma afirmação qualitativa sobre um dado objeto, a partir de critérios preestabelecidos, portanto diverso do juízo de existência que se funda nas demarcações "físicas" do objeto. O objeto avaliado será tanto mais satisfatório quanto mais se aproximar do ideal estabelecido, e menos satisfatório quanto mais distante estiver da definição ideal, como protótipo ou como estágio de um processo.

Em segundo lugar, esse julgamento se faz com base nos *caracteres relevantes da realidade* (do objeto da avaliação). Portanto, o julgamento, apesar de qualitativo, não será inteiramente subjetivo. O juízo emergirá dos indicadores da realidade que delimitam a qualidade efetivamente esperada do objeto. São os "sinais" do objeto que eliciam o juízo. E, evidentemente, a seleção dos "sinais" que fundamentarão o juízo de valor dependerá da finalidade a que se destina o objeto a ser avaliado. Se pretendo, por exemplo, avaliar a aprendizagem de matemática, não será observando condutas sociais do educando que virei a saber se ele detém o conhecimento do raciocínio matemático adequadamente. Para o caso, é preciso tomar os indicadores específicos do conhecimento e do raciocínio matemático.

Em terceiro lugar, a avaliação conduz a uma *tomada de decisão*. Ou seja, o julgamento de valor, por sua constituição mesma, desemboca num posicionamento de "não indiferença", o que significa obrigatoriamente uma tomada de posição sobre o objeto avaliado, e, uma tomada de decisão quando se trata de um processo, como é o caso da aprendizagem.

É no contexto desses três elementos que compõem a compreensão constitutiva da avaliação que, na prática escolar, se pode dar, e normalmente se dá, o arbitrário da autoridade pedagógica, ou, melhor dizendo, um dos arbitrários da autoridade pedagógica. Qualquer um dos três elementos pode ser perpassado pela posição autoritária. Porém, a nosso ver, a tomada de decisão é o componente da avaliação que coloca mais poder na mão do professor. Do arbitrário da tomada de decisão decorrem e se relacionam arbitrários menores, mas não menos significativos.

A atual prática da avaliação escolar estipulou como função do ato de avaliar a *classificação* e não o *diagnóstico*, como deveria ser constitutivamente. Ou seja, o julgamento de valor, que teria a função de possibilitar uma nova tomada de decisão sobre o objeto avaliado, passa a ter a função estática de classificar um objeto ou um ser humano histórico num padrão definitivamente determinado. Do ponto de vista da aprendizagem escolar, poderá ser *definitivamente* classificado como *inferior*, *médio* ou *superior*. Classificações essas que são registradas e podem ser transformadas em números e, por isso, adquirem a possibilidade de serem somadas e divididas em médias. Será que o inferior não pode atingir o nível médio ou superior? Todos os educadores sabem que isso é possível, até mesmo defendem a ideia do crescimento. Todavia, parece que todos preferem que isto não ocorra, uma vez que optam por, definitivamente, deixar os alunos com as notas obtidas, como forma de "castigo" pelo seu desempenho possivelmente inadequado.

Vejamos como isso se dá. Trabalha-se uma unidade de estudo, faz-se uma verificação do aprendido, atribuem-se conceitos ou notas aos resultados (manifestação *supostamente* relevante do aprendido) que, em si, devem simbolizar o valor do aprendizado do educando e *encerra-se aí* o ato de avaliar. O símbolo que expressa o valor atribuído pelo professor ao aprendido é registrado e, definitivamente, o educando permanecerá nessa situação.

Dessa forma, o ato de avaliar não serve como pausa para pensar a prática e retornar a ela; mas sim como um meio de julgar a prática e torná-la estratificada. De fato, o momento de avaliação deveria ser um "momento de fôlego" na escalada, para, em seguida, ocorrer a retomada da marcha de forma mais adequada, e nunca um ponto definitivo de chegada, especialmente quando o objeto da ação avaliativa é dinâmico como, no caso, a aprendizagem. Com a função classificatória, a avaliação não auxilia em nada o avanço e o crescimento. Somente com uma função diagnóstica ela pode servir para essa finalidade.

Com a função classificatória, a avaliação constitui-se num instrumento estático e frenador do processo de crescimento; com a função diagnóstica, ao contrário, ela constitui-se num momento dialético do processo de avançar no desenvolvimento da ação, do crescimento para a autonomia, do crescimento para a competência etc. Como diagnóstica, ela será um momento dialético de "senso" do estágio em que se está e de sua distância em relação à perspectiva que está colocada como ponto a ser atingido à frente. A função classificatória subtrai da prática da avaliação aquilo que lhe é constitutivo: a obrigatoriedade da tomada de decisão quanto à ação, quando ela está avaliando uma ação.

Na prática pedagógica, a transformação da função da avaliação de diagnóstica em classificatória foi péssima. O educando como sujeito humano é histórico; contudo, julgado e classificado, ele ficará, para o resto da vida, do ponto de vista do modelo escolar vigente, estigmatizado, pois as anotações e registros permanecerão, em definitivo, nos arquivos e nos históricos escolares, que se transformam em documentos legalmente definidos.

Aprofundando um pouco a descrição da fenomenologia da avaliação da aprendizagem escolar, poderemos perceber que esse fato se revela com maior força no processo de obtenção de *médias de aprovação* ou *médias de reprovação*. No final de uma unidade de ensino, por exemplo, um aluno foi classificado em *inferior*. Não se faz nada para que ele saia dessa situação, o que equivale a ele estar definitivamente classificado. Mas, vamos supor que um professor seja "democrático" e, então, se diz que ele "dá uma nova oportunidade ao aluno" para que se recupere. Faz-se uma nova avaliação da aprendizagem, após um período de estudo. E vamos supor, ainda, que o aluno agora seja classificado em "superior". Por convenção, atribui-se ao conceito "inferior" o valor numérico 4 (quatro) e ao conceito "superior", o valor 8 (oito). Apesar de o educando ter manifestado uma aprendizagem melhor, portanto, ter demonstrado que cresceu, o professor, sob "forma de castigo" não lhe garante o valor do novo desempenho, mas garante-lhe a *média* do desempenho anterior e do posterior. Ora, o educando cresceu, se desenvolveu e foi classificado abaixo do seu nível atual de desempenho devido à classificação anterior. A anterior era tão baixa e autoritariamente estabelecida que exigiu o rebaixamento da posterior. A média, assim obtida, não revela nem o valor anterior do desempenho nem o posterior, mas o enquadramento do educando a partir de posicionamentos estáticos e autoritários a respeito da prática educacional.

A situação anteriormente descrita suscita reflexões. Será que se o educando manifestou uma melhor e mais adequada aprendizagem, não deveria assim ser considerado? Então, por que classificá-lo abaixo do possível valor do seu desempenho? A possível competência não deveria ser, segundo as regras do ritual pedagógico, registrada em símbolos compatíveis e correspondentes? Por que, então, modificá-la? A explicação, parece-nos, encontra-se no fato de que o professor traduz um modelo social, traduzido num modelo pedagógico, que reproduz a distribuição social das pessoas: os que são considerados "bons", "médios" e "inferiores" no início de um processo de aprendizagem permanecerão nas mesmas posições, no seu final. Os "bons" serão "bons"; os "médios" serão "médios" e os "inferiores" serão "inferiores". A curva estatística, dita normal, permanecerá normal. Assim sendo, a sociedade definida permanece como está, pois a distribuição social das pessoas não pode ser alterada com a prática pedagógica, mesmo dentro dos seus limites. É a forma de, pela avaliação, traduzir o modelo liberal conservador da sociedade. Apesar de a lei garantir igualdade para todos, no concreto histórico encontram-se os meios para garantir as diferenças individuais do ponto de vista da sociedade. Os mais aptos, *socialmente*, permanecem na situação de mais aptos e os menos aptos, do mesmo ponto de vista, permanecem menos aptos. Ou seja, o ritual pedagógico não propicia nenhuma modificação na distribuição social das pessoas e, assim sendo, não auxilia a transformação social. A avaliação educacional escolar assumida como classificatória torna-se, desse modo, um instrumento autoritário e frenador do desenvolvimento de todos os que passarem pelo ritual escolar, possibilitando a uns o acesso e aprofundamento no saber, a outros a estagnação ou a evasão dos meios do saber. Mantém-se, assim a distribuição social.

A partir dessa mudança de função, a avaliação desempenha, nas mãos do professor, um outro papel básico, que é significativo para o modelo social liberal-conservador: *o papel disciplinador*. Com o uso do poder, via avaliação classificatória, o professor, representando o sistema, enquadra os alunos-educandos dentro da normatividade socialmente estabelecida. Daí decorrem manifestações constantes de autoritarismo, chegando mesmo à sua exacerbação. Senhores do direito *ex cathedra* de classificar definitivamente os alunos, os professores *ampliam o arbitrário desta situação* por meio de múltiplas manifestações, algumas das quais apresentamos a seguir.

Os "dados relevantes" a partir dos quais se deve manifestar o julgamento de valor, tornam-se "irrelevantes" na avaliação, dependendo do estado de humor do professor. Ou seja, a definição do relevante ou do irrelevante fica na dependência do arbítrio pessoal do professor e do seu estado psicológico. A gana conservadora da sociedade permite que se faça da avaliação um instrumento nas mãos do professor autoritário para hostilizar os alunos, exigindo-lhes condutas as mais variadas, até mesmo as plenamente irrelevantes. Por ser "autoridade", assume a postura de poder exigir a conduta que quiser, quaisquer que sejam. Então, aparecem as "armadilhas" nos testes; surgem as questões para "pegar os despreparados"; nascem os testes para "derrubar todos os indisciplinados". E assim por diante. São frases que ouvimos constantemente nas "salas dos mestres". Os dados relevantes, que sustentariam a objetivação do juízo de valor, na avaliação, são substituídos pelo autoritarismo do professor e do sistema social vigente por dados que permitem o exercício do poder disciplinador. E assim, evidentemente, a avaliação é descaracterizada, mais uma vez, na sua constituição ontológica.

Quanto ao componente "juízo de valor", encontramos a possibilidade arbitrária do estabelecimento e da mudança de critérios de julgamento, a partir de determinados interesses. Por exemplo, pode-se reduzir o padrão de exigência, se se deseja facilitar a aprovação de alguém; ao contrário, pode-se elevar o padrão de exigência se se deseja reprovar alguém. Isso, normalmente, não é feito previamente; ocorre na medida em que se julgam os resultados dos testes. Em ambos os casos, não ocorre uma posição de *objetividade*[2] a avaliação, segundo a qual o educador, previamente, estabe-

2. Sobre a questão de um posicionamento objetivado na prática do conhecimento, ver Pedro Demo. *Metodologia Científica em Ciências Sociais*. São Paulo: Atlas, 1981, especialmente os cinco primeiros capítulos. Pode-se ver também Adolfo S. Vasquez, "Valores". In: *Ética*. Rio de Janeiro: Civilização Brasileira, 1978, p. 115-131.

leceria níveis necessários a serem atendidos pelo educando, tomando por base o nível de escolaridade, de maturação do educando, os pré-requisitos da disciplina, as habilidades necessárias etc.

Esse arbitrário, no que se refere ao aspecto do julgamento, pode ser exacerbado a níveis indescritíveis, devido à inexistência de instância pedagógica ou legal que possa coibir possíveis abusos. O julgamento de um professor, em sala de aula, sobre os possíveis resultados de aprendizagem de um educando, é praticamente inapelável, pois o expediente de "revisão de prova", quando é praticado, dificilmente dá ganho de causa ao aluno. O chamado "Conselho de classe", quando bem praticado, é a exceção que confirma a regra. Ou seja, o expediente foi criado para minorar o exercício do arbitrário por parte do professor.

Ainda outras manifestações do papel autoritário da avaliação no modelo domesticador da educação podem ser levantadas. A *comunicação* do que se pede num teste pode não ser clara, mas o professor, com sua autoridade, sempre tenderá a dizer que ele tem razão e o aluno não sabia, por isso, não deu a resposta. Não poderia ser porque não entendeu o que se pediu? A ambiguidade do que se solicita num teste pode revelar mal a expectativa do professor e, deste modo, a resposta do aluno poderá ser considerada inadequada, por não estar *aparentemente* capacitado para ela. No entanto, o aluno poderia estar capacitado e só não manifestou o desempenho esperado por ter sido impossível entender o que se queria. Então, o professor, autoritariamente, decide que a comunicação estava bem feita e o aluno deve ser classificado como incompetente.

A título de exemplo, citamos um item de teste de Matemática apresentado a uma criança de 9 anos, fazendo a 2ª série do 1º grau. Enquanto escrevíamos este texto, chegou-nos às mãos um teste de IV Unidade do ano letivo em curso (1984), já respondido pelo aluno e corrigido pela professora. Analisando-o, deparamos com a questão que se segue, acrescida da resposta do aluno e da correção da professora.[3]

3. Refiro-me aqui a um teste de Matemática ao qual foi submetido meu filho de 9 anos, num colégio na cidade de Salvador, Bahia.

Questão: Indique as frações correspondentes:

a) 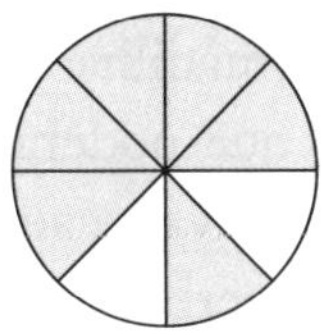

b) 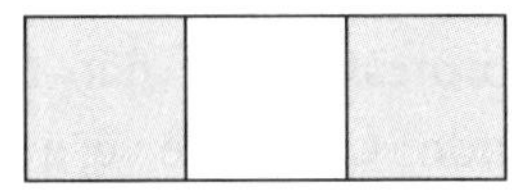

c) 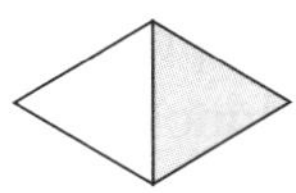

d) 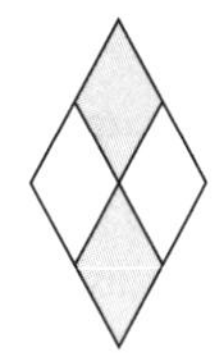

Resposta do aluno:
a) 2/8; b) 1/3; c) 1/2; d) 2/4

Correção da professora:
a) 6/8; b) 2/3; c) 1/2; d) 2/4

Sobre essa questão ambígua, a professora decidiu arbitrariamente pelo entendimento da questão como *supostamente* ela tinha formulado. A questão não informa que parte do todo deve ser tomada para formar o numerador da questão: se as partes hachuradas ou as não hachuradas. O aluno tomou as não hachuradas e, por isso, deu as seguintes respostas: 2/8, 1/3, 1/2, 2/4. A professora, no seu direito *ex cathedra*, julgou essa resposta inadequada, porque tomou como fração do todo as partes hachuradas e sua resposta foi: 6/8, 2/3, 1/4, 2/4. Nessa situação, por que deve prevalecer o arbítrio do professor, se as operações estavam corretamente executadas, a partir do entendimento apresentado pela raiz da questão? A nosso ver, isso decorre da usurpação do poder pedagógico, que decide mesmo à revelia dos fatos.

No caso, pode ter havido um deslize por parte do professor em comunicar o que desejava. Então, por que não reconhecer o erro e admitir que o educando detém o conhecimento e a habilidade esperada? Contudo, é possível que existam casos mais graves que esse — e sabemos que eles existem —, em que o professor, por meio de uma comunicação ambígua, pretende confundir o aluno, para que este caia na armadilha. E quem dirá ao professor que não faça isso? Qual a instância que poderá proibir tal atitude? Como se vê, a comunicação, no processo de avaliação, poderá ser um instrumento a mais para a manifestação e a exacerbação do autoritarismo pedagógico.

Outro uso autoritário da avaliação escolar é a sua transformação em mecanismo *disciplinador de condutas sociais*. É uma prática comum, no meio escolar, utilizar o expediente de ameaçar os alunos com o poder e o veredicto da avaliação, caso a "ordem social" da escola ou das salas de aula seja infringida. Uma atitude de "indisciplina", na sala de aula, por vezes, é imediatamente castigada com um teste relâmpago, que poderá reduzir as possibilidades de aprovação de um aluno; ou, às vezes, os alunos são advertidos, previamente, que "se vierem a ferir a ordem social da escola" poderão sofrer consequências nos resultados da avaliação, a partir de testes mais difíceis e outras coisas mais. De instrumento de diagnóstico para o crescimento, a avaliação passa a ser um instrumento que ameaça e disciplina os alunos pelo medo. De instrumento de libertação, passa a assumir o papel de espada ameaçadora que pode descer a qualquer hora sobre a cabeça daqueles que ferirem possíveis ditames da ordem escolar. Que inversão!

A título de lembrete, podemos ainda recordar os expedientes de "conceder um ponto a mais" ou de "retirar um ponto" da nota (conceito) do aluno. O arbítrio do professor aqui é total. Ele decide, olimpicamente, sem critério prévio e sem relevância dos dados, conceder ou retirar pontos. A competência aí é desconsiderada. Vale a gana autoritária do professor que, com isso, pode aprovar incompetentes e reprovar competentes; com isso, pode agradar "os queridos" e reprimir e sujeitar os irrequietos e "malqueridos". A avaliação, aqui, ganha os foros do direito de premiar ou castigar dentro do ritual pedagógico.

Por todas essas manifestações, que vimos analisando, a prática da avaliação escolar perde o seu significado constitutivo. Em função de estar no bojo de uma pedagogia que traduz as aspirações de uma sociedade delimitadamente conservadora, ela exacerba a autoridade e oprime o educando, impedindo o seu crescimento. De instrumento dialético se transforma em instrumento disciplinador da história individual de crescimento de cada um. Da forma como vem sendo exercida, a avaliação educacional escolar serve de mecanismo mediador da reprodução e conservação da sociedade, no contexto das pedagogias domesticadoras; para tanto, a avaliação necessita da autoridade exacerbada, ou seja, do autoritarismo.

Avaliação educacional no contexto de uma pedagogia para a humanização: uma proposta de ultrapassagem do autoritarismo

Para romper com esse estado de coisas, como mencionamos na introdução deste texto, importa romper com o modelo de sociedade e com a pedagogia que o traduz. Não há possibilidade de transformar os rumos da avaliação, fazendo-a permanecer no bojo de um modelo social e de uma pedagogia que não permite esse encaminhamento. A avaliação educacional escolar, como instrumento tradutor de uma pedagogia que, por sua vez, é representativa de um modelo social, não poderá mudar sua forma se continuar sendo vista e exercitada no âmago do mesmo corpo teórico-prático no qual está inserida.

Para que a avaliação educacional escolar assuma o seu verdadeiro papel de instrumento dialético de diagnóstico para o crescimento, terá de se situar e estar a serviço de uma pedagogia que esteja preocupada com a transformação social e não com a sua conservação. A avaliação deixará de ser autoritária se o modelo social e a concepção teórico-prática da educação também não forem autoritários. Se as aspirações socializantes da humanidade se traduzem num modelo socializante e democrático, a pedagogia e a avaliação em seu interior também se transformarão na perspectiva de encaminhamentos democráticos.

Seria um contrassenso que um modelo social e um modelo pedagógico autoritários e conservadores tivessem no seu âmago uma prática de avaliação democrática. Isso não quer dizer que no seio da sociedade conservadora e no contexto de uma pedagogia autoritária não surjam os elementos contraditórios e antagônicos que vão possibilitar a sua transformação.

Para tanto, o educador que estiver afeito a dar um novo encaminhamento para a prática da avaliação escolar deverá estar preocupado em redefinir ou em definir propriamente os rumos de sua ação pedagógica, pois ela não é neutra, como todos nós sabemos. Ela se insere num contexto maior e está a serviço dele. Então, o primeiro passo que nos parece fundamental para redirecionar os caminhos da prática da avaliação é assumir um posicionamento pedagógico claro e explícito. Claro e explícito de tal modo que possa orientar diuturnamente a prática pedagógica, no planejamento, na execução e na avaliação.

Decorrente desse, um segundo ponto fundamental a ser levado em consideração como proposta de ação é a *conversão* de cada um de nós, professor, educador, para novos rumos da prática educacional. Conversão, aqui, quer dizer conscientização e prática desta conscientização. Não basta saber que "deve ser assim"; é preciso fazer com que as coisas "sejam assim". A conversão implica o entendimento novo da situação e dos rumos a seguir e de sua tradução na prática diária. Então, não basta entender que é necessária uma nova pedagogia nem basta entender que é necessária mudança nos rumos da prática da avaliação. Torna-se fundamental que, na medida mesma em que se venha a processar estes novos entendimentos, novas formas de conduta sejam manifestações desses acontecimentos. Há muito tempo se vem demonstrando que, só com boas intenções, não se modifica o mundo; muito menos ele será transformado por esta via idealista. Teoria e prática, apesar de serem abstratamente distinguíveis, formam uma unidade na ação para a transformação. A conversão da qual falamos significa a tradução histórica, pessoal, em cada um de nós, da teoria em prática.

O último aspecto que gostaríamos de considerar, e esse é mais técnico, refere-se ao resgate da avaliação em sua essência constitutiva. Ou seja, torna-se necessário que a avaliação educacional, no contexto de uma pedagogia preocupada com a transformação, seja efetivamente um julgamento de valor sobre manifestações relevantes da realidade para uma tomada de decisão. Os "dados relevantes" não poderão ser tomados ao acaso, ao bel-prazer do professor, mas terão de ser relevantes de fato para aquilo a que se propõem. Então, a avaliação estará preocupada com o objetivo maior que se tem, que é a transformação social. Ela dependerá deste objetivo e não propriamente das minudências psicológicas de quem, num determinado momento, está praticando o ato pedagógico.

Contudo, nesse contexto mais técnico, o elemento essencial, para que se dê à avaliação educacional escolar um rumo diverso ao que vem sendo exercitado, é o resgate da sua *função diagnóstica*. Para não ser autoritária e conservadora, a avaliação terá de ser diagnóstica, ou seja, deverá ser o instrumento dialético do avanço, terá de ser o instrumento da identificação de novos rumos. Enfim, terá de ser o instrumento do reconhecimento dos caminhos percorridos e da identificação dos caminhos a serem perseguidos. A avaliação educacional escolar como instrumento de classificação, como já vimos nesta discussão, não serve em nada para a transformação; contudo, é extremamente eficiente para a conservação da sociedade, pela domesticação dos educandos.

Como proceder a esse resgate? Dependerá, evidentemente, de que cada educador, no recôndito de sua sala de aula, assuma ser um companheiro de jornada de cada aluno; fato que não significa defender a total igualdade de ambos. O professor terá obrigatoriamente de ser diferente, mais maduro e mais experiente. Contudo, isso não lhe retira a possibilidade de assumir-se como companheiro de jornada no processo de formação e de capacitação do educando. E a avaliação diagnóstica será, com certeza, um instrumento fundamental para auxiliar cada educando no seu processo de competência e crescimento para a autonomia, situação que lhe garantirá sempre relações de reciprocidade. Uma sociedade democrática funda-se em relações de reciprocidade e não de subalternidade e para que isso ocorra é preciso um conjunto de competências e a escola tem o dever de auxiliar a formação dessas competências, sob pena de estar sendo conivente com a domesticação e a opressão, características de uma sociedade conservadora.

O resgate do significado diagnóstico da avaliação, que aqui propomos como um encaminhamento para a ultrapassagem do autoritarismo, de forma alguma quer significar menos rigor na prática da avaliação. Ao contrário, para ser diagnóstica, a avaliação deverá ter o máximo possível de rigor no seu encaminhamento. Pois que o rigor técnico e científico no exercício da avaliação garantirão ao professor, no caso, um instrumento mais objetivo de tomada de decisão. Em função disso, sua ação poderá ser mais adequada e mais eficiente na perspectiva da transformação.

Vale ainda um lembrete final sobre um possível modo prático e racional de proceder uma avaliação diagnóstica que conduza professor e aluno ao atendimento dos mínimos necessários para que cada um possa participar democraticamente da vida social. A avaliação deverá verificar a aprendizagem não a partir dos *mínimos possíveis*, mas sim a partir dos *mínimos necessários*. Gramsci (1979) diz que a escola não deve só tornar cada um mais qualificado, mas deve agir para que "cada 'cidadão' possa se tornar 'governante' e que a sociedade o coloque, ainda que 'abstratamente', nas condições gerais de poder fazê-lo; a democracia política tende a fazer coincidir governantes e governados (no sentido de governo com o consentimento de governados), assegurando a cada governado a aprendizagem gratuita das capacidades e da pre-paração técnica geral necessárias a fim de governar". Não será, pois, com os encaminhamentos da pedagogia compensatória, nem com os encaminhamentos de uma pedagogia espontaneísta que se conseguirá desenvolver uma prática pedagógica e, consequentemente, uma avaliação escolar adequadas. É preciso que a ação pedagógica em geral e a de avaliação sejam racionalmente decididas.

Para tanto, sugere-se que, tecnicamente, ao planejar suas atividades de ensino, o professor estabeleça previamente o mínimo necessário a ser aprendido *efetivamente* pelo aluno. É preciso que os conceitos ou notas médias de aprovação signifiquem o mínimo necessário para que cada "cidadão" se capacite para governar.

Jocosamente, poderíamos dizer que um aluno numa escola de pilotagem de Boeing pode ser aprovado com o seguinte processo: aprendeu excelentemente a decolar e, portanto, obteve nota 10 (dez); aprendeu muito mal a aterrissar e obteve nota dois; somando-se os dois resultados, tem-se um total de doze pontos, com uma média aritmética no valor de 6 (seis).

Essa nota é suficiente para ser aprovado, pois está acima dos 5 (cinco) exigidos normalmente. É o mínimo de nota. Quem de nós (eu, você, e muitos outros) viajaria com este pioloto?

Então, o médio não pode ser um *médio de notas*, mas um *mínimo necessário* de aprendizagem em todas as condutas que são indispensáveis para se viver e se exercer a cidadania, que significa a detenção das informações e a capacidade de estudar, pensar, refletir e dirigir as ações com adequação e saber.

Com o processo de se estabelecer os mínimos, os alunos que apresentarem a aprendizagem dos mínimos necessários seriam aprovados para o passo seguinte de sua aprendizagem. Enquanto não conseguirem isso, cada educando merece ser reorientado. Alguns, certamente, ultrapassarão os mínimos, por suas aptidões, sua dedicação, condições de diferenças sociais definidas dentro de uma sociedade capitalista etc., mas ninguém deverá ficar sem as condições mínimas de competência para a convivência social.[4]

Concluindo

Um educador, que se preocupe com que a sua prática educacional esteja voltada para a transformação, não poderá agir inconsciente e irrefletidamente. Cada passo de sua ação deverá estar marcado por uma decisão clara e explícita do que está fazendo e para onde possivelmente está encaminhando os resultados de sua ação. A avaliação, neste contexto, não poderá ser uma ação mecânica. Ao contrário, terá de ser uma atividade racionalmente definida, dentro de um encaminhamento político e decisório a favor da competência de todos para a participação democrática da vida social.

4. Sobre o estabelecimento dos mínimos necessários para a prática do ensino e da avaliação, ver Adionel Motta Maia, "Como eu avalio a aprendizagem dos meus alunos", na revista *Tecnologia Educacional*, Rio de Janeiro, ABT, n. 57, 1984, p. 47 ss.

CAPÍTULO VII

AVALIAÇÃO DO ALUNO: A FAVOR OU CONTRA A DEMOCRATIZAÇÃO DO ENSINO?

Texto publicado na Série Estudos e Pesquisas, n. 44, sob o título *Prática docente e avaliação*, Associação Brasileira de Tecnologia Educacional — ABT, 1990, p. 35-54. Ele era o capítulo IV nas edições anteriores deste livro, agora é o VII. Esse texto foi escrito como subsídio para um simpósio no decorrer da V Conferência Brasileira de Educação — CBE, realizada de 2 a 5 de agosto de 1998, em Brasília. Seu conteúdo é um desdobramento das colocações feitas em "Avaliação educacional: para além do autoritarismo", capítulo VI nesta edição deste livro. Aqui é trabalhada a ideia de que a avaliação pode e deve ser um recurso a favor da democratização do ensino na escola, na medida em que ela subsidia o sucesso da aprendizagem na vida escolar, o contrário do que tem sido historicamente.

Sobre a possibilidade da prática da avaliação da aprendizagem subsidiar a democratização do saber e da sociedade

Discutiremos a questão da avaliação do aluno relacionada à questão da democratização do ensino, perguntando se a atual prática da avaliação da aprendizagem escolar está a favor ou contra a democratização do ensino.

Para tanto, vamos desenvolver três tópicos: a democratização do ensino e a avaliação do aluno: a atual prática da avaliação e democratização do ensino; preposição de um encaminhamento — a avaliação diagnóstica.

Democratização do ensino e avaliação do aluno

Democratização do ensino implica, em primeio lugar, *democratização do acesso à educação escolar*.

A sociedade moderna, com a civilização urbana construída ao longo de séculos de sua formação, passou a exigir a escolarização de todos os cidadãos. Mais que isso, todo cidadão, para usufruir medianamente dos bens construídos por esta sociedade, necessita da escolarização. Usufruir dos benefícios construídos pela sociedade recente pressupõe detenção de algum tipo de entendimento elaborado.

Para exemplificar, tomemos os atos mais simples e elementares da vida do cidadão, tais como circular dentro de uma cidade, tomar ônibus, trens, bondes etc. Para todas essas ações, necessita-se do domínio da leitura. Como tomar ônibus para alguma direção desejada dentro da cidade se não se sabe ler tendo em vista obter a informação necessária? Como utilizar-se das placas indicativas de uma cidade, seja de arruamento, seja de direção, se não se possuir a habilidade de compreender o que elas estão dizendo?

Vamos, agora, a atos mais complexos, tais como participar dos bens culturais, vivenciar os prazeres decorrentes da cultura etc. Como sentir o prazer do conteúdo de um romance, de um poema, de uma peça teatral, sem a capacidade de ler e de entender o que nos é dito? Vamos um pouco mais à frente e perguntemo-nos: como apropriar-se das informações e de suas complexas mediações, sem um nível abstrato de entendimento que possui exigências mais complexas que a simples posse de um instrumental de leitura?

Finalmente, vamos à vida econômica e profissional dentro dessa sociedade na qual vivemos. Não há como compreender e desempenhar razoavelmente uma atividade produtiva sem um mínimo de compreensão dos complexos processos de produção dentro dos quais vivemos. Sem esse nível de entendimento, não há nem mesmo como exigir os próprios direitos, pois sem ele, nem mesmo esses direitos chegam a formular-se ao nível da consciência das pessoas. Quantos de nós não somos "mortos-vivos", que nem sonhamos ou vislumbramos um mundo que está para além do nosso restrito mundo cotidiano de entendimento e compreensão?

Não será certamente a escolarização sozinha que possibilitará aos cidadãos esses níveis de clareza e entendimento. Porém, ela é um instrumental necessário para se chegar a esse patamar de compreensão e ação.

Desse modo, o mínimo que se poderia pensar da democratização do ensino seria garantir a todos a possibilidade de ingressar no processo de escolarização, tendo em vista a aquisição de um instrumental, mínimo que fosse, para auxiliá-lo na movimentação dentro dos bens que esta sociedade criou, como úteis e necessários ao bem-viver.

Acesso universal ao ensino é, pois, um elemento essencial da democratização e a porta de entrada para a realização desse desejo de todos nós, que clamamos por uma sociedade emancipada dos mecanismos de opressão.

A Revolução Francesa, enquanto revolucionária, propôs e apregoou o acesso universal ao ensino, porém a sociedade burguesa, sedimentada com a revolução, não só não cumpriu esse ditame revolucionário, como criou subterfúgios que impediram aos cidadãos o acesso a esse benefício. Foram muitos os mecanismos pelos quais os poderes constituídos, representando os interesses da sociedade burguesa, subtraíram as camadas populares do acesso à educação escolarizada. Os mais comuns são: falta de recursos, crescimento demográfico acelerado, impossibilidade de atender a demanda. Em síntese, a dificuldade de acesso ao ensino é um fator que atua contra a sua democratização.

O segundo elemento que define a democratização do ensino é a *permanência do educando na escola e a consequente terminalidade escolar*. Ou seja, o aluno que teve acesso à escola deve ter a possibilidade de permanecer nela até um nível de terminalidade que seja significativo, tanto do ponto de vista individual quanto do social.

A legislação educacional brasileira abre caminho para um processo antidemocrático no ensino. Os termos constitucionais, redefinidos na Lei n. 5.692/71 que rege a educação no país, prevê oito anos de escolaridade como o mínimo necessário para a formação do cidadão. Porém essa própria lei cria brechas para a redução dessa terminalidade para quatro anos, ou menos, de escolaridade, a depender das condições locais. Ora, como na imensa maioria de nossas localidades geográficas e sociais, as condições de atividades educacionais são desprivilegiadas, o espaço aberto pela lei, que deveria ser a exceção, tornou-se a regra. A realidade educacional do país revela bem isso.

As estatísticas educacionais são as mais aterradoras e demonstram que nem no que se refere à permanência nem à terminalidade há democratização do ensino.

O minguado percentual estatístico da população brasileira que tem acesso à escola torna-se menor ainda quando nos colocamos diante dos dados de *evasão* e de *repetência* escolar.

Os dados educacionais nacionais revelam que entre as 1.000 crianças que ingressam anualmente na primeira série do primeiro grau, 560 não são, ao final do ano, aprovados para a segunda série. Ou evadiram-se ou foram reprovados na escolaridade. Isso quer dizer que 56% da população escolar, que anualmente ingressa na primeira série do primeiro grau, não chegam ao patamar da série seguinte. Dessas mil crianças, somente 180 chegam ao final do primeiro grau e, aproximadamente, sete ingressam na Universidade (ver Zaia Brandão, *Evasão e repetência no Brasil: a escola em questão*, Rio de Janeiro, Achiamé, 1983, p. 22). Há um processo intenso de repetência e evasão da escolaridade. Desde a década de 1930 se reconhece o fenômeno das altas taxas de evasão escolar e nada se tem feito para sanear essa situação. São muitos os subterfúgios e muitos os interesses que mantêm essa situação educacional no país.

Nenhuma indústria capitalista sobreviveria minimamente com um insucesso de tal monta. Fecharia as portas nas primeiras semanas de vida. No entanto, dentro desta mesma sociedade, que, permanentemente, busca a eficiência, deixa-se a escola numa ineficiência invejável! Essa é evidentemente uma ineficiência que se torna eficiente, do ponto de vista de redução ou de impedimento da elevação cultural das camadas populares da sociedade. Quanto mais ignorância e inconsciência, melhor para os segmentos dominantes da sociedade. Para eles, torna-se necessário controlar o montante de pessoas educadas atendendo às necessidades do modo de produção capitalista. Esse montante, se ultrapassar os limites de controle, poderá gerar desequilíbrio e processos de transformação. A sociedade burguesa procura por diversos mecanismos limitar o acesso e a permanência das crianças e jovens no processo de escolaridade. Em função disso, o ensino não poderá ser democratizado do ponto de vista da permanência no sistema escolar.

No que se refere à terminalidade, há uma ilusão. A lei garante terminalidade de oito anos de escolaridade pelo menos nos centros urbanos e de quatro anos em regiões rurais. A terminalidade que temos não chega a quatro anos nem mesmo nos centros urbanos. São muitos os municípios e cidades do interior de nossos estados onde a terminalidade não ultrapassa dois anos de escolaridade para a grande maioria daqueles que ingressam na escola. Para começar, a média brasileira de tempo necessário à alfabetização é de 20 meses, e o sistema de ensino teima em afirmar que as nossas crianças se alfabetizam em um ano de escolaridade o que significa, de fato, 8 meses de trabalho letivo. Há regiões do nordeste brasileiro, onde uma criança leva 4 anos para se alfabetizar.

Diante desses fatos, cabe perguntar: que terminalidade é essa de oito anos de escolaridade, considerada legalmente como mínima necessária para a formação do cidadão?

Poderemos até chegar à conclusão de que são garantidos oito anos de escolaridade (o que é um sonho vão!), porém isso não significará necessariamente oito séries de escolaridade. As repetências sucessivas fazem com que a criança permaneça na escola, mas isso não significa promoção às séries subsequentes da escolaridade.

Tanto a questão da permanência quanto a questão da terminalidade têm implicações sérias e graves contra a democratização do ensino. Os poucos que ingressam na escola aí não permanecem por vários fatores e os que permanecem por algum tempo adquirem uma terminalidade que pouco significa para a elevação do seu patamar cultural.

Entendemos, pois, que a não permanência na escola assim como o baixo nível de terminalidade são fatores antidemocráticos no que se refere ao ensino.

O terceiro fator que entendemos interferir no processo de democratização do ensino está afeto à *questão da qualidade do ensino*, o que significa estar relacionado à questão da transmissão e da apropriação ativa dos conteúdos escolares.

Será democrática a escola que possibilitar a todos os educandos que nela tiverem acesso *uma apropriação ativa dos conteúdos escolares*. Ou seja, se uma criança se matricula na escola, ela tem o objetivo de conseguir aprender conteúdos que desconhece; ela pretende elevar o seu patamar de compreensão da realidade. Para tanto, a prática escolar e, consequentemente, a prática docente deverão criar condições necessárias e suficientes para que essa aprendizagem se faça da melhor forma possível. Isso significa que a prática escolar e docente desenvolverão meios efetivos pelos quais os educandos, de fato, aprendam os conteúdos que estão sendo propostos e ensinados.

O acesso e a permanência na escola, assim como qualquer nível de terminalidade (em termos de anos de escolaridade), nada significarão caso não estejam recheados pela qualidade do ensino e da aprendizagem, ou seja, pela apropriação significativa de conhecimentos que elevem o patamar de compreensão dos alunos na sua relação com a realidade. Um ensino e uma aprendizagem de má qualidade são antidemocráticos, uma vez que não possibilitarão aos educandos nenhum processo de emancipação.

Os três fatores até aqui citados, que, a nosso ver, definem democratização do ensino, podem estar ou não relacionados com a nossa tese de que a avaliação escolar, hoje, manifesta-se como uma prática social antidemocrática.

O acesso à escola não se relaciona com a questão da avaliação do aluno, na medida em que esta é tipicamente pedagógica enquanto aquela é basicamente educacional.

O segundo elemento, que tomamos como parâmetro de ajuizamento do que vem a ser democratização do ensino — permanência e terminalidade educativa —, já manifesta comprometimentos da avaliação com uma prática escolar antidemocrática. Ainda que permanência e terminalidade estejam profundamente articuladas com a política educacional do país, já aqui verificamos o comprometimento do processo de avaliação com a questão da democratização do ensino. Permanência e terminalidade dão-se na intimidade da escola e aí a avaliação da aprendizagem possui um papel importante.

Uma avaliação escolar conduzida de forma inadequada pode possibilitar a repetência e esta tem consequências na evasão. Por isso, uma avaliação escolar realizada com desvios pode estar contribuindo significativamente para um processo que inviabiliza a democratização do ensino.

Testes mal-elaborados, leitura inadequada e uso insatisfatório dos resultados, autoritarismo etc. são fatores que tornam a avaliação um instrumento antidemocrático no que se refere à permanência e terminalidade educativa dos alunos que tiveram acesso à escola. A avaliação está comprometida com aqueles que tiveram a possibilidade do ingresso escolar. É junto a eles que ela pode ser exercitada.

Quanto ao terceiro fator, qualidade do ensino oferecido, a avaliação da aprendizagem escolar, uma vez mal realizada, exerce um importante papel antidemocrático no processo de escolarização.

A avaliação da aprendizagem existe propriamente para garantir a qualidade da aprendizagem do aluno. Ela tem a função de possibilitar *uma qualificação da aprendizagem do educando.* Observar bem que estamos falando de *qualificação* do educando e não de *classificação.* O modo de utilização classificatória da avaliação, como veremos a seguir, é um lídimo modo de fazer da avaliação do aluno um instrumento de ação contra a democratização do ensino, na medida em que ela não serve para auxiliar o avanço e crescimento do educando, mas sim para assegurar a sua estagnação, em termos de apropriação dos conhecimentos e habilidades mínimos necessários.

Em síntese, a nosso ver, a atual prática da avaliação escolar tem estado contra a democratização do ensino, na medida em que ela não tem colaborado para a permanência do aluno na escola e a sua promoção qualitativa.

A atual prática da avaliação e democratização do ensino

São muitos os caracteres que a atual prática de avaliação do aluno na escola apresenta. Vamos iniciar por descrever o seu *ritual* e, a seguir, verificar suas manifestações mais latentes.

A avaliação educacional escolar se processa, no âmbito da sala de aula, mais ou menos como se segue descrito.

Após um período de aulas e exercícios escolares (um mês ou dois de aulas), denominado *unidade de ensino*, os professores procedem a atos e atividades que compõem o que normalmente é denominado *avaliação da aprendizagem escolar*.

Para tanto, formulam provas ou *testes*, ou um outro mecanismo qualquer, que possa ser utilizado como instrumento por meio do qual o professor solicita dos alunos a manifestação de condutas esperadas, através da qual os alunos possam expressar seus entendimentos, compreensões de conteúdos, hábitos e habilidades ensinados.

Esses instrumentos de avaliação são cotidianamente construídos da seguinte maneira. Próximo do final da unidade de ensino, o professor formula o seu instrumento de avaliação, a partir de diversas variáveis: conteúdo ensinado efetivamente; conteúdo que o professor não ensinou, mas que deu por suposto ter ensinado; conteúdos "extras" que o professor inclui no momento da elaboração do teste, para torná-lo mais difícil; o humor do professor em relação à turma de alunos que ele tem pela frente; a disciplina ou a indisciplina social desses alunos; uma certa "patologia magisterial permanente", que define que o professor não pode aprovar todos os alunos, uma vez que não é possível que todos os alunos tenham aprendido suficientemente todos os conteúdos e habilidades propostos etc. Assim, são muitos os ingredientes que se fazem presentes na elaboração do instrumento de avaliação, ainda que tecnicamente muitos desses elementos não deveriam se fazer presentes nos testes.

Depois de elaborado, o professor reestuda o seu instrumento de avaliação e, por exemplo, pode julgá-lo muito fácil. Então, decide criar algumas dificuldades a mais, tendo em vista "pegar os alunos pelo pé". Ou, então, pensa: "aqueles alunos deram-me tanto trabalho nesta unidade. Vou apertá-los, para que aprendam a ser mais disciplinados". E, assim, o professor vai tornando o seu teste difícil e, por vezes, até *incompreensível*, devido às artimanhas que inventa para "ver se os alunos são bons mesmo".

Assim elaborados, esses instrumentos são aplicados aos alunos e estes, por sua vez, respondem ao que lhes foi pedido, quando conseguem entender o que lhes foi solicitado.

Algumas vezes, os alunos não conseguem entender o que o professor pediu e, então, tentam se socorrer com a ajuda do mesmo e este responde mais ou menos da seguinte forma; "hoje, é dia de prova; esqueci-me de tudo; é você que deve saber tudo; por isso, não tenho nada a responder-lhe". E, nesse caso, o aluno não conseguirá responder a questão ou responderá qualquer coisa "para não deixar em branco" (como dizem).

Após recolhimento das respostas, os professores corrigem as mesmas e atribuem-lhe um valor (em notas ou em conceitos), que deve corresponder ao nível qualitativo da aprendizagem manifestada pelo educando.

Essa qualificação, boa ou ruim, é registrada em caderneta, tendo em vista somar-se às outras qualificações de outras unidades de ensino e, assim, compor o histórico da vida escolar do aluno.

Muitas vezes, esse ritual simplificado, que acabamos de descrever é recheado por mais alguns ingredientes. Existem professores ou escolas que, além das provas dos finais de unidade de ensino, acrescem, anteriormente a elas, outras atividades que servem para a avaliação, tais como testes intermediários, pequenos trabalhos, pequenos questionamentos que são realizados durante o decorrer da unidade de ensino. São qualificações de menor monta, se assim podemos dizer, que "auxiliam o aluno na nota final da unidade". Ainda, por vezes, se acrescenta "pontos a mais" ou "pontos a menos" ao aluno, a depender de sua conduta em sala de aula. Esses pontos podem decorrer de condutas inteligentes em relação à matéria ensinada, podem corresponder a atitudes disciplinares, podem corresponder a condutas responsáveis ou não dos alunos etc. Enfim, são muitas as circunstâncias através das quais os professores atribuem "pontos a mais" ou "pontos a menos" aos alunos, pontos estes que, somados aos pontos dos testes e provas para obtenção de uma média aritmética ou uma média ponderada, decidirá o nível de aprendizagem no qual o aluno será classificado. Essas "avaliações" compõem a média da unidade, que vai registrada em caderneta.

No final do ano letivo, a partir dos níveis (conceitos ou notas) obtidos pelos alunos no decorrer das diversas unidades, obtém-se uma média, que será o meio de indicar a aprovação ou reprovação do educando naquela série de escolaridade em que se encontra.

O ritual da avaliação é mais ou menos este em todas as escolas brasileiras, de norte a sul, de leste a oeste.

Agora, cabe perguntar: que leitura podemos fazer desse ritual, em termos de avaliação da aprendizagem e democratização do ensino?

Para discutir essa questão, necessitamos iniciar por uma definição que dê conta de compreender o que é a avaliação e, a partir de então, tentar um entendimento do significado latente dessas manifestações da prática da avaliação na aprendizagem escolar.

Entendemos *avaliação* como *um juízo de qualidade* sobre *dados relevantes*, tendo em vista *uma tomada de decisão*. É bem simples: são três variáveis que devem estar sempre juntas para que o ato de avaliar cumpra o seu papel.

Que significa cada uma dessas variáveis? Vamos esclarecê-las: *juízo de qualidade*, em primeiro lugar. Em lógica, juízos são afirmações ou negações sobre alguma coisa. Essas afirmações ou negações poderão incidir sobre o *aspecto substantivo* ou sobre o *aspecto adjetivo* da realidade. O juízo que se faz sobre o aspecto substantivo da realidade recebe a denominação de *juízo de existência*, na medida em que a sua expressão pode ser justificada pelos dados empíricos da realidade. O juízo, porém, que expressa a qualidade do objeto que está sendo ajuizado, recebe a denominação de *juízo de qualidade*, desde que incida sobre uma realidade atribuída ao objeto. O primeiro pretende dizer *o que o objeto é*; o segundo tem por objetivo expressar *uma qualidade* que se atribui a um objeto. Enquanto o juízo de existência é produzido numa relação direta do sujeito com o objeto, o juízo de qualidade é produzido por um processo comparativo entre o objeto que está sendo ajuizado e um determinado *padrão ideal de julgamento*.

Um exemplo facilita a compreensão. Para descrever uma mesa de madeira retangular com determinado *design*, vamos diretamente ao objeto e somente a ele; evidentemente, com o cabedal cultural que tivermos. Para fazer um juízo de qualidade sobre esse mesmo objeto teremos que possuir um padrão ideal da qualidade segundo a qual pretendemos julgar esse objeto, para verificar se ele preenche ou não esse padrão e, se preenche, em que medida. Para se afirmar que esta mesa retangular, feita em madeira etc. *é adequada* para servir como carteira no meu gabinete de estudos, necessito ter um padrão do ideal de mesa que servirá como carteira no meu gabinete de estudos, levando em conta o fato de se a mesa física que tenho à minha frente ajusta-se ou não a esse padrão.

Assim, o juízo de existência refere-se à realidade substantiva do objeto, e o juízo de qualidade, ao aspecto adjetivo, qualitativo do objeto.

Isso ocorre em todos os juízos de qualidade, inclusive na avaliação da aprendizagem. Nesse tipo de avaliação, há um dado de realidade, que são as condutas dos alunos, e há uma atribuição de qualidade a essa realidade a partir de um determinado padrão ideal dessa conduta. Ou seja, o professor, tendo em suas mãos os resultados da aprendizagem do aluno, compara esses resultados com a expectativa de resultado que possui (padrão ideal de julgamento) e atribui-lhe uma qualidade de satisfatoriedade ou insatisfatoriedade.

A segunda variável a ser considerada na avaliação é que o juízo de qualidade deve estar fundado sobre *dados relevantes da realidade.* A qualidade de um objeto não lhe será atribuída ao bel-prazer de quem o julga, mas sim a partir de caracteres que este determinado objeto possua. No exemplo da mesa, ela será adequada para o meu gabinete se possuir um tamanho que se adapte bem ao espaço que possuo, se tiver um *design* que me agrade, se for construída com um material que seja resistente, se possuir uma coloração que contraste bem com os outros móveis que possuo etc. É um juízo de qualidade, porém não uma qualidade arbitrária, mas sim uma qualidade que está fundada em propriedades "físicas" dessa mesma realidade. Propriedade "física", aqui, está sendo entendida como caráter efetivo e objetivo da realidade a partir do qual se pode estabelecer a qualidade desse objeto.

No caso da aprendizagem, as propriedades "físicas" são as condutas aprendidas e manifestadas pelos alunos. A sua aprendizagem será mais ou menos satisfatória na medida em que se aproximar mais ou menos do padrão ideal, da expectativa que temos dessas condutas.

Suprimir essas propriedades "físicas" do objeto, no processo de avaliação, significa cair no arbitrário indevidamente. Em aprendizagem, isso ocorre muitas vezes, quando o professor qualifica ou desqualifica *gratuitamente* um aluno. Ou seja, quando ele aprova ou reprova gratuitamente um aluno.

O terceiro elemento que compõe a definição de avaliação é a *tomada de decisão*. Um juízo de existência encerra-se na afirmação ou na negação do que um determinado objeto é; no caso do juízo de qualidade, ao contrário, implica alguma coisa a mais, implica uma tomada de posição, um estar a favor ou contra aquilo que foi julgado. Sendo o juízo satisfatório ou insatisfatório, temos sempre três possibilidades de decisão: continuar na situação em que se está, introduzir modificações para que este o objeto ou situação se modifique para melhor, ou suprimir a situação ou o objeto. Enquanto o juízo de existência, por si, pode deixar-nos *indiferentes,* uma vez que expressa o que o objeto é, o juízo de qualidade implica uma atitude de *não indiferença,* na medida em que conduz obrigatoriamente a uma tomada de posição. O juízo de existência pode permanecer num ponto zero de indiferença, mas o juízo de qualidade estará mais à direita ou mais à esquerda desse ponto zero, exatamente devido ao seu caráter de não indiferença e, consequentemente, de polaridade positiva ou negativa.

No caso da avaliação da aprendizagem, essa tomada de decisão se refere à decisão do que fazer com o aluno, quando a sua aprendizagem se manifesta satisfatória ou insatisfatória. Se não se tomar uma decisão sobre isso, o ato de avaliar não completou seu ciclo constitutivo.

Com esse entendimento estabelecido, cabe perguntar: como a prática da avaliação escolar, descrita no ritual anteriormente exposto, está levando à frente esses caracteres?

Para discutir essa questão, vamos acompanhar a sequência das três variáveis definidas e, então, teremos oportunidade de verificar o quanto a prática de avaliação escolar, conduzida inadequadamente, pode ser um elemento contra o avanço do aluno, manifestando-se, portanto, de uma forma antidemocrática. Chegamos ao ponto em que podemos verificar como a avaliação da aprendizagem não tem contribuído para garantir a permanência das crianças e jovens na escola, assim como não tem contribuído para a elevação do seu patamar cultural, por meio de um ensino de boa qualidade.

Comecemos pelo primeiro elemento que compõe a definição da avaliação: o *juízo de qualidade.*

Como a "qualidade" de um juízo de qualidade é variável em função do padrão que se tenha para julgar a qualidade do objeto, há a possibilidade de múltiplas variações, na medida mesma em que se amplie ou se reduza o padrão ideal. Se o padrão for mais alto, a qualidade exigida do objeto que está sendo julgado deverá ser maior; contudo, se o padrão for mais baixo, a qualidade a ser exigida do objeto também será menor.

O que ocorre na prática da avaliação educacional escolar é que dificilmente os professores definem com clareza, no ato do planejamento de ensino, qual,é o padrão de qualidade que se espera da conduta do aluno, após ser submetido a uma determinada aprendizagem. E, então, torna-se muito ampla a gama de possibilidades de julgamento. Como não há um padrão de expectativas estabelecido com certa clareza, a variabilidade de julgamento se dá conforme o *estado de humor* de quem está julgando; e, desse modo, a prática da avaliação se torna arbitrária, podendo, conforme interesses, tomar caracteres mais ou menos rigorosos.

Assim sendo, um professor poderá arbitrariamente aprovar um aluno que não apresenta condições de aprendizagem, como poderá reprovar um que tenha condições suficientes para ser aprovado. Se o professor *quiser* (e muitos querem), tanto poderá aprovar como reprovar arbitrariamente um aluno, devido ao fato de não levar em conta, *com honestidade*, um padrão ideal de aprendizagem previamente estabelecido, que nada mais seria do que o *mínimo necessário* naquilo que está ensinando. Pelo menos o mínimo necessário. Então, se se estabelecesse tal padrão, haveria que se exigir de cada aluno o mínimo necessário para a aprovação. Deste modo, a aprovação ou reprovação numa unidade de ensino não estaria a depender da arbitrariedade do professor, mas sim do fato de o aluno ter apresentado em sua conduta de aprendizagem os caracteres mínimos necessários. Ou seja, o juízo de qualidade estaria fundado no real.

Em relação a essa primeira variável, que define a avaliação, a conduta dos professores em nossas escolas tem sido antidemocrática, na medida em que, no geral, sem esse padrão de qualidade, julgam os alunos ao bel-prazer do seu estado de humor; com isso, não criam condições de possibilitar o crescimento dos educandos por meio de um processo de autocompreensão.

Isso se torna muito mais complexo na medida em que constatamos que a prática da avaliação é atravessada por questões disciplinares, de controle dos alunos, de castigo de condutas sociais que os alunos apresentam dentro e fora da sala de aulas... A avaliação, praticada independentemente de uma definição prévia dos mínimos necessários, pode ser utilizada para muitas outras coisas dentro da escola que não sejam propriamente a avaliação do aluno: prêmio para uns e castigo para outros.

Vamos à segunda variável: *dados relevantes da realidade.* Então, o juízo de qualidade, para não ser arbitrário, deverá incidir sobre dados relevantes da realidade, frente ao objetivo que se tem com o objeto a ser avaliado; propriamente, ante o "uso" desse objeto.

Assim sendo, para o avaliador ser relativamente verdadeiro no juízo de qualidade, há que tomar como seu fundamento aqueles caracteres da realidade que dizem respeito ao objetivo que tem ao proceder a avaliação. A exemplo, podemos dizer que, para "julgar a qualidade da mesa para o meu gabinete", devo tomar aqueles dados que são relevantes para o meu objetivo: material, tamanho, *design,* cor etc. No caso da aprendizagem escolar, também, necessitamos tomar dados relevantes aos objetivos que temos. Se devemos avaliar a aprendizagem em matemática, não devemos pedir aos alunos condutas disciplinares; se devemos avaliar compreensão de melodia musical, não devemos pedir-lhes que dancem; se vamos avaliar conhecimentos de gramática, não se pode exigir-lhes conhecimentos de história universal. Os dados relevantes a serem levados em consideração na avaliação deverão ser compatíveis com o objeto a ser avaliado e com os objetivos que se tem.

Essa colocação torna-se importante, devido ao fato de que, no cotidiano escolar, muitas vezes, os professores tomam *dados irrelevantes* como se eles fossem relevantes; uma vez ou outra por descuido, mas não poucas vezes intencionalmente, os professores consideram dados irrelevantes para tornarem os seus instrumentos de avaliação mais difíceis, para "pegar os alunos pelo pé".

Essa prática de tornar os instrumentos da avaliação mais difíceis só pode ocorrer devido ao fato de não se ter definido previamente aquilo que é relevante ou irrelevante e não se ter levado a sério essa definição. Se o professor definiu previamente o que é essencial e é honesto para com os alunos e para consigo mesmo, na construção de um instrumento de avaliação, utiliza-se fundamentalmente dessa definição e não de outros dados arbitrários para "pegar os alunos pelo pé".

A definição de dados relevantes e sua utilização na avaliação evitará o arbítrio momentâneo e emergente do professor no instante de construção e utilização dos instrumentos e, consequentemente, evitará o arbítrio na qualificação do aluno, tendo em vista sua aprovação ou reprovação.

Aquilo que indicamos no ritual da avaliação — "dar um ponto a mais" ou "dar um ponto a menos" — é um arbítrio baseado em dados irrelevantes da aprendizagem. Normalmente, esse "ponto a mais ou a menos" nada mais significa do que um modo de premiar ou castigar alguém, e não tem nada a ver com uma efetiva avaliação da aprendizagem do aluno.

Para facilitar o entendimento, gosto de contar casos do cotidiano escolar. Eles são ilustrativos. Vou contar aqui um caso que ocorreu com meu filho, na sexta série do 1º Grau. Uma professora de Português solicitou aos alunos um trabalho de casa. Era uma redação. O menino (ou rapaz, pois tem 12 anos), com a paixão e o ardor que assola essa idade, dedicou-se ao trabalho. Produziu o texto, passou dois dias datilografando-o (catando milho, como se diz de quem não sabe datilografar) e obteve da professora a menção 8 (oito); era o máximo que ela havia se comprometido a atribuir, se o trabalho fosse bem feito. Ele, no caso, obtivera a máxima qualificação. Dias depois, a professora promoveu em sala de aula uma arguição oral de alguns elementos do que havia ensinado e o menino foi bem, obtendo mais dois pontos, que, segundo a professora, seria a menção máxima a essa atividade, pois que se destinava a completar a menção anterior, que fora de 8.

Desse modo, o menino tinha uma qualificação nota dez. Porém, ocorreu que num determinado dia, os alunos estiveram irrequietos na sala de aulas. Por quê? Muitos podem ter sido os motivos, inclusive incapacidade da professora para trabalhar com a classe, um pouco de *fair play*, talvez. Mas ocorreu que ela deu o seguinte veredicto: "como hoje vocês estão muito indisciplinados, aquela avaliação anterior — do trabalho e do questionamento oral — não valem mais nada. O que vai valer é este teste que estou colocando aqui no quadro, agora". O teste foi transcrito para o quadro, os alunos ficaram aterrorizados pela avaliação, transformada em instrumento de tortura, e obtiveram menções baixíssimas, inclusive meu filho, que tinha a menção dez.

Que lição tirar desse acontecimento? Será que eram relevantes os dados solicitados no trabalho e no questionamento oral anterior? Se eram, por que este "castigo" agora? Se não eram relevantes, por que foram utilizados e exigidos dos alunos? Será que os dados utilizados para o novo teste foram relevantes, ou simplesmente foram questões para assustar, oprimir e satisfazer a raiva da professora por não poder controlar os alunos? Ou seja, uma forma de compensação pela sua fragilidade e incapacidade? Afinal, qual é o fundamento dessas decisões?

Como se pode ver, a prática da avaliação não pode ser efetivada arbitrariamente. Com isso, toda a teoria da avaliação se destrói; mas, pior que isso, os alunos são mortos, aos poucos. Será que uma criança que, com prazer, dedicou dois dias de sua vida e de seu tempo produzindo e datilografando um trabalho terá o mesmo prazer em fazer isso, de novo, depois de acontecimentos tão desastrosos? Cremos que não! Pela avaliação, nós professores, muitas vezes, "matamos" nossos alunos, matamos a alma bonita e jovem que eles possuem; reduzimos sua criatividade, seu prazer, sua capacidade de decisão. E, a seguir, reclamamos que nossos alunos não são criativos. Como poderão ser criativos, se estivemos, permanentemente, a estiolá-los aos poucos com nosso autoritarismo arbitrário?

Então, observemos que, pelo uso de elementos irrelevantes na prática da avaliação, somos antidemocráticos com os alunos, na medida em que os reprovamos ou aprovamos por aquilo que não é essencial à aprendizagem escolar, bem como impedimos o surgimento e a emergência de pessoas vivas e criativas, capazes de viver, construir conhecimentos, inventar coisas para essa nossa desgastada humanidade. Com certeza, essa prática de usar dados irrelevantes ao bel-prazer manifesta uma prática autoritária da avaliação e, por isso mesmo, antidemocrática, uma vez que ela não serve ao crescimento do aluno no que se refere à elevação do seu patamar cultural, mas, ao contrário, contribui para que o aluno se afaste desse processo.

Com esse tipo de prática avaliativa, a escola nega-se a si mesma, pois, em vez de propor e trazer o prazer da elevação cultural, estiola essa possibilidade, na medida mesma em que destrói dentro da criança o prazer de entender melhor o mundo e crescer em compreensão e visão da realidade.

Passemos agora ao último elemento da avaliação: *tomada de decisão.* Definimos anteriormente a avaliação como o juízo de qualidade sobre dados relevantes para uma tomada de decisão.

No cotidiano escolar, a única decisão que se tem tomado sobre o aluno tem sido a de classificá-lo num determinado nível de aprendizagem, a partir de menções, sejam elas em notações numéricas ou em notações verbais.

O que isso significa? Significa exatamente não realizar o sentido constitutivo da avaliação. Se avaliação implica tomada de posição, como discutimos anteriormente, e na prática pedagógica nada mais se faz do que classificar o aluno, isso significa não realizar o sentido da avaliacão.

Para caracterizar essa situação — de forma até exacerbada — vamos exemplificar com a avaliação que um médico faz do seu paciente. O cliente de um médico — que pode ser você, posso ser eu ou tantas outras pessoas — vai ao consultório sentindo dores torácicas e com febre. O médico faz alguns exames preliminares e constata que o sujeito está com pneumonia. Então, toma sua ficha, faz anotações sobre o nome, idade, endereço do cliente e acrescenta observações sobre o seu estado de saúde. A seguir, despede-se do cliente, dizendo-lhe que volte quinze dias depois. O cliente foi *classificado* como portador de pneumonia e, a seguir, foi-lhe pedido que continuasse como estava. Certamente vai morrer. Foi classificado, mas não se tomou nenhuma decisão sobre o que fazer com ele.

Vamos transpor essa situação para a escola e verifiquemos como o professor usa a avaliação. Certamente, ele tem agido da mesma forma que aquele médico. Toma o aluno, aplica-lhe um teste, corrige-o, atribui-lhe uma menção, *classificando-o* em péssimo (notas 0-4), em regular (notas 5-6), em bom (notas 7-8) e excelente (notas 9-10) e registrando essa classificação no Diário de Classe. E daí para a frente deixa o aluno, sem fazer nada para que ele avance se não está bem.

Com essa atitude *classificatória*, o professor agiu da mesma forma que teria agido o médico anteriormente descrito. Se um médico exercitar a sua prática de orientação da saúde da forma como descrevemos, todos nós vamos dizer que ele é um criminoso e que deixou uma pessoa morrer, tendo conhecimento do seu estado de saúde. E se um professor não atende um aluno, para que ele avance, não é também um crime? Ele não está matando o corpo, mas a vida, a alma dessa criança. Não está fazendo nada para que ela avance e eleve o seu patamar de entendimento da realidade, o seu patamar cultural. Está pois colaborando para que a criança se estiole, feneça.

A prática classificatória da avaliação é antidemocrática, uma vez que não encaminha uma tomada de decisão para o avanço, para o crescimento. Essa prática classificatória da avaliação confirma a nossa hipótese inicial de que a atual prática de avaliação do aluno é uma prátia antidemocrática no que se refere ao ensino. E essa questão da prática classificatória da avaliação torna-se mais grave quando entendemos que um aluno pode ser aprovado ou reprovado *por um contrabando entre qualidade e quantidade.*

Vamos tentar entender isso. A avaliação, como já vimos definindo e repetindo, é um *juízo de qualidade* que se faz sobre uma determinada realidade; esse juízo de qualidade deve ser expresso por meio de algum símbolo, seja ele numérico ou verbal ou outro qualquer. Normalmente, na prática escolar, os símbolos que expressam juízos de qualidade ou são numéricos ou verbais. As *notas* são símbolos numéricos e os *conceitos* (péssimo, ruim, regular etc.) são símbolos verbais.

Em nossa prática escolar, na maior parte das vezes, o juízo de qualidade sobre a aprendizagem do aluno é expresso em símbolos numéricos e, quando são expressos por símbolos verbais, posteriormente são transformados em símbolos numéricos. Na primeira situação, os juízos são expressos por símbolos numéricos que vão de 0 (zero) a 10 (dez); zero significa a qualidade mais baixa e dez a qualidade mais alta em aprendizagem. Na segunda situação, há uma escala de conceitos expressos verbalmente, que se apresenta mais ou menos da seguinte forma: sem rendimento, inferior, médio inferior, médio, médio superior, excelente. Contudo, esses conceitos, que são expressões qualitativas do nível de aprendizagem dos alunos, são transformados em expressões numéricas. Assim, "sem rendimento" equivale a zero, "inferior" equivale 1-2, "médio inferior" equivale a 3-4, "médio" equivale a 5-6, "médio superior" equivale a 7-8 e "excelente" a 9-10. Qual a razão dessa necessidade de transformar conceitos em notas? Não seriam a mesma coisa, uma vez que ambos expressam juízos de qualidade sobre o nível de aprendizagem do aluno? De fato, se equivalem na medida em que expressam qualificação da aprendizagem, porém se diferenciam na medida em que as notas (expressão numérica da qualidade da aprendizagem) possibilitam uma passagem indevida da qualidade para a quantidade e os conceitos verbais, por si mesmos, não permitem esse "contrabando". Como a escola possui uma prática de avaliação que necessita esse contrabando de transformação da qualidade em quantidade, ela transforma facilmente as expressões verbais da avaliação em expressões numéricas.

Mas, por que a escola necessita desse contrabando? Necessita pelo fato de trabalhar com *média de notas* e não com um *mínimo necessário de conhecimentos*. Isso significa que, para fazer a *média*, que só pode ser feita a partir de *quantidades* e não de *qualidades* (estas não admitem operações matemáticas), a escola necessita, indevidamente, transformar qualidade em quantidade. Se, ao contrário, a escola trabalhasse com *um mínimo de conhecimentos*, ela não teria necessidade de *fazer médias* e, por isso, não precisaria contrabandear qualidade em quantidade. Daí, então, os conceitos estariam efetivamente expressando a qualidade da aprendizagem do aluno naquela unidade de conhecimento e não uma "média" de elementos sobre os quais não se pode fazer média.

Exemplifiquemos e a compreensão ficará mais clara. Tomemos como exemplo um estudante de pilotagem de avião comercial. Simplificando, poderíamos dizer que um piloto deveria, pelo menos, saber muito bem praticar três grandes atos (que incluem muitos saberes específicos): decolar, fazer o voo de cruzeiro e aterrissar a aeronave no seu destino. Vamos supor que o aluno obteve nota 10 na primeira unidade (decolagem); 6 na segunda (voo de cruzeiro); e 2 na terceira (aterrissagem). Fazendo a *média* (10 + 6 + 2 = 18; 18/3 = 6), podemos dizer que este estudante está aprovado, pois ele possui uma média de nota (seis) que pode aprová-lo. No entanto, ele não possui nenhuma condição de pilotar um avião comercial, pois decola, viaja mal e cai de bico. Porém, pela média de notas, ele estaria aprovado, sem possuir o mínimo de conhecimento necessário.

Essa média só pode ser obtida pelo fato de praticarmos um contrabando indevido entre qualidade e quantidade. De fato, este piloto só poderia ser aprovado, se obtivesse uma qualificação mínima necessária em cada uma das três unidades de aprendizagem o que significaria, 10 na primeira, 10 na segunda, 10 na terceira. Então, poder-se-á estar pensando que isso seria impossível. Todavia, cabe perguntar: deixaríamos ser piloto de um avião comercial um estudante que aprendesse "mais ou menos" a pilotar o avião? Será que com isso não estaríamos arriscando a vida de muita gente?

Claro, esse exemplo é exacerbado. Mas podemos tomar exemplos mais simples. Vamos supor que ensinemos aos alunos o assunto da adição em matemática. A adição possui a "fórmula da operação", as propriedades da adição, a solução de problemas de adição. Então, aplicamos um teste para verificar o quanto os alunos aprenderam dessa unidade de ensino. E o nosso teste está assim composto: 5 questões relativas à operação da adição, 5 relativas às propriedades e 5 relativas à solução de problemas de adição. Um aluno qualquer apresenta a seguinte situação no seu teste: acerta 5 questões relativas à fórmula, três relativas às propriedades e erra todas as questões relativas à solução de problemas de adição. Com isso, ele teria acertado 8 questões em quinze; e, desse modo, teria obtido uma nota 6; nota esta que o aprova. É uma média de nota. No entanto, este aluno não saberia solucionar problemas de adição. Ora se este é um conteúdo essencial, o aluno não poderia passar sem aprendê-lo e, contudo, pela média de nota ele será aprovado em adição. De fato, se trabalhássemos com um *mínimo de conhecimento necessário*, esse aluno não poderia ser aprovado, pois não apropriou-se de conhecimentos necessários. Então, ele deveria ser reorientado até que viesse a deter o mínimo necessário.

O "contrabando" entre qualidade e quantidade, do qual falamos, é uma forma pela qual alunos podem ser aprovados sem deter os conhecimentos necessários numa unidade de ensino.

Essa transformação indevida de qualidade em quantidade impossibilita ao professor diagnosticar a real situação do aluno e, consequentemente, ao aluno de tomar consciência de sua situação em termos de aprendizagem. Fatos esses que dificultam o avanço do aluno, uma vez que não estão sendo utilizados instrumentos para que ele possa progredir na apropriação ativa dos conhecimentos. E isso significa, por sua vez, uma atitude antidemocrática em questões de ensino.

De tudo o que dissemos até aqui, podemos afirmar que a atual prática de avaliação escolar contém muito de antidemocrático. Acreditamos que todos os leitores já estão cientes dos pontos nos quais esse fato se dá, por isso, não voltaremos aqui a sintetizar todos os elementos já analisados.

Proposição de um encaminhamento: a avaliação diagnóstica

Diante da situação até aqui exposta e analisada, podemos dizer que a atual prática da avaliação escolar não viabiliza um processo de democratização do ensino. Ao contrário, possibilita um processo cada vez menos democrático no que se refere tanto à expansão do ensino quanto à sua qualidade.

Nesta parte do nosso texto, tentaremos fazer algumas indicações que possibilitem dar conta das defasagens acima indicadas.

Em primeiro lugar, há que partir para a perspectiva de uma *avaliação diagnóstica*. Com isso, queremos dizer que a primeira coisa a ser feita, para que a avaliação sirva à democratização do ensino, é modificar a sua utilização de *classificatória* para *diagnóstica*. Ou seja, a avaliação deverá ser assumida como um instrumento de compreensão do estágio de aprendizagem em que se encontra o aluno, tendo em vista *tomar decisões* suficientes e satisfatórias para que possa avançar no seu processo de aprendizagem. Se é importante aprender aquilo que se ensina na escola, a função da avaliação será possibilitar ao educador condições de compreensão do estágio em que o aluno se encontra, tendo em vista poder trabalhar com ele para que saia do estágio defasado em que se encontra e possa avançar em termos dos conhecimentos necessários. Desse modo, a avaliação não seria tão somente um instrumento para a aprovação ou reprovação dos alunos, mas sim um instrumento de diagnóstico de sua situação, tendo em vista a definição de encaminhamentos adequados para a sua aprendizagem. Se um aluno está defasado não há que, pura e simplesmente, reprová-lo e mantê-lo nesta situação.

Se determinado conhecimento ou determinada habilidade tem caráter essencial na aprendizagem do aluno, ele deverá adquiri-lo. Nesta perspectiva, a avaliação servirá para a verificação de sua apropriação, ou não, por parte do aluno. Se o conhecimento ou a habilidade é importante e o aluno não o adquiriu, há que trabalhar para que adquira; se for secundário, não há motivo para que esse conteúdo ou habilidade esteja constando do currículo de ensino.

Para que a avaliação diagnóstica seja possível, *é preciso compreendê-la e realizá-la comprometida com uma concepção pedagógica*. No caso, consideramos que ela deve estar comprometida com uma proposta pedagógica *histórico-crítica*, uma vez que esta concepção está preocupada com a perspectiva de que o educando deverá apropriar-se criticamente de conhecimentos e habilidades necessárias à sua realização como sujeito crítico dentro desta sociedade que se caracteriza pelo modo capitalista de produção. A avaliação diagnóstica não se propõe e nem existe de uma forma solta e isolada. É condição de sua existência a articulação com uma concepção pedagógica progressista.

Esta forma de entender, propor e realizar a avaliação da aprendizagem exige que ela seja um instrumento *auxiliar da aprendizagem* e não um instrumento de aprovação ou reprovação dos alunos.

Este é o princípio básico e fundamental para que ela venha a ser diagnóstica. Assim como é constitutivo do diagnóstico médico estar preocupado com a melhoria da saúde do cliente, também é constitutivo da avaliação da aprendizagem estar atentamente preocupada com o crescimento do educando. Caso contrário, nunca será diagnóstica.

Desse princípio decorre a articulação de todos os outros elementos da avaliação, tais como: proposição da avaliação e suas funções, elaboração e utilização de instrumentos, leitura dos resultados obtidos, utilização destes dados e assim por diante.

No que se refere à proposição da avaliação e suas funções, há que se pensar na avaliação como um instrumento de diagnóstico para o avanço e, para tanto, ela terá as funções de autocompreensão do sistema de ensino, de autocompreensão do professor e de autocompreensão do aluno.

A avaliação realizada com os alunos possibilita ao sistema de ensino verificar como está atingindo os seus objetivos, portanto, nesta avaliação ele tem uma possibilidade de autocompreensão. O professor, na medida em que está atento ao andamento dos seus alunos, poderá, através da avaliação da aprendizagem, verificar o quanto o seu trabalho está sendo eficiente e que desvios está tendo. O aluno, por sua vez, poderá estar permanentemente descobrindo em que nível de aprendizagem se encontra, dentro de sua atividade escolar, adquirindo consciência do seu limite e das necessidades de avanço. Além disso, os resultados manifestados por meio dos instrumentos de avaliação poderão auxiliar o aluno num processo de automotivação, na medida em que lhes fornece consciência dos níveis obtidos de aprendizagem.

Para que a avaliação cumpra essas funções exige-se um certo recurso técnico adequado. Ou seja, para atender a essas funções, a avaliação deverá ser executada com um certo rigor técnico o que implica algumas exigências. Por exemplo, que os instrumentos de avaliação sejam elaborados, executados e aplicados levando-se em conta os princípios que se seguem. Para serem adequados, os instrumentos deveriam:

- medir resultados de aprendizagem claramente definidos, que estivessem em harmonia com os objetivos instrucionais;
- medir uma amostra adequada dos resultados de aprendizagem e o conteúdo da matéria incluída na instrução;
- conter os tipos de itens que são mais adequados para medir os resultados de aprendizagem desejados;
- ser planejados para se ajustar aos usos particulares a serem feitos dos resultados;
- ser construídos tão fidedignos quanto possível e, em consequência, ser interpretados com cautela;
- ser utilizados para melhorar a aprendizagem do estudante e do sistema de ensino.[1]

1. Princípios retirados de Norman Grounlund, *Elaboração de testes de aproveitamento escolar*, São Paulo: EPU, 1974. p. 1-16.

Esses princípios implicam um planejamento técnico adequado dos instrumentos de avaliação, assim como uma elaboração clara, objetiva e consequente das questões. Implica também clareza de comunicação, bem como evitar todo e qualquer subterfúgio que dificulte, para o aluno, tanto a compreensão do que se solicita, quanto a resposta ao que se pede.

Por último, a avaliação diagnóstica pressupõe que os dados coletados por meio dos instrumentos sejam lidos com rigor científico tendo por objetivo não a aprovação ou reprovação dos alunos, mas uma compreensão adequada do processo do aluno, de tal forma que ele possa avançar no seu processo de crescimento. Os resultados da avaliação deverão ser utilizados para diagnosticar a situação do aluno, tendo em vista o cumprimento das funções de autocompreensão acima estabelecidas.

Para que a avaliação funcione para os alunos como um meio de autocompreensão, importa que tenha, também, o caráter de uma *avaliação participativa*. Por participativo, aqui, não estamos entendendo o espontaneísmo de certas condutas autoavaliativas, mas sim a conduta segundo a qual o professor, a partir dos instrumentos adequados de avaliação, discute com os alunos o estado de aprendizagem que eles atingiram. O objetivo da participação é professor e alunos chegarem juntos a um entendimento da situação de aprendizagem que, por sua vez, está articulado com o processo de ensino. Então, não será uma discussão abstrata, mas sim uma discussão a partir dos resultados efetivos da aprendizagem, manifestados nos instrumentos elaborados e utilizados.

Cumprindo esses ditames da perspectiva diagnóstica da avaliação, de certa maneira estaríamos instrumentados para a superação dos desvios anotados na primeira fase deste texto. Estaríamos, pois, superando o modo de agir comum e autoritário que vem atravessando as atividades de avaliação da aprendizagem escolar, de forma antidemocrática.

PARTE IV

PLANEJAR, EXECUTAR E AVALIAR

condições do sucesso na aprendizagem escolar

A conquista de resultados desejados
depende da clareza de objetivos
e do investimento na sua busca.
Planejar, executar e avaliar
são facetas de um mesmo ato
de construção de resultados bem-sucedidos.
Os três capítulos, que se seguem, por caminhos diferentes,
tratam desse mesmo tema.

CAPÍTULO VIII

PLANEJAMENTO E AVALIAÇÃO NA ESCOLA: ARTICULAÇÃO E NECESSÁRIA DETERMINAÇÃO IDEOLÓGICA

Sobre como o planejamento está comprometido com uma teoria que orienta a ação

Texto publicado na Série *Ideias*, Fundação para o Desenvolvimento da Educação — FDE, São Paulo, n. 15, 1992, p. 115-125. Compunha o capítulo VI nas edições anteriores do livro, ocupando agora o lugar do capítulo VIII. Escrito como subsídio para o Seminário "O Diretor — articulador do projeto da escola" com o objetivo de clarear os vínculos necessários entre o ato de planejar o ensino e avaliar os resultados intermediários e finais da aprendizagem dos educandos, ou seja, o ato de avaliar — por ser avaliação e não exames — não se dá, nem pode dar-se, em separado do planejamento e da execução do ensino. Planejar, executar e avaliar são partes de um mesmo todo, que é o ato pedagógico; um, por si, todo indissociável; contudo, infelizmente dissociado em nossas práticas escolares cotidianas.

Intencionalidade da ação humana

O ser humano age em função de construir resultados. Para tanto, pode agir aleatoriamente ou de modo planejado. Agir aleatoriamente significa "ir fazendo as coisas", sem ter clareza de onde se quer chegar; agir de modo planejado significa estabelecer fins e construí-los por meio de uma ação intencional. Os fins, sem a ação construtiva, adquirem a característica de fantasias inócuas; a ação aleatória, sem fins definidos, desemboca no ativismo.

O agir que articula fins e meios parece ser a maneira mais consistente do agir humano, uma vez que, por seu modo de ser historicamente construído, o homem não se contenta com uma forma "natural" de ser; ao contrário, tem necessidade de modificar o meio para satisfazer suas necessidades.

Os animais em geral "convivem" com o meio ambiente como ele é; o ser humano é irrequieto e, por isso, cria-o e recria-o permanentemente para transformá-lo no seu ambiente. O que quer dizer que o ser humano se caracteriza por ser ativo e que, ao construir o seu mundo, constrói a si mesmo. Somos, individual e coletivamente, aquilo que construímos.

Engels, num texto denominado "A humanização do macaco pelo trabalho"[1], após fazer uma análise do modo como o ser humano se constituiu pela ação (trabalho), conclui:

> o animal apenas utiliza a Natureza, nela produzindo modificações somente por sua presença; o homem a submete, pondo-a a serviço de seus fins determinados, imprimindo-lhe as modificações que julga necessárias, isto é, *domina* a Natureza. Esta é a diferença essencial e decisiva entre o homem e os demais animais; e, por outro lado, é o trabalho que determina essa diferença.

Ou seja, o ser humano interfere no meio ambiente não só devido ao fato de nele estar presente, mas sim em função de modificá-lo para buscar a satisfação de suas necessidades. Enquanto os demais animais agem por contiguidade, o ser humano age por intencionalidade; faz da natureza transformada o seu verdadeiro meio de vida. Mas, ao mesmo tempo em que constrói o seu mundo, constrói-se a si mesmo com as características do mundo que construiu. A ação sobre o mundo externo nos configura a esse mundo.

Contudo, Engels mostra que essa ação do ser humano pode produzir efeitos tanto benéficos como maléficos. Diz ele:

> mas não nos regozijemos demasiadamente em face dessas vitórias humanas sobre a Natureza. A cada uma dessas vitórias, ela exerce a sua vingança. Cada uma delas, na verdade, produz, em primeiro lugar, certas consequências com que podemos contar; mas, em segundo e terceiro lugares, produz outras muito diferentes, não previstas, que quase sempre anulam essas primeiras consequências.

---

1. F. Engels, A humanização do macaco pelo trabalho. In: *Dialética da natureza*. Rio de Janeiro: Paz e Terra, 1991, p. 215-28. As citações de Engels que se seguem nesta meditação estão contidas nesse texto.

Para exemplificar essa situação, dentre outros acontecimentos históricos, mostra que:

> os homens que, na Mesopotâmia, na Grécia, na Ásia Menor e noutras partes, destruíram os bosques para obter terra arável, não podiam imaginar que, dessa forma, estavam dando origem à atual desolação dessas terras, ao despojá-las de seus bosques, isto é, dos seus centros de captação e acumulação de umidade.

A conclusão a que Engels chega dessa constatação é de que:

> somos, a cada passo, advertidos de que não podemos dominar a natureza como um conquistador domina um povo estrangeiro, como alguém situado fora da natureza; mas sim que lhe pertencemos, com a nossa carne, nosso sangue, nosso cérebro; que estamos no meio dela; e que todo o nosso domínio sobre ela consiste na vantagem que levamos sobre os demais seres de poder chegar a conhecer suas leis e aplicá-las corretamente.

Importa observar que para Engels está claro que os efeitos negativos da ação humana têm consequências não só sobre a natureza propriamente dita, mas também sobre o mundo social. Os efeitos positivos e negativos da ação intencional do ser humano se manifestam, também, no modo de ser e de estruturar a sociedade, com todas as suas manifestações de satisfatoriedade ou insatisfatoriedade. Os benefícios e as satisfatoriedades da vida humana, assim como os seus malefícios e insatisfatoriedades, são resultantes da ação do ser humano, que constrói resultados.

Essa conclusão nos obriga a meditar a respeito do significado de nossa ação intencional sobre a realidade. Não pode ser uma ação qualquer, mas sim uma ação que conduza a resultados satisfatórios para o ser humano, dentro de uma perspectiva de totalidade, ou seja, levando em conta o máximo possível das determinações reconhecíveis dessa ação. O que significa que temos por obrigação buscar o máximo possível de compreensão das determinações de nossa ação para que possamos propor fins e meios os mais sadios para o ser humano, seja no que se refere aos efeitos imediatos ou subsequentes, seja no que se refere aos efeitos individuais ou coletivos. Afinal, somos, individual e coletivamente, resultados de nossa ação.

Isso significa que nossa ação, no nível macro, ou no micro, é política; ela está comprometida com uma perspectiva de construção da sociedade. As ações no nível macrossocial são facilmente distinguíveis quanto aos seus efeitos sobre o ser humano; porém, no nível micro têm seus efeitos obscurecidos, por serem elas catalogadas como ações privadas. Pareceria que as ações privadas não constroem efeitos positivos ou negativos para a sociedade. No entanto, não podemos nos esquecer que as macroperspectivas da sociedade se cimentam, também e fundamentalmente, por meio das denominadas ações privadas. O micropoder, que perpassa as relações entre pais e filhos, entre administradores e trabalhadores, entre professores e alunos, entre pastores religiosos e fiéis etc., é um dos meios pelo qual o macropoder se sedimenta e se estabelece numa trama de relações que enrijecem e constituem o corpo social que conhecemos. A conduta de não reconhecermos o significado das relações no nível micro impede que as vejamos como atos políticos, pois até mesmo quando desenvolvemos a filosofia da despolitização dos atos privados, como quando dizemos "eu não sou político" (em função do fato de não participarmos diretamente de uma instituição política, tal como partido, associação de categorias profissionais, sindicato), estamos assumindo um ato político: o ato de, politicamente, despolitizar a política. Este fato garante uma dormência da consciência, que possibilita a ação "inimiga" sem nenhuma interposição de resistência. É um modo de sofrer a ação política do sistema social sem ter ciência de como ele age. Agir como se nossos atos individuais e particulares não fossem políticos é um modo de contribuir para a construção de consequências maléficas para o ser humano ao longo do tempo.

Planejamento e comprometimento ideológico

O ato de planejar é a atividade intencional pela qual se projetam fins e se estabelecem meios para atingi-los. Por isso, não é neutro, mas ideologicamente comprometido.

Em decorrência da meditação que anteriormente fizemos, fica claro que não há atividade humana neutra. Todas são axiologicamente definidas.

O ser humano não age sem fins — independentemente de quais sejam e de que nível de consciência estejam. Poderão ser fins considerados positivos ou fins considerados negativos, poderão ser finalidades que estão manifestadas no nível da consciência ou que estão assinaladas nas camadas do inconsciente. Não importa. O fato é que, na origem de toda conduta humana, há uma escolha; isso implica finalidades e também valores.

Desse modo, o ser humano está "condenado" a escolher[2]. Nossa ação fundamenta-se em juízos de valor sobre o mundo que nos cerca: a natureza, a sociedade em que vivemos, o futuro a ser vivido, as relações com as pessoas, as vivências. Não somos, pois, indiferentes ao mundo no qual vivemos. Assumimos posição. Aceitamos e lutamos por alguma coisa quando a avaliamos positivamente, assim como rejeitamos outra, quando atribuímos a ela um valor negativo. O ser humano é um ser que avalia. Em todos os instantes de sua vida — dos mais simples aos mais complexos —, ele está tomando posição, manifestando-se como não neutro.

O ato de planejar, como todos os outros atos humanos, implica escolha e, por isso, está assentado numa opção axiológica. É uma "atividade-meio", que subsidia o ser humano no encaminhamento de suas ações e na obtenção de resultados desejados, portanto, orientada por um fim. O ato de planejar se assenta em opções filosófico-políticas; são elas que estabelecem os fins de uma determinada ação. E esses fins podem ocupar um lugar tanto no nível macro como no nível micro da sociedade. Situe-se onde se situar, é um ato axiologicamente comprometido.

Apesar desse fato constitutivo do ato de planejar, a prática do planejamento em nosso país, especialmente na Educação, tem sido conduzida como se fosse uma atividade neutra, sem comprometimentos. Por vezes, o planejamento é apresentado e desenvolvido como se tivesse um fim em si mesmo; outras vezes, é assumido como se fosse um modo de definir a aplicação de técnicas efetivas para obter resultados, não importando a que preço.

Os técnicos de planejamento esmeram-se na elaboração do "melhor modelo de projeto": tópicos, divisões, subdivisões, numerações, delimitação

2. Jean-Paul Sartre em muitos momentos de sua obra insiste que o ser humano é "condenado à liberdade" e, por isso, necessita justificar os seus atos. Os nossos atos não são justificados por si mesmos.

de recursos, fluxos, cronogramas... Os roteiros técnicos da apresentação de projetos sofisticam-se cada vez mais no que se refere aos detalhes e ao estabelecimento de técnicas eficientes. Porém, pouco ou nada se discute a respeito do significado social e político da ação que se está planejando. Não se pergunta pelas determinações sociais que estão na base do problema a ser enfrentado, assim como não se discutem as possíveis consequências político-sociais que decorrerão da execução do projeto em pauta.

A glória, por vezes, daqueles que se dedicam à atividade de planejar situa-se na perfeição do projeto elaborado e não na criticidade com que os fenômenos sociais envolvidos são abordados. Uma manifestação desse processo relaciona-se com o aumento e aperfeiçoamento das técnicas de planificar (modelos, fórmulas, esquemas, tipos de controle), mas não com o aperfeiçoamento do ato político, que é o ato de planejar.

Tem ocorrido uma hipertrofia dos instrumentos de racionalização dos modos de agir. Nisso tudo, o que mais importa permanece obscurecido: a finalidade social e política a que serve o ato de planejar e de executar uma determinada ação. Não a finalidade imediata — ou seja, os resultados imediatos que devem decorrer da execução do projeto em si —, mas a finalidade social, a médio e a longo prazos. O modelo de sociedade ao qual está servindo o planejamento elaborado permanece obscuro, oculto.

Aliás, a atividade de planejar, sem que se esteja atento aos seus significados ideológicos[3], é um modo — dentre muitíssimos outros — de resguardar o "modelo de sociedade" ao qual serve esse planejamento. Ou seja, é uma forma de escamotear a realidade, por não a questionar.

Há um senso comum que impera, especialmente na atividade educativa, de que o ato de planejar é um ato simplesmente técnico. Essa postura parece ser tão "natural" que os educadores, ao planejarem suas ações, na maior parte das vezes, não se perguntam a que resultados políticos podem conduzir suas ações. Definem eficientemente os modos de agir de um determinado projeto e descansam em paz, esquecendo-se daquilo que Engels disse: que a "natureza" (e a sociedade), a médio e longo prazos, se

3. Por ideológico estamos entendendo um conjunto de valores que delimitam um modo de agir, sejam esses valores conservadores, ou revolucionários.

vinga das ações que nós praticamos sem uma visão de totalidade, ou seja, os resultados, de positivos, que pareciam ser, passam a ser negativos; ou, até mesmo, que atos aparentemnte positivos no nível individual ganham características negativas no nível coletivo.

O planejamento não será nem exclusivamente um ato político-filosófico, nem exclusivamente um ato técnico; será, sim, um ato ao mesmo tempo político-social, científico e técnico: político-social, na medida em que está comprometido com as finalidades sociais e políticas; científico, na medida em que não se pode planejar sem um conhecimento da realidade; técnico, na medida em que o planejamento exige uma definição de meios eficientes para se obter os resultados.

Planejamento como um modo de prever a administração de recursos escassos

Analisando o tema *planejamento*, Delfim Neto, em 1966, dizia que:

> é importante que todos compreendam que o planejamento é uma simples técnica de administrar recursos e que, em si, é neutro[4].

De fato, o ato de planejar não é neutro, mas, para o autor, *ele deve assim ser entendido*. Assumindo-se a perspectiva dessa definição, o planejamento se reduz a uma técnica sofisticada de, no presente, estabelecer previsões para a administração futura da escassez de recursos disponíveis, sejam eles operacionais, materiais, financeiros, sejam humanos.

Não menos contundente, neste sentido, foi a expressão de João Paulo dos Reis Veloso, em seu discurso de posse no Ministério de Planejamento, em 3 de novembro de 1969:

---

4. Delfim Neto, *Planejamento para o desenvolvimento econômico*. São Paulo: Pioneira, 1966, p. 13-4, citado por Nilson Holanda, em *Planejamento e projetos*. Rio de Janeiros: APEC, 1977, p. 19.

> A grande dimensão e o mais longo prazo de gestação dos projetos, decorrente da maior complexidade tecnológica, elevam a produtividade do planejamento, pela maior economia de recursos e pela redução substancial de riscos que permite[5].

O ex-ministro menciona os compromissos técnicos do planejamento; porém, em nenhum instante, indica a necessidade da compreensão político-social do ato de planejar.

O próprio Nilson Holanda, como um profissional da área de planejamento, diz em seu livro:

> Podemos definir o planejamento como a aplicação sistemática do conhecimento humano para prever e avaliar cursos de ação alternativos com vista a tomada de decisões adequadas e racionais, que sirvam de base para a ação futura. Planejar é decidir antecipadamente o que deve ser feito, ou seja, um plano é uma linha de ação pré-estabelecida[6].

Observemos que nenhum dos três autores menciona qualquer dimensão político-social do planejamento. O ato de planejar manifesta-se em suas falas como atos neutros; por suposição, exclusivamente técnico.

Isso significa que se deve planejar sem questionar o modelo de sociedade para o qual se está planejando. Analisando a crise energética que eclodiu no mundo em 1973, Roger Garaudy, no seu livro *Projeto esperança*, mostra que foram tomadas muitas decisões técnicas para superar a defasagem de energia que ameaçava o mundo; porém, acrescenta: "nenhum centro de decisão econômica ou política imaginou um só instante pôr em questão o modelo de crescimento"[7] econômico da sociedade burguesa na qual vivemos. Ou seja, trabalhamos no nível do aparente; não buscamos questionar o oculto. Não procuramos "dar uma quebrada de pescoço", para ver a realidade e o mundo a partir de uma outra perspectiva que não seja por aquela que estamos acostumados a olhar. As decisões, usualmente, são no sentido de modernizar e não de revolucionar o que se tem.

---

5. Citado por Nilson Holanda, op. cit., p. 19.

6. Idem, p. 36.

7. Roger Garaudy, *Projeto esperança*. Rio de Janeiro: Salamandra, 1978. p. 2.

Em síntese, o que se observa, seja nas publicações, no ensino, ou na prática, é que o planejamento tem sido visto como uma técnica neutra de prever a administração dos recursos disponíveis da forma mais eficiente possível. Seja no nível teórico, ou prático, não se tem observado uma preocupação com as finalidades político-sociais do planejamento. Questionam-se os meios, não os fins. Contudo, ambos precisam ser questionados.

Agora, vale perguntar: no âmbito da prática educativa escolar, como tem sido praticado o planejamento? Para responder a essa questão, temos de tomar duas dimensões: os ensinamentos que se encontram nos livros de Didática e a prática de planejamento do ensino na escola.

Planejamento na prática escolar: o que tem sido

Tanto no cotidiano escolar como nos livros de Didática, a questão do planejamento escolar, no geral, possui as características desejadas não só por nossos ex-ministros do Planejamento, como também por parte de alguns autores que discutem essa temática; ou seja, as atividades de planejar são tomadas como neutras.

Planejar, nas escolas em geral, tem sido um modo de operacionalizar o uso de recursos — materiais, financeiros, humanos, didáticos. As denominadas semanas de planejamento escolar, que ocorrem no início de cada ano letivo, nada mais têm sido do que um momento de preencher formulários para serem arquivados na gaveta do diretor ou de um intermediário do processo pedagógico, como o coordenador ou o supervior.

Usualmente (com exceções no cotidiano escolar, é claro), essa semana de planejamento redunda no preenchimento de um formulário em colunas, no qual o professor deve registrar o que vai fazer durante o ano letivo na disciplina ou área de estudos que trabalha. As colunas do formulário são: objetivos, conteúdos, atividades, material didático, método de ensino, avaliação e cronograma. O preenchimento desse formulário geralmente se dá a partir da segunda coluna — conteúdos. Os conteúdos são transcritos dos índices do livro didático; a seguir, criam-se objetivos correspondentes aos conteúdos transcritos; subsequentemente, seguem as indicações das páginas do livro didático correspondentes ao conteúdo, algumas atividades que poderão ser utilizadas no trabalho diário do ensino-aprendizagem etc. Isso, de fato, não é planejar — é preencher formulário.

Essa é uma forma de fazer do ato de planejar um ato neutro, como desejavam nossos ex-ministros e como desejam todos os que defendem uma perspectiva conservadora para a sociedade.

Os livros de Didática, por sua vez, quando tratam do tema *planejamento,* não apresentam uma postura muito diferente desta. Há exceções, é claro, mas, no geral, o planejamento é apresentado aí como uma técnica neutra de eficientização da ação.

Para exemplificar, vamos tomar um livro que é muito difundido no Brasil nos cursos de Didática: *Planejamento do ensino e avaliação,* de Clódia Maria Godoy Turra et alii[8], em que encontramos definições de planejamento em diversos níveis que denotam essa perspectiva. Vejamos:

Definição geral de planejamento:

- é um conjunto de ações coordenadas entre si, que concorrem para a obtenção de um certo resultado desejado;
- é um processo que consiste em preparar um conjunto de decisões tendo em vista agir, posteriormente, para atingir determinados objetivos;
- é uma tomada de decisões, dentre possíveis alternativas, visando atingir os resultados previstos de forma mais eficiente e econômica.

Essas definições não são descabidas. De fato, planejamento é isso que indicam; mas não só isso. Além de delimitar ações eficientes, o planeja-

---

8. Clódia Maria Godoy Turra et alii. *Planejamento do ensino e avaliação.* Porto Alegre: Ed. Emma, s/d., p. 11-21. Muitos outros livros de Didática dão tratamento semelhante ao tema do planejamento. O leitor poderá verificar isso com facilidade.

mento tem de cuidar das finalidades político-sociais da ação. Caso contrário, poderia, no máximo, estar modernizando algo que já existe e não tomando uma decisão de base, que direcione a ação a partir de um ponto de vista crítico.

O mesmo se dá no que se refere às outras definições de planejamento contidas nesse livro:

Planejamento educacional:

- é o processo de abordagem racional e científica dos problemas de educação, incluindo definição de prioridades e levando em conta a relação entre os diversos níveis do contexto educacional.

Planejamento curricular:

- é uma tarefa multidisciplinar que tem por objeto a organização de um sistema de relações lógicas e psicológicas dentro de um ou vários campos de conhecimento, de tal modo que se favoreça ao máximo o processo ensino-aprendizagem;
- é a previsão de todas as atividades que o educando realiza sob a orientação da escola para atingir os fins da educação.

Planejamento do ensino:

- é a previsão inteligente e bem articulada de todas as etapas do trabalho escolar que envolvem as atividades docentes e discentes, de modo que torne o ensino seguro, econômico e eficiente;
- é a previsão das situações específicas do professor com a classe;
- é o processo de tomada de decisões bem informadas que visam à racionalização das atividades do professor e do aluno, na situação ensino-aprendizagem, possibilitando melhores resultados e, em consequência, maior produtividade.

Desde a definição mais genérica de planejamento como *"um conjunto de ações coordenadas"*, visando *"atingir os resultados previstos de forma mais eficiente e econômica"*, passando pela de planejamento educacional como *"abordagem racional e científica dos problemas de educação"*, pela de planejamento curricular como *"previsão de todas as atividades do educando para atingir os fins da educação"*, até a mais específica de planejamento de ensino como *"previsão inteligente e calculada de todas as etapas de trabalho na escola, possibilitando melhores resultados e, em consequência, maior produtividade"*, não se encontra nenhuma referência à necessidade de uma discussão política da ação que se vai realizar.

Esse tipo de entendimento, assim como a prática de planejamento que vem sendo feita na escola, conduz ao que o ex-ministro Delfim Neto desejava, ou seja, que todos compreendam que o planejamento é uma atividade neutra, ainda que, de fato, não o seja.

Aí se manifesta uma postura acrítica ante a prática educativa. É como se tudo já estivesse plenamente definido. Parece que não há mais nada a definir; basta operacionalizar os meios. Este posicionamento obscurece até mesmo o fato de que o tempo e a história existem e significam movimento, transformação; obscurece o fato de que cada dia é um novo momento e, por isso mesmo, necessita ser repensado e redimensionado a partir da base, da raiz.

Com essa postura na prática de planejar, estamos assumindo a vida e a prática educativa, em específico, como uma coisa estática, definitiva, como se bastasse tão somente operacionalizá-la, sem necessidade de redimensioná-la.

Ora, a vida e os processos sociais mudam a cada momento e, em consequência, a atividade de planejar necessita de estar atenta a esse processo, visto que ela é a atividade pela qual os seres humanos dimensionam o seu futuro.

Retomando Engels, os seres humanos modificam a natureza para atender a suas necessidades; por isso, sua ação não poderá ser qualquer ação, mas sim aquela que esteja comprometida com a vida em mudança, com o atendimento das suas necessidades.

Planejamento escolar: o que pode ser

No seu livro *Projeto esperança*, Roger Garaudy nos mostra que, para construir o futuro, não basta estarmos atentos aos meios educativos; temos de estar atentos aos fins. Diz ele:

> A função primordial da educação já não pode ser adaptar a criança a uma ordem existente, fazendo com que assimile os conhecimentos e o saber destinados a inseri-la em tal ordem, como procederam gerações anteriores, mas, ao contrário, ajudá-la a viver num mundo que se transforma em ritmo sem precedente histórico, tornando-a, assim, capaz de criar o futuro e de inventar possibilidades inéditas.
>
> Que nossos sistemas escolares e universitários atuais não correspondem em absoluto a essa nova necessidade é uma evidência que as experiências de maio de 1968, nas universidades do mundo inteiro, e nas manifestações de contestação dos estudantes no curso dos anos que se seguiram, foram sintomas brutalmente reveladores.
>
> O problema em questão não pode mais ser resolvido simplesmente por uma "reforma do ensino", isto é, por uma modificação dos meios que permita atingir melhor os fins até aqui visados, mas por uma verdadeira "revolução cultural", que ponha novamente em questão esses fins, e se oriente para a pesquisa e a descoberta de um novo projeto de civilização[9].

Já não basta — e nunca bastou — pensar nos meios, nas técnicas e na sofisticação dos recursos tecnológicos. Eles são necessários, mas como meios. Torna-se premente aprender a meditar sobre os fins e os valores que devem orientar a Educação. E, então, os meios serão selecionados tendo em vista os fins. Necessitamos de eficiência; não eficiência para qualquer finalidade, mas eficiência que nos auxilie a dar conta das perspectivas de vida sadia para os seres humanos.

Importa que a prática de planejar em todos os níveis — educacional, curricular e de ensino — ganhe a dimensão de uma decisão política, cien-

9. Roger Garaudy, op. cit., p. 84-5.

tífica e técnica. É preciso que ultrapasse a dimensão técnica, integrando-a numa dimensão político-social.

O ato de planejar, assim assumido, deixará de ser um simples estruturar de meios e recursos, para tornar-se o momento de decidir sobre a construção de um futuro. Será o momento de dimensionar a nossa mística de trabalho e de vida.

Para tanto, é necessário estar de olhos voltados para o futuro e não para o passado. O passado serve para o reconhecimento de como foi a vida e para fundamentar nossas decisões de mudanças de rota. Contudo, a construção está para o futuro. Há que se estar aberto para ele. Nesse sentido, reconhecer o mundo contemporâneo, suas necessidades e suas aberturas para o futuro é importante. A compreensão e a assunção do presente em função do futuro é que nos darão a dimensão político-social do nosso ato de planejar.

A atividade escolar de planejar

A atividade de planejar, como um modo de dimensionar política, científica e tecnicamente a atividade escolar, deve ser resultado da contribuição de todos aqueles que compõem o corpo profissional da escola. É preciso que todos decidam, conjuntamente, *o que fazer* e *como fazer*. Na medida em que é o conjunto de profissionais da escola que constitui o seu corpo de trabalho, o planejamento das atividades também deve ser um ato seu; portanto, coletivo. Decisões individuais e isoladas não são suficientes para construir resultados de uma atividade que é coletiva. As atividades individuais e isoladas não são inócuas, mas são insuficientes para produzir resultados significativos no coletivo. Tornam-se necessárias ações individuais e coletivas, ao mesmo tempo.

Cremos que o papel do diretor de um estabelecimento de ensino é coordenar a construção de diretrizes da instituição como um todo e atuar para prover as condições básicas para que tais diretrizes possam efetivamente sair do papel e transformar-se em realidade — para que o projeto se transforme em construção. Não será o diretor que planejará e imporá seu planejamento sobre os outros; ele será, sim, o coordenador de uma decisão coletiva para a escola, que também deverá ser gerenciada coletivamente. Só um projeto comum poderá ser realizado de forma comum.

Avaliação: instrumento subsidiário da construção do projeto de ação

A avaliação poderia ser compreendida como uma crítica do percurso de uma ação, seja ela curta, seja prolongada. Enquanto o planejamento dimensiona o que se vai construir, a avaliação subsidia essa construção, porque fundamenta novas decisões. Como "crítica de percurso de ação", a avaliação será uma forma pela qual podemos tomar, genericamente falando, dois tipos de decisão.

Uma delas tem a ver com a dimensão do próprio projeto de ação. A avaliação subsidia a própria produção do projeto ou o seu redimensiona mento. O nosso projeto pode ter ficado defasado em virtude das novas dimensões da realidade e das novas exigências do presente; pode ter sido muito pretensioso, necessitando, por isso, de novo tratamento; pode ter sido incompatível com o meio onde estamos atuando. A avaliação será, então, um sistema de crítica do próprio projeto que elaboramos e estamos desejando levar adiante.

O outro tipo de decisão que a avaliação subsidia refere-se à construção do próprio projeto. O "boneco" está planejado; agora importa dar-lhe forma real, utilizando-se para isso de todos os recursos definidos. Nesse nível, a avaliação é um constante olhar crítico sobre o que se está fazendo. Esse olhar possibilita que se decida sobre os modos de como melhorar a construção do projeto no qual estamos trabalhando. Aqui, a avaliação contribui para identificar impasses e encontrar caminhos para superá-los; ela subsidia o acréscimo de soluções alternativas, se necessárias, para um determinado percurso de ação etc.

Vale ressaltar o que entendemos da avalição como "crítica de um percurso de ação". De um lado, "crítica" é a avaliação que opera na identificação das condições políticas e sociais do próprio projeto, o que permite dimensioná-lo de forma mais adequada. De outro, é o processo pelo qual nós temos a nossa frente um objetivo — no caso, a construção do nosso projeto — e estamos investidos de sua efetiva construção. Crítica, então, não será um ato acusatório de responsabilidades não assumidas por este ou por aquele profissional (pode até ser isso, também), mas sim o modo comum de analisar e verificar onde está havendo estrangulamento de um curso de ação e como ele pode ser superado, com o comprometimento dos profissionais que dela participam. A avaliação crítica aponta alternativas de melhorias.

Usualmente, entendemos a avaliação crítica como um modo pelo qual podemos "atirar na cara do outro" as suas fragilidades, assim como suas possíveis irresponsabilidades, criando um clima de guerra entre aqueles que trabalham num projeto. Quando a avaliação tiver esta característica, com certeza não será crítica, no sentido construtivo, mas será, sim, crítica, no sentido vulgar e negativo de crítica, uma vez que será uma forma de destruir um processo.

Para que a avaliação seja uma crítica do percurso, é necessário que todos os envolvidos num projeto estejam com "a mesma camisa", como se diz. Estar com a mesma camisa não significa ser "vaca de presépio", que bate a cabeça dizendo "sim" a tudo; significa, sim, estar envolvido na construção de um projeto comum e, para isso, contribuir, analisando, observando pontos de estrangulamento, sugerindo, se comprometendo. O diretor, como líder de um processo, deverá trabalhar para coordenar essa dinâmica de construção da crítica.

Claro, por vezes haverá rupturas num processo de construção da ação. Então, temos de ter a clareza de compreender que na ruptura não se constrói uma ação dimensionada, mas que se redimensiona uma forma nova de agir. As rupturas existem e existirão. Precisamos saber administrá-las, para retirar delas o que há de positivo.

O diretor de uma instituição escolar, como líder de um grupo de trabalho, tem responsabilidade de, sadiamente, coordenar a construção do projeto escolar. Para isso, terá de saber ouvir, dialogar, trabalhar, para que se chegue a um consenso do que vai ser construído coletivamente; e, então, a partir daí, ele terá de ser o polo de coordenação dessa atividade.

A avaliação, como crítica de um percurso de ação, será, então, um ato amoroso, um ato de cuidado, pelo qual todos verificam como estão criando o seu "bebê" e como podem trabalhar para que ele cresça.

Planejamento e avaliação

Enquanto o planejamento é o ato pelo qual decidimos o que construir, a avaliação é o ato crítico que nos subsidia na verificação de como estamos construindo o nosso projeto.

A avaliação atravessa o ato de planejar e de executar; por isso, contribui em todo o percurso da ação planificada. A avaliação se faz presente não só na identificação da perspectiva político-social, como também na seleção de meios alternativos e na execução do projeto, tendo em vista a sua construção. Ou seja, a avaliação, como crítica de percurso, é uma ferramenta necessária ao ser humano no processo de construção dos resultados que planificou produzir, assim como o é no redimensionamento da direção da ação. A avaliação é uma ferramenta da qual o ser humano não se livra. Ela faz parte de seu modo de agir e, por isso, é necessário que seja usada da melhor forma possível.

CAPÍTULO IX

POR UMA PRÁTICA DOCENTE CRÍTICA E CONSTRUTIVA

Sobre como tornar a prática educativa escolar construtiva para o educador e para o educando

Texto publicado na Série Estudos e Pesquisas, n. 44, sob o título *Prática docente e avaliação*, Associação Brasileira de Tecnologia Educacional — ABT, 1990, p. 9-33. Passou de ser o capítulo VII nas edições anteriores para o IX, nesta edição. Foi elaborado como base para a participação em uma mesa de debates no V Encontro Nacional de Didática e Prática de Ensino, realizado em Belo Horizonte, no ano de 1989. O texto define que o ato pedagógico é complexo, implicando em definições político-pedagógicas prévias, assim como o estabelecimento teórico-prático dos recursos a serem utilizado nos ensino, tendo em vista o seu sucesso. Em si, o ato pedagógico implica em planejar (configurações prévias à ação), executar (realizar a ação de forma consistente) e avaliar (acompanhar a qualidade dos resultados, tendo em vista, se necessário, corrigir os rumos da ação). Desse modo a avaliação integra-se no ato pedagógico, deixando de ser exercitada como uma atividade isolada.

Introdução

Neste capítulo, vamos discutir alguns encaminhamentos para uma prática docente que seja, ao mesmo tempo, crítica e construtiva: crítica na medida em que compreenda, proponha e desenvolva a prática docente no contexto de suas determinações sociais; construtiva na medida em que trabalhe com princípios científicos e metodológicos que deem conta da construção do ensino e da aprendizagem para o desenvolvimento do educando.

Pretendemos apresentar algumas indicações de fundamentos e de procedimentos da prática docente que, se utilizados, traduzam, na prática, o princípio de "estar interessado em que os educandos aprendam e se desenvolvam, individual e coletivamente".

As discussões referem-se ao trabalho docente escolar, o que significa que estamos trabalhando com o espaço micro da sala de aulas e não com o macro da sociedade. Aqui, interessa-nos o espaço dentro do qual nós, professores, desenvolvemos o nosso trabalho cotidiano.

Cremos com convicção, que, se todos os professores deste país desenvolverem com proficiência a sua atividade profissional, estaremos dando um grande passo no sentido de possibilitar às nossas crianças, jovens e adultos condições de crescimento.

Ao menos para aqueles que ingressam e *permanecem* na escola, o nosso trabalho será significativo. E, se assim o for, muitas das crianças, jovens e adultos que nela têm ingresso e que dela poderiam evadir-se, terão pelo menos uma razão para ali permanecerem em função de um trabalho que lhes demonstre o significado e o prazer do seu próprio desenvolvimento.

I. FUNDAMENTOS PEDAGÓGICOS DA PRÁTICA DOCENTE

Um princípio político-social para a prática docente

Tanto do ponto de vista do sistema educativo (governos federal, estadual e municipal) quanto do educador "é preciso estar interessado em que o educando aprenda e se desenvolva, individual e coletivamente". A nosso ver, esse é um princípio político-social importante da atividade educativa escolar.

Poder-se-á dizer que é óbvio que o objetivo da ação educativa, seja ela qual for, é ter interesse em que o educando aprenda e se desenvolva, individual e coletivamente. Todavia, essa obviedade esbarra nas manifestações tanto do desempenho do sistema educativo quanto da conduta individual dos professores. Os dados estatísticos educacionais do país bem como a conduta individual dos professores demonstram que, nem sempre, esse objetivo tem sido perseguido.

De acordo com as estatísticas, os dados educacionais[1] são elucidativos a respeito do fato de que o sistema de ensino não está comprometido com

1. Sobre os dados estatísticos educacionais relativos à evasão e repetência escolar, vale a pena ver BRANDÃO, Zaia. *Evasão e repetência no Brasil*: o estado da questão. Rio de Janeiro: Achiamé, 1983; ver

o desenvolvimento dos educandos, tomados sob o ponto de vista da coletividade.

Os dados de repetência, evasão escolar e analfabetismo demonstram o quanto o sistema educacional brasileiro está pouco atento às efetivas carências educacionais do país. Há anos são feitas campanhas para a erradicação do analfabetismo, contudo, as taxas continuam muito altas. Os quantitativos de conclusão da escolaridade básica e de segundo grau também são proporcionalmente muito reduzidos e, de fato, não são tomadas medidas necessárias e satisfatórias para sanear esses problemas.

Do ponto de vista individual, existem manifestações cotidianas nas falas dos professores que denotam não estarem preocupados com a efetiva aprendizagem e com o desenvolvimento dos educandos. Por exemplo, nos corredores das escolas, assim como nas salas de professores, ouvem-se expressões como as que se seguem:

— Não aguento mais aqueles alunos...

— Que porre ser professor! Só estou nesta profissão porque não consigo outro emprego...

— Meus alunos só servem para me aporrinhar a cabeça...

— Meus alunos vão ver o que vou fazer com eles no dia da prova...

Essas e muitas outras expressões denotam o quanto, muitas vezes, a conduta dos professores não está comprometida com a perspectiva de um efetivo interesse na aprendizagem e desenvolvimento dos educandos. Muitos docentes cumprem o seu papel mecanicamente, sem investir o necessário para que os resultados de sua atividade sejam significativos. O cumprimento mecânico da atividade docente serve muito pouco para uma efetiva aprendizagem e o consequente desenvolvimento do educando.

A democratização da educação escolar, como meio de desenvolvimento do educando, do ponto de vista coletivo e individual, sustenta-se em três

também FLETCHER, Philip R.; CASTRO, Cláudio Moura. *Os mitos, as estratégias e as prioridades para o ensino de 1º grau*. Brasília: Ipea, 1985.

elementos básicos: acesso universal ao ensino, permanência na escola, qualidade satisfatória da instrução.

Nem todas as crianças, jovens e adultos deste país têm acesso ao ensino; muitíssimos daqueles que conseguem ingressar na escola, nela não permanecem; e, mais, aqueles que ali permanecem nem sempre obtêm uma instrução e um ensino de qualidade.

Em síntese, esta sociedade não investe o suficiente no desenvolvimento do educando, especialmente dos educandos originários das camadas populares. Este, inclusive, não é um fenômeno novo.

A história da humanidade é marcada pela forma de organização social com segmentos dominante e dominado, por meio de variados modos de composição, tais como estamentos, classes. Tem variado o modo de composição, mas não o de organização da sociedade.

Desde o momento em que a comunidade primitiva, baseada nos laços de sangue, foi cedendo lugar a uma organização social hierarquizada, uma parte da população — a sua maior parte — foi sendo excluída do acesso ao saber significativo.[2] Na medida em que a sociedade se estruturou em segmento dominante e dominado, o saber significativo passou a ser propriedade e segredo do segmento dominante. A história antiga greco-romana, assim como a história medieval são pródigas em exemplos de situações em que o conhecimento significativo foi transmitido e assimilado como um bem pertencente ao segmento dominante.

Em Esparta, o saber militar pertencia aos espaciatras, segmento mais alto na estrutura da organização social; em Atenas e Roma, a arte da oratória pertencia aos denominados cidadãos atenientes e romanos, pois escravos e plebeus não podiam ter acesso a essa formação; a oratória destinava-se àqueles que poderiam ter acesso ao poder, uma vez que teriam de dirigir-se aos seus pares e convencê-los com seus argumentos.

Importa ter presente que nem todos os indivíduos eram cidadãos. Em Atenas, quem necessitava trabalhar com as próprias mãos para sobreviver não era digno do nome de "cidadão ateniense", conforme definição de

---

2. Sobre a importância do saber na sociedade, ver o livro de Anibal Ponce, *Educação e luta de classe*. 12. ed. São Paulo: Cortez, 1992.

Aristóteles no seu livro *Política*. Os sujeitos do segmento dominado nessas sociedades podiam aprender muitas coisas, menos os conhecimentos que eram considerados significativos; no caso de Esparta, a arte militar e, no de Atenas e Roma, a oratória.

Essa situação não é muito diversa nos dias de hoje. No Brasil, por exemplo, até bem recentemente, tínhamos dois tipos de escola plenamente distintos para atender, de um lado, descendentes do segmento dominante e, de outro, descendentes do segmento dominado. Para os pobres, destinavam-se os Liceus de Artes e Ofícios, as escolas preparadoras de mão de obra para a indústria e para o comércio, os cursos técnicos de contabilidade, administração e secretariado. Para os descendentes dos segmentos dominantes haviam os cursos colegiais voltados para "as humanidades" e os cursos científicos voltados para as ciências exatas e da saúde; ambos garantiam acesso à universidade. Houve um tempo em que os egressos dos cursos técnicos não tinham direito de entrar na universidade; passar por um curso técnico de nível médio significava encerrar a carreira no processo de formação acadêmica do cidadão.

Às maiorias populacionais destinavam-se os cursos de formação que atendessem às necessidades de mão de obra qualificada ou semiqualificada para o desenvolvimento industrial ou comercial. Não se estava preocupado com a formação do cidadão e da cidadania a que todos os sujeitos têm direito; direito esse decorrente do fato de que todos contribuem com seu trabalho para a construção da própria sociedade.

Estar efetivamente "interessado em que os educandos aprendam e se desenvolvam, individual e coletivamente" é um princípio político-social que não é levado a sério para as maiorias populacionais. Esse princípio tem suma importância na medida em que visa a democratização do saber. E sabemos que o saber é fundamental, politicamente, como tem demonstrado a história da sociedade.

Se nós professores, na sala de aula, não podemos dar conta da política de oferta de vagas e de acesso dos educandos à escola, podemos dar conta de um trabalho educativo significativo para aqueles que nela têm acesso. Trabalho esse que, se for de boa qualidade, será um fator coadjuvante de permanência dos educandos dentro do processo de aquisição do saber e consequentemente um fator dentro do processo de democratização da sociedade.

A sociedade na qual vivemos, no que se refere à escolaridade, manifesta-se perversa tanto sob a perspectiva coletiva como sob a individual. Do ponto de vista coletivo, subtraindo as maiorias populacionais do acesso ao saber, seja pela baixa oferta de vagas escolares, seja pelo processo de evasão escolar, seja pelas más condições de ensino; do ponto de vista individual, pela desqualificação a que vem sendo submetido o educador.

Neste contexto, ao educador individual não pode ser imputada a responsabilidade por todos os desvios da educação. Porém, quanto pior for o exercício do seu trabalho, menores serão as possibilidades de que os educandos, de hoje, venham a ser cidadãos dignos de amanhã, com capacidade de compreensão crítica do mundo, condições de participação e capacidade de reinvindicações dos bens materiais, culturais e espirituais, aos quais têm direito inalienável.

As considerações anteriores demonstram a necessidade do cumprimento do princípio anunciado: "estar interessado em que os educandos aprendam e se desenvolvam, individual e coletivamente". A sociedade na qual vivemos não possui esse interesse e os educadores, muitas vezes, conscientes disso ou não, assumem posturas e realizam procedimentos que corroboram essa perspectiva política.

Assim sendo, o referido princípio é fundamental, pois que, se cumprido pela sociedade e por seus mediadores — os educadores —, os educandos terão oportunidades significativas de elevação do seu patamar cultural, de desenvolvimento de suas capacidades cognoscitivas, de formação de convicções e do desenvolvimento de modos de viver.

Desenvolvimento do educando

O que significa o desenvolvimento do educando no qual deve estar interessada a educação escolar?

O desenvolvimento do educando pressupõe o desenvolvimento das diversas facetas do seu ser humano: a cognição, a afetividade, a psicomotricidade e o modo de viver. Cada sujeito — criança, jovem ou adulto se educa no processo social como um todo; na trama das relações familiares, grupais, políticas... A educação é o meio pelo qual a sociedade se reproduz e se renova cultural e espiritualmente, com consequências materiais. A sociedade necessita reproduzir-se para manter o estágio de desenvolvimento a que chegou, mas necessita também renovar-se para atender às necessidades e aos desafios emergentes. A educação, nas suas diversas possibilidades, serve à reprodução mas também à renovação da sociedade.

Assim sendo, desenvolvimento do educando significa a formação de suas convicções afetivas, sociais, políticas; significa o desenvolvimento de suas capacidades cognoscitivas e habilidades psicomotoras; enfim, sua capacidade e seu modo de viver. A educação escolar é uma instância educativa que trabalha com o desenvolvimento do educando, estando atenta às capacidades cognoscitivas sem deixar de considerar significativamente a formação das convicções. Junto com o desenvolvimento das capacidades cognoscitivas, dão-se também a formação de múltiplas convicções assim como de habilidades motoras. A escola não poderá descuidar dessas convicções e habilidades. Todavia, o seu objetivo principal é o desenvolvimento das capacidades cognoscitivas, uma vez que para o desenvolvimento das convicções sociais e para o desenvolvimento das habilidades motoras e do modo de viver muitas outras instâncias sociais, além da escola, contribuem. À escola cabe trabalhar para o desenvolvimento das capacidades cognoscitivas do educando em articulação com todas as habilidades, hábitos e convicções do viver. Capacidades, como as de analisar, compreender, sintetizar, extrapolar, comparar, julgar, escolher, decidir etc... têm por suporte conhecimentos que, ao serem exercitados, produzem habilidades que, por sua vez, se transformam em hábitos.[3]

Os conhecimentos adquiridos, que servem como um dos elementos de desenvolvimento do educando, trazem embutidos em si a *metodologia e a visão de mundo* com as quais foram elaboradas. O conhecimento da adição, em Matemática, traz dentro de si a metodologia da adição; o conhecimento histórico sobre a Independência do Brasil traz dentro de si a

---

3. Ver as considerações de M. A. Danilov e M. N. Skatkin em *Didáctica de la escuela media*. Havana: Editorial Pueblo y Educación, 1978.

metodologia com que esse conhecimento foi produzido; o conhecimento sobre análise sintática em Língua Portuguesa traz em si uma forma metodológica. O conhecimento da trilha existencial de cada um traz consigo a metodologia pela qual ela se fez.

Ao assimilar os conhecimentos, o educando assimila também as metodologias e as visões de mundo que os perpassam. O conteúdo do conhecimento, o método e a visão de mundo são elementos didaticamente separáveis, porém compõem um todo orgânico e inseparável do ponto de vista real.

Os conhecimentos surgiram de necessidades e desafios específicos que o ser humano veio e vem enfrentando ao longo do tempo, nos mais variados espaços geográficos, sociológicos e psicológicos. Ao produzir o conhecimento, o ser humano foi se tornando ativamente hábil em melhor compreender a realidade assim como em atuar e viver de forma mais satisfatória dentro dela.

Os conhecimentos assimilados pelos educandos servem de suporte para a formação das habilidades, hábitos e convicções. O exercício com os conhecimentos adquiridos desenvolvem as habilidades. As habilidades são modos adequados de realizar atos, modos de agir e modos de fazer, que demonstram que cada educando tornou efetivamente seu os conhecimentos transmitidos, possibilitando autonomia e independência. A retenção reflexa e estática de um conhecimento não faria de um educando um hábil utilizador desse conhecimento.

Todavia, as habilidades necessitam transformarem-se em hábitos, em automatismos que possibilitam uma ação inteligente, rápida, precisa e satisfatória. Os hábitos são automatismos que se desenvolvem pelo exercício de um modo qualquer de agir. Esses automatismos são necessários ao avanço do desenvolvimento das capacidades humanas. Por exemplo, os hábitos adquiridos na aprendizagem de operações básicas em Matemática facilitam os raciocínios mais complexos. Os hábitos de meditar e decidir sobre a própria vida facilitam o bem viver.

A relação entre habilidades e hábitos é dialética, uma vez que o exercício das habilidades possibilita a formação dos hábitos e o uso permanente destes possibilita uma melhoria das habilidades. Um sujeito é hábil quando possui hábitos que são dinâmicos, ativos, renovados permanentemente pela prática e pela reflexão sobre a prática.

Enquanto um educando adquire conhecimentos, habilidades e hábitos pode também estar desenvolvendo convicções morais, sociais, políticas, metodológicas... Estudar o racismo sob o ponto de vista positivista pode dar ao educando uma convicção negativa sobre as relações entre as raças humanas; porém, estudar esse mesmo tema sob o enfoque do método dialético pode desenvolver no educando outros modos de ver a realidade e outras convicções de respeito no que se refere a pessoas de raças diferentes. Então, do ensino salta-se para a educação que implica, para além da instrução, a formação das convicções. O uso permanente do método dialético, a partir da categoria da totalidade, pode desenvolver nos educandos uma forma complexa e universalista de ver e de viver no mundo e em sociedade.

As visões de mundo que estão contidas nos conteúdos também são assimiladas pelos educandos, na medida mesma em que assimilam os conteúdos. Os livros didáticos, as lições, os textos contêm em si determinados valores, ou modos de ver o mundo, que são assimilados junto com os conteúdos. Os educadores deverão estar atentos criticamente a esses valores, de tal forma que possam discuti-los com os educandos. Caso não sejam identificados e discutidos, são assimilados ingênua e acriticamente pelos educandos, conformando suas personalidades. São visões de família, pátria, trabalho, economia, religião, relação homem/mulher, relação entre etnias etc.

O desenvolvimento do educando articula-se e decorre de aprendizagens, que são conhecimentos, habilidades, hábitos e convicções.

Mediação para o desenvolvimento do educando

Agora, cabe perguntar: que mediação pode e deve ser utilizada para criar condições para o desenvolvimento do educando, conforme vimos definindo?

Para a formação das convicções sociais e para o desenvolvimento das capacidades do educando, a educação escolar faz uso da assimilação ativa dos conteúdos socioculturais já produzidos pela humanidade. Isso, não porque a escola o imponha dessa forma; a cultura existente é necessária ao desenvolvimento das novas gerações, pois elas dão-se num contexto humanizado e culturalizado.

A cultura é uma construção que a humanidade vem elaborando ao longo do tempo, assumindo características específicas em cada época histórica assim como em cada espaço geográfico. Dentro dessa construção, cada ser humano nasce, cresce e morre. Cada um e a coletividade assimilam, reproduzem e renovam essa herança; é por meio do processo de assimilação, reprodução e renovação da cultura que os indivíduos, como sujeitos, e a humanidade, como um todo, se desenvolvem e caminham.

Os conteúdos culturais são elementos fundamentais pelos quais as novas gerações assimilam o legado da humanidade, assim como servem de meio para a formação das convicções sociais e para o desenvolvimento das capacidades cognoscitivas, uma vez que o desenvolvimento do educando não vai do individual para o social, mas sim do social para o individual. O desenvolvimento processa-se com a internalização das experiências sociais.[4]

A assimilação da cultura, assim como a assimilação dos exemplos das grandes personalidades da humanidade servem de base para a formação de múltiplas convicções sociais. De modo semelhante, a assimilação dessa cultura com a metodologia que a perpassa serve de base para o desenvolvimento das capacidades cognoscitivas de cada sujeito social; capacidade de pensar coerentemente, observar seletivamente, analisar situações complexas, produzir sínteses de diversos e variados elementos, intuir, criar... Aprender é internalizar ativamente, sob a forma de hábitos, as experiências práticas com o mundo da natureza e da vida; isso pressupõe uma cultura existente e anterior aos sujeitos individuais.

---

4. Sobre qual o papel e como atua a cultura no processo de desenvolvimento das capacidades cognoscitivas do educando, vale a pena ver as obras de L. S. Vigotsky, *Pensamento e linguagem* e *Formação social da mente*, ambas traduzidas pela Editora Martins Fontes, São Paulo, 1987; LÚRIA, A. R. *Pensamento e linguagem*. Porto Alegre: Artes Médicas, 1987; e LEONTIEV, Alexis. *Desenvolvimento do psiquismo*. Lisboa: Livros Horizonte, 1978.

A assimilação dos conteúdos socioculturais pela nova geração cria as condições de sua reprodução; essa assimilação reprodutiva cria as condições para que a jovem geração ganhe suporte para garantir o avanço dessa mesma cultura. Assimilar (reproduzindo) para renovar (revolucionando) é a expressão da dialética entre o velho e novo.

Os conteúdos socioculturais, com suas respectivas metodologias, servem de suporte para o desenvolvimento de habilidades e hábitos, formando a personalidade dos educandos como sujeitos ativos, criativos; enfim, como cidadãos.

O interesse político de que o "educando aprenda e se desenvolva, individual e coletivamente" é, em síntese, mediado pela assimilação ativa dos conteúdos socioculturais.

Ensino e aprendizagem intencionais: meios de desenvolvimento do educando

Cabe agora perguntar: que mecanismos podem e devem ser utilizados intencionalmente para que os conteúdos socioculturais sejam assimilados, garantindo o desenvolvimento do educando?

A assimilação ativa dos conteúdos socioculturais, dentro da escola, se dá pelo processo de uma aprendizagem *intencional* que, por sua vez, depende de um ensino também intencionalmente estabelecido. O educando se desenvolve enquanto aprende; e, para que a aprendizagem e o desenvolvimento sejam intencionais é preciso que haja também um ensino intencional.

Existem duas formas de aprendizagem: uma que se dá espontânea e informalmente e outra de forma intencional e sistemática.[5]

A aprendizagem espontânea e informal ocorre nas múltiplas situações de vivência do cotidiano. Aprendemos nas convivências com outras pessoas,

5. Sobre o processo de ensino e aprendizagem, ver M. A. Danilov e M. N. Skatkin, *Didáctica de la escuela media*. Havana, Cuba: Editorial Pueblo y Educación, 1987, capítulo "Processo de Enseñanza", p. 98-137.

na rua, nos passeios, em excursões etc. Dá-se também nos múltiplos espaços não ocupados pela intencionalidade numa situação de ensino sistemático. O que se passa dentro de uma sala de aula ultrapassa, em muito, aquilo que o professor ensina, acompanha e controla. As múltiplas relações com os colegas, as formas de ser e de reagir do professor que não são intencionalmente ensinadas, as formas de vestir-se, de agir e de reagir dos colegas, as conversas, os sinais, os gestos... são elementos da aprendizagem informal que atravessam o espaço da aprendizagem intencional. Essa aprendizagem espontânea é significativa para a vida humana, porém insuficiente para dar conta da assimilação ativa dos conteúdos socioculturais elaborados. Por isso, o sujeito necessita de uma aprendizagem intencional.

A aprendizagem intencional é aquela que é buscada e propiciada intencionalmente. O aluno vai à escola em busca desse tipo de aprendizagem. O professor trabalha na escola tendo em vista oferecer ao educando as condições efetivas de uma aprendizagem metodicamente buscada. O que significa que o professor propõe conteúdos socioculturais que estimulam a assimilação ativa dos conhecimentos por parte do educando assim como o desenvolvimento de suas capacidades cognoscitivas. A aprendizagem intencional vai para além da aprendizagem espontânea. Ela não depende de ocorrências ocasionais, fortuitas, mas sim de busca e exercícios sistemáticos.

A aprendizagem intencional deve ser *ativa* e *inteligível*. A aprendizagem reflexa é o oposto de uma aprendizagem ativa e inteligível e insuficiente ou quase nula para o desenvolvimento do educando. Por aprendizagem reflexa estamos entendendo a fixação de súmulas (resumos) de conhecimentos na memória do educando; súmulas retidas, mas não compreendidas. Por exemplo, quando um aluno reproduz num teste a seguinte definição da sociedade capitalista — "sociedade capitalista é a sociedade organizada segundo modos e relações de produção que garantam o crescimento permanente do capital, por meio da apropriação do excedente da força de trabalho do operário, gerando a mais-valia" —, sem saber o que significa cada um desses elementos, ele processa uma aprendizagem reflexa. Não podemos dizer que a definição está incorreta, mas também não podemos dizer que o aluno sabe o que seja sociedade capitalista, pois ele revela tão somente possuir, de maneira reflexa, na memória, uma súmula de definição da sociedade capitalista. Neste caso, o educando detém a súmula, mas não *compreende* efetivamente o que seja a sociedade capitalista; não adquire uma inteligibilidade do fenômeno estudado; portanto, não saberia utilizar esse conhecimento numa situação apresentada. A aprendizagem reflexa é praticamente nula do ponto de vista do desenvolvimento das formas superiores da inteligência humana.

A aprendizagem ativa é aquela construída pelo educando a partir da assimilação ativa dos conteúdos socioculturais. Isso significa que o educando assimila esses conteúdos, tornando-os seus, por meio da atividade de internalização de experiências vividas. O educando se desenvolve à medida que torna propriamente suas as experiências vividas. Não basta o educando reproduzir reflexamente as informações que a ele forem confiadas. É preciso que as compreenda, as manipule e as possa utilizar de modo flexível, transferível, multilateral.

A aprendizagem ativa só pode se dar na medida em que for inteligível. O conhecimento que se adquire deverá possibilitar a iluminação da realidade; deverá possibilitar ao educando penetrar nos mistérios e nas conexões da realidade, desvendando-os. Assim, no conhecimento adquirido, é preciso que o educando obtenha um instrumento de compreensão da realidade.[6]

É preciso que o conhecimento adquirido seja iluminativo da realidade, é preciso que ele revele os objetos como são em seus contornos, em suas conexões objetivas e necessárias. Só assim teremos conhecimento. Um aluno que não conseguiu "entender" bem o conteúdo de uma disciplina não a aprendeu e, por isso mesmo, o conteúdo oferecido não lhe serviu de apoio para o seu desenvolvimento. Quando um professor diz ao aluno, que ainda não conseguiu aprender uma lição — "se vire por você mesmo!" —, não está ajudando em nada o desenvolvimento do educando, pois a compreensão do conteúdo proposto é ponto de partida para a criação de habilidades e hábitos por meio da exercitação. Ensinar significa criar condições para que o educando efetivamente entenda aquilo que se está querendo que ele aprenda. Do ponto de vista do desenvolvimento do educando, "passar por cima de um determinado conteúdo" ou "nada fazer" tem o mesmo resulta-

6. Sobre o conhecimento inteligível como uma forma de iluminação da realidade, ver Cipriano Luckesi, *Fazer universidade*: uma proposta metodológica. São Paulo: Cortez, 1988, capítulo "O conhecimento como compreensão do mundo e como fundamento para a ação".

do no que se refere à aprendizagem. Para que a aprendizagem se efetue, os conteúdos necessitam ser compreendidos e internalizados.

Abordando a temática de conteúdos socioculturais como elemento mediador de processos de desenvolvimento, não se pode deixar de mencionar, ainda que de forma sucinta, a questão da cultura do senso comum e da cultura elaborada. Interessa à escola trabalhar com os conteúdos da cultura elaborada, mas sem descuidar da cultura cotidiana comum. Na prática escolar deve ocorrer uma continuidade e uma ruptura com a cultura do senso comum. O elaborado, na prática escolar, deve retomar o cotidiano e manter com ele uma continuidade, mas também deve romper com ele na medida em que o reelabora. Assim sendo, o professor, para trabalhar com o "conflito", deverá, junto com os seus alunos, tomar em suas mãos o cotidiano e, a partir dele, dar o salto para a compreensão mais elaborada e complexa do mundo. Deste modo, não haverá a oposição entre os tipos de cultura, mas sim uma cultura que se reelabora permanentemente.

Por cultura do senso comum estamos entendendo a cultura ingênua e fragmentária, cristalizada no cotidiano; por cultura elaborada compreendemos a cultura crítica, trabalhada e construída com fundamentos; é a cultura que tem por base os saberes críticos sobre a vida assim como a ciência e a filosofia. Além de ativa, intencional e inteligível, a aprendizagem escolar deve ser *sistemática*.[7]

O ensino sistemático tem por objetivo estabelecer condições para que o educando, aos poucos, vá adquirindo, também de forma sistemática, os conteúdos escolares, que são conteúdos socioculturais. Isso significa que o ensino exige do educando um avanço em relação ao estágio de desenvolvimento em que ele se encontra, pois se lhe for ensinado o que já sabe, nada aprende; não se desenvolve. O ensino sistemático é um modo de propor aos alunos conteúdos escolares que são conflituosos com o seu atual nível de desenvolvimento. O ensino traz ao educando alguma coisa nova que o desafia para aprender e avançar. O resultado do ensino sistemático é uma aprendizagem sistemática, o que significa exigir do educando um salto no sentido de apropriar-se de algo novo que se lhe está sendo proposto.

7. Ver M. Danilov e M. N. Skatkin, op. cit., capítulo "Princípios de la Enseñanza", p. 138-75.

O conteúdo do ensino deverá ser novo, porém não a ponto de impedir sua assimilação. O nível de dificuldade do novo deve ser assimilável pelo educando. Quando o conteúdo apresenta um nível de dificuldade não assimilável, o educando não aprende. O conteúdo novo proposto para a aprendizagem deve ser mais avançado que o estágio em que o educando se encontra, porém não tão novo de forma que o educando não tenha como assimilá-lo. Se o educando não possuir os mecanismos de assimilação do conteúdo proposto, não possuirá os meios necessários para penetrar nesse novo conhecimento e, por isso, não o aprenderá, o que significa que o estímulo do ensino ultrapassou as suas possibilidades de assimilação, por isso tornou-se impossível ter acesso a ele. Então, o ensino terá de trazer algo de novo para os educandos, mas uma novidade suficientemente dosada de tal forma que seja assimilável.

É nesse contexto que emergem as questões tão faladas de pré-requisitos. Um educando que não possui os pré-requisitos para uma aprendizagem qualquer não poderá efetivá-la. A dosagem do conteúdo novo não poderá ser diminuta de forma que não exija o avanço, nem excessiva de modo que impeça a assimilação.

Piaget compreende essa questão de uma forma interessante. Ele diz que a aprendizagem se dá por um processo de assimilação/acomodação. A assimilação dá-se por um processo de "assemelhação" entre o suporte cultural e cognitivo do educando e os elementos do conteúdo novo da aprendizagem; a acomodação é a efetiva aprendizagem; é propriamente a aquisição nova por parte do educando. Para "acomodar-se" ao novo, o educando necessita dos mecanismos de assimilação. Só é possível aprender na medida em que já se tenha os mecanismos de assimilação do novo que vai ser ensinado. Sem isso a acomodação não se realiza pois o educando não terá a "chave" para penetrar o "mistério" do que está sendo apresentado a ele como uma coisa nova a ser aprendida.[8] Por exemplo, para aprender a operação matemática da adição com números fracionários, deve-se possuir o conhecimento da adição com números inteiros; este último conhecimento é o mecanismo de assimilação necessário para que se possa pene-

8. Ver Lauro de Oliveira Lima, *Escola secundária moderna*. 10. ed. Petrópolis: Vozes, 1973, capítulo "Como Fazer a Apresentação da Matéria".

trar no âmbito do conhecimento relativo à adição com os números fracionários. O conhecimento novo apresentado exige um avanço por parte do aprendiz, mas um avanço efetivamente possível.

Em síntese, a força motriz da aprendizagem é o conflito com o estágio de desenvolvimento em que o educando se encontra, porém um conflito suficientemente dosado de maneira que seja estimulante do avanço.

Em função disso, esse conflito terá de ser planejado sistematicamente e controlado de forma que, efetivamente, possibilite um avanço prazeroso para o educando na aquisição de novos conhecimentos, novas habilidades e novos hábitos, assim como de novas convicções.

Com essa discussão do processo do ensino e da aprendizagem, temos em nossas mãos elementos teóricos que nos permitem planejar como cumprir o princípio político "estar interessado em que o educando aprenda e se desenvolva". Se estou efetivamente interessado em que o educando aprenda, devo cuidar de um ensino intencional que possibilite ao educando o efetivo crescimento, uma vez que vou propondo a eles *pequenos e administráveis conflitos* para que avance para níveis mais complexos de suas capacidades cognoscitivas. Com quaisquer conteúdos escolares com os quais se esteja trabalhando, sejam eles de qual área científica for, possibilita-se ao educando uma situação de desenvolvimento de suas capacidades cognoscitivas. Pode ser: Matemática, Língua Portuguesa, História etc. Todos os tipos de conhecimento compõem-se de conteúdo e forma, conteúdo e método; por isso, todos oferecem cultura ao educando assim como garantem desenvolvimento das suas capacidades cognoscitivas.

Dinâmica da assimilação ativa dos conteúdos socioculturais e do desenvolvimento das capacidades cognoscitivas do educando

Temos falado, no decorrer desta fundamentação pedagógica, em assimilação ativa dos conhecimentos de tal forma que possibilite o desenvolvimento dos educandos. Agora vamos falar desse processo de assimilação, abordando a dinâmica da aprendizagem de tal modo que ofereça um guia para trabalhar em função do desenvolvimento do educando.[9]

São quatro os elementos fundamentais a serem levados em consideração no processo de ensino/aprendizagem: assimilação receptiva de conhecimentos e metodologias; exercitação de conhecimentos, metodologias e visões de mundo; aplicação de conhecimentos e metodologias; inventividade. Esses quatro elementos serão estudados didaticamente de forma separada, porém importa ter presente que eles não são estanques e nem mecânicos.

Os elementos serão apresentados e discutidos um por um, isoladamente. Assim, utilizaremos um esquema didático para abordar essa questão, porém no interior de cada ser humano esses elementos dão-se dinamicamente. A separação e ordenação didática facilitam a compreensão e a operacionalização do trabalho do ensino/aprendizagem. Como docentes, operacionalizaremos nossas atividades a partir de um desses elementos, seguindo para outros. Contudo, o educando poderá ao mesmo tempo estar processando dois ou mais desses elementos. À medida que estiver recebendo alguma informação, poderá já estar tentando verificar possibilidades de sua aplicação. Isso, é claro, depende do estágio de maturidade e da inventividade do receptor.

A seguir, os quatro elementos serão discutidos numa determinada ordem, mas a prática do ensino/aprendizagem não terá de, necessariamente e sempre, seguir essa ordem. Isso evitará a queda no tecnicismo simplista.

Assimilação receptiva de conhecimentos, metodologias e visões de mundo

No processo de ensino e aprendizagem, o educando será ser posto em contato com o saber já elaborado. É uma aproximação pela qual ele recebe

9. Sobre essa temática, ver M. Danilov e M. N. Skatkin, op. cit., capítulo "Princípios de la Enseñanza", p. 138-75.

as interpretações já produzidas sobre a realidade; porém não é e nem pode ser um receber reflexo e passivo. Deverá ser um receber ativo, na medida em que a interpretação elaborada exposta interage com os seus mecanismos de assimilação, tornando-a compreensível para si mesmo. Se o educando não compreende o exposto, a sua assimilação produz-se de forma reflexa e não inteligível. A assimilação receptiva dos conhecimentos é a base para o desenvolvimento de habilidades, hábitos e convicções, que não se desenvolvem no vazio; ao contrário, carecem de conteúdos.

Necessitamos esclarecer aqui dois pontos: a questão da assimilação receptiva e a questão de que os conhecimentos são "tingidos" por metodologias e visões de mundo.

Por "assimilação receptiva" entendemos a recepção atenta e inteligível que o educando faz de um conhecimento, de um princípio, de um processo, de uma análise elaborada... O educando é receptivo, porém não passivo. Ele estará recebendo a compreensão da realidade exposta, porém, ao mesmo tempo, estará articulando o conteúdo exposto com a sua experiência de vida. Um sujeito receptivo de um determinado conteúdo estará ativamente assimilando, do ponto de vista do entendimento, o que está sendo exposto, ou seja, enquanto o receptor recebe uma mensagem de um expositor, ele o faz meditando sobre a mensagem, relacionando-a com o seu passado, com o seu saber e experiência, com o futuro etc. O receptor está ativo enquanto recebe. Esse é o primeiro elemento fundamental da aprendizagem ativa.

Quando dizemos que os conteúdos socioculturais estão tingidos por uma metodologia e que quando um educando aprende um conteúdo apreende também a metodologia que o atravessa, estamos lembrando que não há conteúdo isento de método, nem método sem conteúdo. Assim, o conteúdo "solo" em Geografia pode ser constituído por uma visão da "explosão inicial" *big-bang* ou por uma visão sedimentológica; a compreensão da realidade geográfica será completamente diferente por uma ou outra dessas visões. O mesmo pode ocorrer com o estudo da história; poderá ser vista por meio do método positivista ou do método dialético, por exemplo. Na primeira perspectiva, a história será compreendida como uma história de bandidos ou de heróis; na segunda, será compreendida a partir das condições objetivas que constituem os próprios fatos. Todo conhecimento é atravessado por uma metodologia e é possível descobrir no próprio conteúdo exposto o método com o qual ele foi construído.

Metodologia, aqui, está sendo entendida como a concepção segundo a qual a realidade é abordada. Esta é uma compreensão *teórica* do método. Porém, há também uma compreensão *técnica* do método, que, também, atravessa os conteúdos. Por exemplo, o modo de extrair a raiz quadrada nas operações matemáticas, o modo de proceder numa análise sintática na Língua Portuguesa... são modos técnicos de agir que estão dentro do próprio conteúdo que se ensina.

Tanto a visão teórico-metodológica quanto a técnico-metodológica atravessam os conteúdos e são assimilados pelos educandos no momento em que assimilam os conteúdos.

Além dos conteúdos serem atravessados por métodos, como já assinalamos anteriormente, eles são tingidos por "visões valorativas" do mundo e da realidade. As histórias dos livros de Comunicação e Expressão, a visão comercial contida nas formulações dos problemas dos livros didáticos de matemática, os julgamentos de personagens históricos, todos esses elementos são visões valorativas do mundo que perpassam os conteúdos ensinados e que são assimilados pelos educandos. Daí decorrer a necessidade de cuidar criticamente dessas visões de mundo ao trabalhar com os educandos no processo de ensino, para que eles não assumam ingenuamente visões de mundo que venham a limitar suas formas de compreender a realidade e limitar suas vidas.

Exercitação dos conhecimentos e metodologias

Para o desenvolvimento interno das capacidades cognoscitivas e das convicções do educando, importa a *exercitação* do educando. Habilidades e hábitos não se desenvolvem sem atividade construtiva. Não basta receber o conteúdo de uma operação matemática; torna-se importante exercitar essa operação em suas diversas vertentes, em seus diversos níveis de complexidade e dificuldade, de maneira que ele seja internalizado ativamente. A exercitação é a forma pela qual o educando internaliza reprodutivamente os conteúdos e constrói suas capacidades. Pela exercitação, os conhecimentos, metodologias e visões do mundo passam a fazer parte propriamente do educando, chegando até o nível da constituição de hábitos. Sem a exercitação, o educando não tornará habitual um determinado modo de interpretar e agir sobre a realidade; não formará capacidades.

Um aluno se torna hábil em análise sintática em Língua Portuguesa, na medida em que exercita essa habilidade; um outro se torna hábil em discutir autores de Filosofia quando exercita o modo de sua compreensão e interpretação; outro torna-se hábil no filosofar, ao exercitar a habilidade de pensar filosoficamente. Outro ainda adquirirá a convicção e o hábito de conviver e respeitar os semelhantes, vivenciando múltiplas vezes esses valores. Não basta "saber" os conteúdos; importa o exercício de pensar com eles e a partir deles.

A exercitação é o caminho ativo pelo qual o educando faz sua a cultura recebida (intencionalmente, no caso da escola), tornando-se autônomo, autossuficiente, independente.

Aplicação de conhecimentos e metodologias

Conhecimentos e metodologias assimilados e exercitados podem e devem ser transferidos para novas situações-problemas. Um terceiro elemento do processo de desenvolvimento do educando é a aplicação. Esta atividade mental nada mais é do que a utilização de conhecimentos que foram adquiridos para a solução de problemas semelhantes àqueles que foram solucionados com o conhecimento recebido e exercitado. A aplicação propriamente dita é uma exercitação de transferências, de ampliação, o que garante ao educando flexibilidade e dinamicidade com os conhecimentos que adquiriu. Pela aplicação, descobre-se inteligivelmente que um conhecimento adquirido ativamente serve a múltiplas possibilidades de interpretação e de solução de problemas que emergem na existência.

Inventividade

Este elemento implica um salto para a inovação. A inventividade não se dá no vazio. Ela carece de um suporte, que se compõe de bagagem cultural assimilada anteriormente.

A inventividade é uma ação criativa que soma a assimilação dos conteúdos socioculturais e a intuição, o *insight*, a espontaneidade, o risco. É propriamente a situação em que se produz o novo, que pode ser um novo genial ou um novo não muito distante do que já havia sido produzido anteriormente, mas *novo*. O novo nasce do velho e o supera por incorporação.

A criatividade não é pura espontaneidade. Para haver criação, há que se ter um suporte nas capacidades desenvolvidas e, para tanto, a assimilação da herança cultural é importante; ela é um dos veículos de desenvolvimento das faculdades mentais superiores e das convicções. A inventividade necessita da espontaneidade e do risco, mas também de fundamentos, de desenvolvimento mental, afetivo e intuitivo, que possibilitem fazer emergir a invenção.

Parece ser precário desejar que a inventividade provenha da pura espontaneidade. Mesmo porque a espontaneidade pura não existe. Nascemos num mundo culturalmente definido e o desenvolvimento de nossas faculdades mentais superiores necessita da convivência com esse mundo. A espontaneidade, que possuímos ou podemos possuir, desenvolve-se articulada com a herança cultural que recebemos. A criança criativa não é uma pura espontaneidade, mas sim o resultante dinâmico da internalização de experiências sociais e culturais, vividas, reelaboradas e construídas.

Como esses elementos não são mecânicos, assim já afirmamos anteriormente, também sua aplicação no ensino não deve ser mecânica. Um professor não terá de, em uma única hora de aula, desejar que seus alunos recebam um conhecimento, exercitem-no, apliquem-no e produzam uma invenção. Poderá ocorrer que em determinada aula ocorra a exposição do assunto e a recepção ativa do educando; poderá mesmo ocorrer que determinado assunto exija um tempo de exposição maior do que um horário de aula. Em outra ocasião, ocorrerá a exercitação. Poderá, ainda, ocorrer o estudo de pequenos conteúdos que permitam, em curto espaço de tempo, a assimilação receptiva, a exercitação e outros elementos mais. Importa ter claro que há de haver uma dinamicidade no uso desses elementos da assimilação ativa dos conteúdos socioculturais, de tal forma que o ensino também não se transforme num mecanicismo e num tecnicismo inviável e impossível de existir. É importante ter claro também que a assimilação ativa dos conhecimentos exige ir além da recepção, lembrando-se de que o processo é dinâmico.

Na prática, o limite entre esses elementos não é nítido; ou seja, não é possível saber com clareza onde termina a assimilação receptiva e onde se inicia a exercitação. Esta pode exigir maiores esclarecimentos daquela, aprofundando-a. Enquanto alguém está recebendo um conhecimento, já pode estar arriscando intuir possíveis aplicações.

Além disso, no processo de ensino, a depender da faixa etária, do conteúdo que está sendo ensinado, da técnica de ensino que está sendo utilizada, há que se decidir por qual dos elementos iniciar um processo de ensino/aprendizagem. Poder-se-á tentar o início por uma exercitação, avançando para a compreensão elaborada do exercício que se está executando; poder-se-á ir da exposição para a exercitação e aplicação; poder-se-á iniciar por um risco de inventividade por acertos e erros, chegando posteriormente a uma efetiva compreensão da situação problemática que está sendo estudada e aprendida.

Para usar essa dinâmica da assimilação ativa dos conteúdos socioculturais e do desenvolvimento das capacidades cognoscitivas dos educandos, há que se ter "ciência e arte" de ensinar. Não basta a ciência, tampouco a arte; importa utilizar-se da ciência e da arte, ao mesmo tempo, para que o processo ensino/aprendizagem seja um processo vivo de desenvolvimento e não um suposto mecanicismo.

Recursos metodológicos para o ensino/aprendizagem

Metodologia é o meio pelo qual se atinge um determinado fim que se deseja[10]. No caso da aprendizagem, temos quatro objetivos fundamentais

10. Ver M. Danilov & M.N. Skatkin, op. cit., capítulo "Métodos de Ensenanza", p. 176-223.

que decorrem do processo da assimilação ativa dos conteúdos e de desenvolvimento do educando. São eles:

- assimilar receptivamente conhecimentos e metodologias como conteúdos socioculturais;
- apropriar-se dinâmica e independentemente desses conhecimentos e metodologias, por meio da exercitação;
- transferir inteligentemente esses conhecimentos e metodologias para situações-problemas diversas daquelas com as quais os conhecimentos e metodologias foram produzidos e transmitidos;
- produzir novas e criativas visões e interpretações da realidade.

Para o atendimento do primeiro objetivo, há a necessidade da aproximação do educando dos conteúdos socioculturais. Para tanto, esses conteúdos terão de ser expostos ao educando.

Por exposição estamos entendendo a apresentação, compreensível ao educando, dos conhecimentos, metodologias e visões de mundo definidos como conteúdos a serem transmitidos pelo educador e a serem adquiridos pelo educando.

Para atingir esse objetivo, temos ao nosso dispor o *método expositivo*, que pode ser traduzido sob diversas modalidades: exposição oral, demonstração, exemplificação, apresentação por meio de um filme, de um video teipe, de uma conferência, de um texto a ser lido etc. O método expositivo é aquele que possibilita atingir o objetivo da assimilação receptiva do conteúdo por parte do educando; assimilação esta que deve ser ativa e inteligível, como já vimos anteriormente. Para tanto, o expositor (apresente ele a sua exposição oral, por escrito ou qualquer outro meio de comunicação), deverá saber suficientemente o que expõe, para possibilitar a compreensão clara do que se expõe. Algo só pode ser exposto a outro quando está, orgânica e compreensivamente, formulado no pensamento do expositor. A competência teórica é uma das virtudes fundamentais e necessárias do expositor. Sem ela, as técnicas de exposição não servem para nada. Para expor, é preciso possuir conteúdos.

Um conhecimento recebido adquirirá pouca dinamicidade na personalidade de cada educando se ele não for dinamizado pela exercitação. Para tanto, o educando terá de reproduzir muitas vezes, de forma inteligível, os conhecimentos e metodologias recebidos.

O método para atingir esse objetivo é o *reprodutivo*. Reproduzir muitas vezes um determinado conhecimento até que ele se torne uma habilidade, na perspectiva de se formar um hábito. Sem a exercitação, o legado do passado não é aproveitado no desenvolvimento da personalidade do educando. A exercitação faz com que habilidades se desenvolvam e se fixem como automatismos necessários ao processo educativo dos seres humanos.

A exercitação possibilita um caminho de independência do educando em relação ao educador. Enquanto, na exposição, o educador desempenha o papel principal, na exercitação o educando é o sujeito central do processo. Neste contexto, o educador terá como papel acompanhar o educando, auxiliando-o em sua atividade. É pela exercitação que o conhecimento recebido se integra propriamente na personalidade do educando; o conhecimento recebido se torna um todo com a dinamicidade do seu desenvolvimento.

Uma vez que o conhecimento se tornou uma habilidade no educando, ele necessita transferir esses conhecimentos para situações novas; novas, porém semelhantes às situações com as quais o conhecimento foi produzido e transmitido; necessita propriamente aprender a aplicar esses conhecimentos.

Para atingir esse objetivo, o professor utiliza-se do *método de solução de problemas determinados*, o qual significa que o educador criará situações para que o aluno, independentemente e auxiliado por ele, aplique os conhecimentos adquiridos na solução de problemas diversos, dentro dos limites de complexidade e dificuldade dos conhecimentos recebidos e exercitados. Neste nível, as informações e habilidades adquiridas serão suficientes para solucionar as situações-problemas que lhe forem apresentadas.

Por último, a renovação da cultura exige que se ultrapasse a incorporação e a aplicação de conhecimentos; ela exige o risco da inventividade, da criação.

Para tanto, torna-se necessário o uso do *método de solução de problemas novos*, o qual significa, do ponto de vista do ensino, a utilização de situações-problemas que exigem dos educandos mais do que a aplicação dos conhecimentos adquiridos; exijam a aplicação inventiva desses conhecimentos, associados a outros conhecimentos já adquiridos, assim como a busca de novos conhecimentos, se necessários, para a produção de um novo; isto é, para a solução de um problema novo. É propriamente o exercício da invenção.

Síntese final

Os recursos metodológicos aqui expostos estão voltados para os objetivos do processo da aprendizagem do educando. Podemos observar que dos elementos da assimilação ativa dos conhecimentos decorrem objetivos do ensino e da aprendizagem; e, correspondentes a esses objetivos, alinham-se os recursos metodológicos. Há um encadeamento lógico entre dinâmica de desenvolvimento das capacidades cognoscitivas, objetivos da aprendizagem e recursos metodológicos. Além, evidentemente, de esses elementos todos estarem articulados criticamente com um objetivo político.

Os recursos metodológicos expostos poderão ser executados com as mais variadas técnicas. Uma exposição pode ser feita pela técnica de exposição oral, por um simpósio, por uma conferência, pela leitura de um texto. O que importa aqui é a aproximação do educando do conhecimento elaborado para que se dê uma assimilação receptiva. Os métodos que possibilitam a independência e a formação de habilidades e hábitos nos educandos — método reprodutivo, método de solução de problemas determinados e método de solução de problemas novos — poderão ser realizados também por meio dos mais variados procedimentos de ensino e aprendizagem: individual, grupal, de equipe, prática em laboratório, simulação etc.

Como se pode ver, métodos de ensino/aprendizagem distinguem-se de procedimentos de ensino/aprendizagem. Muitas vezes tem ocorrido uma confusão entre métodos de ensino e procedimentos. É preciso distingui-los, tomando como critério o entendimento de que o método refere-se ao atendimento de um objetivo e a técnica operacionaliza o método e, consequentemente, o objetivo. A confusão entre método e técnica conduziu ao "didatismo" dos anos 1960 e 1970, levando inclusive a Didática à sua perda de identidade.

A esta altura de nossas discussões, já indicamos um corpo teórico relativamente suficiente para o desenvolvimento de uma prática docente crítica.

O princípio político — "estar interessado em que o educando aprenda e se desenvolva, individual e coletivamente" — pode ser operacionalizado em prática docente pela utilização dos resultados da ciência pedagógica que tenta compreender como se desenvolvem e se formam os processos mentais superiores, assim como encaminha proposição de recursos metodológicos. Em síntese, poderíamos dizer que a "prática docente crítica" exige o comprometimento com os objetivos políticos da educação, assim como o exercício profissional docente com competência científica e tecnológica suficiente para transformar o objetivo político em resultados específicos.

II. TAREFAS DA PRÁTICA DOCENTE

Tomando por base os princípios e entendimentos acima especificados, o educador deverá exercitar suas atividades. Para tanto terá de planejar, executar e avaliar tendo em vista construir os resultados que espera obter, que é, no caso, o desenvolvimento do educando. A seguir, vamos tratar dessas três tarefas.[11]

---

11. Sobre as tarefas da prática docente, ver Cipriano Luckesi, "Elementos para uma Didática no contexto de uma Pedagogia para a transformação", em III CBE: *Simpósios*, São Paulo: Loyola, 1984, p. 202-17. Esse texto foi republicado em *Tecnologia Educacional*, n. 65.

Planejamento[12]

O ato de planejar é um ato decisório político, científico e técnico. Político na medida em que se estabelece uma finalidade a ser intencionalmente construída. A decisão política define a finalidade mais abrangente da ação. Toda e qualquer ação depende de uma decisão filosófico-política. Essa decisão dá a direção para onde vai se conduzir a ação. O planejamento inclui ainda uma decisão científica, pois necessitamos de conhecimentos científicos significativos para dar conta do objetivo político que temos. Os conhecimentos científicos garantem-nos suporte para o encaminhamento de nossa ação tendo em vista a finalidade que estabelecemos. A ciência desvenda conexões objetivas da realidade e permite uma ação consistente. Por último, o planejamento inclui uma decisão técnica que se refere à construção dos modos operacionais que vão mediar a decisão política e a compreensão científica do processo de nossa ação.

Desse modo, o planejamento não é um ato de preencher formulários, como vem ocorrendo na prática docente, mas sim um ato de decisão. Registrar essa decisão em um formulário é uma necessidade de fixação e conservação das decisões.

Porém, o planejamento não é uma atividade que em si redunde em um preenchimento de formulários. O registro das decisões poderá ser efetuado de múltiplos modos (não necessariamente em um formulário), tais como uma descrição, numa fita cassete, num video teipe etc. O que importa não é o modo de registro, mas sim a decisão, pois esta indica o caminho a seguir.

No planejamento educacional e no planejamento do ensino importa que o educador tenha claro a necessidade da decisão sobre os três aspectos anteriormente especificados, indo da concepção política às suas mediações científicas e técnicas.

O planejamento do ensino, ou seja, o planejamento da atividade docente propriamente dita, necessita ser precedido de um Projeto Peda-

12. Sobre planejamento, ver Cipriano Luckesi, "Compreensão Filosófica e Prática Educacional: Planejamento em Educação", em *O papel da filosofia na ação educativa*, Rio de Janeiro: ABT, 1980.

gógico e de um Projeto Curricular Institucional. De forma crítica, o Projeto Pedagógico define os objetivos políticos da ação assim como as linhas mestras a serem seguidas; o planejamento curricular dimensiona os conteúdos socioculturais que serão transmitidos e assimilados pelos alunos de forma que possibilitem atingir os objetivos pedagógicos que se tenha estabelecido. O planejamento curricular define os resultados que se espera alcançar em cada área de conhecimento. O planejamento de ensino é o da ação imediata do educador em cada aula ou em cada atividade docente.

O planejamento escolar — nos três níveis: pedagógico, curricular e do ensino — deveria ser uma ação coletiva da escola e dos grupos de professores, organizados no geral e pelas suas áreas específicas de trabalho. Uma instituição escolar terá de organizar-se como um corpo coerente de conduta para que os educandos possam ter um caminho relativamente claro e coerente para guiar-se nos seus processos de aprendizagem e educação.

Do Projeto Pedagógico da instituição escolar dependerá a perspectiva do currículo da escola, e de ambos dependerá o planejamento de ensino de grupos de professores reunidos por áreas ou disciplinas. Os três níveis mencionados de planejamento dependem das perspectivas políticas, científicas e técnicas que se assuma ao proceder a educação e o ensino.

Em síntese, o ato de planejar é um ato decisório da maior importância e efetivado dentro de um projeto coletivo institucional. O planejamento isolado e diversificado de cada professor impossibilita a formação de um corpo, se não único, ao menos semelhante, de atuação dentro da mesma escola. Uma ação isolada possibilita que cada professor aja de uma maneira e que o educando fique à mercê da variabilidade das perspectivas de cada professor, tornando a aprendizagem esfacelada.

Com isso, não se está propondo a padronização da conduta dos professores, mas solicita-se que dentro de uma mesma instituição trabalhem dentro de um mesmo projeto, buscando um mesmo fim e uma maneira assemelhada e coerente de ação. Uma escola, para funcionar coerentemente, necessita do planejamento e da ação coletiva do corpo docente, juntamente com as outras instâncias pedagógicas e administrativas.

Execução

Planejado um determinado ensino, se se deseja obter os resultados esperados, nada mais há a fazer do que executá-lo. E executar o planejamento é pôr em andamento as decisões de forma coerente e consistente. Executar, no caso da prática docente escolar, é traduzir em prática cotidiana os princípios filosóficos e políticos estabelecidos, por meio da transmissão e assimilação ativa dos conteúdos escolares, chegando aos resultados esperados.

A execução do planejado não é mecânica. É dinâmica e pode sofrer alterações e adaptações na medida em que os dados da própria execução venham a exigi-las. Por exemplo, se um conjunto de alunos não possui os mecanismos de assimilação de um conteúdo novo, há que se tomar a decisão de criar essas condições, se se quer efetivamente que os educandos aprendam, pois sem os pré-requisitos eles não terão como aprender. Vale lembrar aqui que criar pré-requisitos não significa retomar todo o conteúdo anteriormente estudado, mas sim tomar as parcelas de conteúdos e habilidades necessárias para a assimilação do conteúdo novo que se está propondo.

Na 5ª série, por exemplo, recuperar um pré-requisito de Língua Portuguesa não será recuperar tudo o que se estudou dessa disciplina; mas retomar aquele ponto que está impedindo o andamento da aprendizagem específica com a qual se está trabalhando. Evidentemente existem habilidades complexas que merecerão um trabalho conjunto de todos os professores desses alunos. Por exemplo, a capacidade de ler e entender, de analisar, de sintetizar. Caso exista essa carência não há por que todos os professores, coletivamente, não trabalharem para superar essa defasagem por meio das diversas disciplinas de uma série escolar. "É melhor acender um fósforo do que lamentar a escuridão", diz o ditado popular. Reclamar da não existência dos pré-requisitos nos educandos não faz com que eles apareçam. É preciso construí-los.

A execução deve ser uma forma de construção dos resultados esperados, não só pela realização do processo planejado, mas também por meio do reprocessamento das atividades a partir de decisões tomadas em decorrência de avaliações. A avaliação propicia acompanhamento e reorientação do processo de construção dos resultados esperados. Assim sendo, a execução de um planejamento não é linear, mas sim perpassada por processos de avaliação, tomadas de decisão, reorientações etc. A execução do planejamento deve ser uma forma de construção dos resultados esperados e, para tanto, precisam ser utilizados todos os meios disponíveis.

No caso do ensino e aprendizagem, a execução do planejamento do ensino deveria ser a forma de construir os resultados como desenvolvimento dos educandos. Caso na avaliação se verifique a defasagem dos resultados em relação ao esperado, se se quer construir o resultado planificado, há que se investir na obtenção desse resultado final, há que se construí-lo.

Avaliação dos resultados da aprendizagem[13]

O planejamento define os resultados e os meios a serem atingidos; a execução constrói os resultados; e a avaliação serve de instrumento de verificação dos resultados planejados que estão sendo obtidos, assim como para fundamentar decisões que devem ser tomadas para que os resultados sejam construídos.

Nesta perspectiva, a avaliação da aprendizagem é um mecanismo subsidiário do planejamento e da execução. É uma atividade subsidiária e estritamente articulada com a execução. É uma atividade que não existe nem subsiste por si mesma. Ela só faz sentido na medida em que serve para o diagnóstico da execução e dos resultados que estão sendo buscados e obtidos. A avaliação é um instrumento auxiliar da melhoria dos resultados.

No que se refere ao ensino e à aprendizagem, a avaliação tem sido executada como se existisse independente do projeto pedagógico e do processo de ensino e, por isso, tem-se destinado exclusivamente a uma atribui-

13. Sobre o tema da avaliação, ver Cipriano Carlos Luckesi, "Avaliação Educacional: Pressupostos Conceituais", revista *Tecnologia Educacional*, n. 24, 1978; "Avaliação Escolar: Otimização do autoritarismo", em *Equívocos teóricos na prática educacional*, Rio de Janeiro: ABT, 1984; "Avaliação Educacional Escolar: para além do autoritarismo", em *Tecnologia Educacional*, n. 61 (nesta coletânea, p. 75-93).

ção de notas e conceitos aos alunos. Não tem cumprido a sua verdadeira função de mecanismo a serviço da construção do melhor resultado possível, uma vez que tem sido usada de forma classificatória e não diagnóstica.

Se a avaliação não assumir a forma diagnóstica, ela não poderá estar a serviço da proposta política — "estar interessado em que o educando aprenda e se desenvolva" —, pois se a avaliação continuar sendo utilizada de forma classificatória, como tem sido até hoje, não viabiliza uma tomada de decisão em função da construção dos resultados esperados. A avaliação da aprendizagem, como temos definido em outras ocasiões, nada mais tem feito do que classificar o educando num certo estágio de desenvolvimento e dessa forma não auxilia a construção de resultados esperados.

Conclusão

Se se deseja exercitar uma prática docente crítica, importa levar em conta objetivos políticos dessa prática, assim como princípios científicos e metodológicos que traduzam coerentemente a visão política que se tenha e a exercitação das tarefas da prática docente articulada coerentemente com os aspectos anteriores.

No caso, assumimos como compromisso político a necessidade de "estar interessado em que o educando aprenda e se desenvolva"; para cumprir esse objetivo, definimos como mediação a transmissão e assimilação ativa dos conteúdos socioculturais; e para o processamento da assimilação ativa desses conteúdos, definimos a necessidade de um ensino e de uma aprendizagem sistemáticos, com base na assimilação receptiva de conhecimentos e metodologias, bem como sua exercitação e aplicação, chegando à inventividade de novos conhecimentos. As tarefas docentes de planejar, executar e avaliar devem estar imbuídas desses princípios e recursos, de tal forma que os resultados esperados sejam efetivamente atingidos.

Esperamos, com essas reflexões e indicações, ter oferecido aos educadores pistas para um trabalho docente crítico e construtivo a serviço do desenvolvimento dos educandos, no que se refere às suas capacidades cognoscitivas e suas convicções.

CAPÍTULO X

PLANEJAMENTO, EXECUÇÃO E AVALIAÇÃO NO ENSINO: A BUSCA DE UM DESEJO

Sobre o planejamento como recurso que define desejos e orienta a ação para ser bem sucedida

Texto escrito como base para uma conferência pronunciada na Fundação para o Desenvolvimento da Educação — FDE, São Paulo, no dia 03/03/93; não publicado anteriormente. Compunha o capítulo VIII nas edições anteriores. Nele se encontra um alerta aos educadores que os resultados positivos do ato pedagógico dependem da "busca de um desejo", ou seja, dependem do efetivo investimento para a obtenção do que se deseja. O ato de planejar é um meio de clarear desejos, o que é um passo para o sucesso. Porém, o sucesso só virá com a execução eficiente do planejado. A avaliação é um recurso auxiliar da execução do planejado, tendo em vista o sucesso. Sem efetivo investimento na execução da ação, não há resultados positivos. Não basta planejar bem, importa também executar com eficiência e é no processo de execução que a avaliação tem o seu lugar.

O significado da entrega às metas

Agir em função de desejos. O ser humano age em função de algum resultado, seja econômico, material, político, amoroso, ou até mesmo o simples prazer de viver o momento. Ou seja, age para suprir uma carência. A finalidade que preside o agir não será, no geral, necessariamente consciente; poderá ser explícita ou implícita, consciente ou inconsciente. Uma ação presidida por desejos inconscientes pode chegar a termos satisfatórios, mas por caminhos que ainda não são claros. O que importa, aqui, é ter ciência de que não se age por puro acaso[1]. Contudo, do ponto de vista consciente, o ser humano necessita estabelecer metas

1. Na vida, por vezes estamos seguindo sendas, sem que estejamos conscientes delas. São forças que estão agindo e só tomamos consciência delas ao olhar

definidas, clareando o que deseja, para agir em função delas. Caso não seja precedida e monitorada por um forte e explícito desejo, a ação poderá se tornar mecânica e não produzirá os resultados esperados. O desejo consciente e explícito coloca as forças necessárias a seu serviço.

A ação sem desejo torna-se linear. Fazer de conta que se tem o desejo, se, de fato, não se tem, é um desastre para a própria ação. Uma vez que sem o desejo não se investe na construção dos resultados que se espera, fazer de conta que se tem um desejo é um modo de não se entregar à ação. Não importa a razão pela qual não se está entregue àquele ato ou situação específica. Importa ter ciência de que sem a entrega não é possível uma construção bem-sucedida.

A ausência do desejo, na construção de resultados, manifesta-se sob um modo apático de conduzir os atos do cotidiano. Não há "garra"; vai-se mais ou menos. E, então, a vida, as práticas, os resultados, tudo se torna linear e comum. Não ocorre vibração, alegria e, por isso, também não ocorrem resultados significativos, alegres e felizes.

Isso não implica termos desejos de fazer todas as coisas, mas sim que esses desejos estejam claros para cada um de nós e para a coletividade para a qual trabalhamos. Sem a clareza de qual é esse desejo e sem a entrega a ele nada poderá ser construído satisfatória e sadiamente. Não é pela "vontade" que vamos construir as coisas. Da vontade decorre *o esforço*, mas não o *prazer* de ser, viver e agir. Com o esforço da vontade se constrói resultados; porém, resultados mirrados, no limite, "sem tesão". Com a entrega, torna-se tudo possível, devido ao fato de que "o universo nos apoia totalmente em cada pensamento que escolhemos ter e acreditar[2].

Se não há um desejo claro, que direcione nossa ação, como poderemos construir alguma coisa satisfatória e como poderemos ser ajudados?

---

para trás, para aquilo que já percorremos. Contudo, a consciência, na medida em que emerge e é verdadeira, dá uma dimensão nova e mais forte à ação e aos seus resultados.

2. Louise L. Hay, Você pode curar sua vida, São Paulo: Editora Best Seller, 12ª ed., s/d., p. 18. Paulo Coelho, em *O alquimista*, diz uma coisa semelhante ao afirmar que todas as forças do universo se conjuram para realizar o nosso desejo, quando nos entregamos a ele.

O significado da entrega ao trabalho

Objetivo desta discussão sobre o trabalho. Poderíamos falar de planejamento na vida em geral, mas interessa-nos diretamente o planejamento em nosso trabalho institucionalizado[3]. Importa compreender o trabalho como um elemento contínuo da nossa existência, que possui sua especificidade, mas não é algo à parte de nossa existência. Ainda que hoje o trabalho seja visto como um peso, como algo do qual temos de nos livrar, ele se constitui num tipo de ação que praticamos, natural e socialmente, e com o qual realizamos o mundo e nos realizamos. A sua plenitude depende de escolhermos metas e nos entregarmos a elas, integralmente. Talvez as nossas insatisfações no trabalho dependam de nossa não entrega ao que estamos fazendo. O trabalho será prazeroso e fonte de crescimento se for realizado como meio de autoconhecimento e autodesenvolvimento[4].

Autor citado. Tarthang Tulku, mestre budista, criador do Instituto Nyingma, Berkeley, EUA, escreveu um livro intitulado *O caminho da habilidade*[5], procurando desvendar o significado do trabalho na vida humana, bem como clarear pontos que possam nos auxiliar a aprender a viver felizes com o trabalho. Vamos utilizar longos trechos da Introdução deste pequeno livro, abrindo espaço para nossa meditação sobre o trabalho como um elemento fundamental da vida humana em sua realização. O trabalho é mostrado como um centro de desenvolvimento de si mesmo e dos outros e não somente como um meio econômico de sobrevivência. Citaremos o texto do autor, entremeando-o com considerações pessoais[6].

3. Preferimos, aqui, não utilizar os conceitos marxistas de trabalho produtivo ou improdutivo, uma vez que não desejamos nos dedicar a esse campo de estudo. Contudo, interessa-nos o trabalho que cada um de nós pratica em alguma instituição, seja ele produtivo ou improdutivo do ponto de vista marxista.

4. Nesta abordagem, não nos interessa tratar do trabalho dentro da trama de relações sociais capitalistas, que o transforma em mercadoria, mas sim como uma possibilidade de autocrescimento e autodesenvolvimento. Aprender a aproveitar essa prática cotidiana como um meio de identificar-se consigo mesmo e, por isso, crescer e realizar-se uma atividade construtiva e prazerosa.

5. Tarthang Tulku, *O caminho da habilidade*: formas suaves para um trabalho bem-sucedido. São Paulo: Cultrix, 1988.

6. As citações que se seguem, entre aspas, são retiradas do livro citado na nota anterior, p. 9-27.

Insatisfação com o trabalho. "Para muitas pessoas, hoje em dia, o trabalho está perdendo o significado." A insatisfação se generaliza nos diversos âmbitos de trabalho. "Não se limita a certas profissões, meios ou crenças, mas permeia sutilmente o trabalho em todos os seus aspectos." Na sociedade moderna, o trabalho caracteriza-se por ser uma mercadoria[7], que barganhamos para obter meios econômicos de sobrevivência. Daí, ter-se tornado um peso e não um processo de autocrescimento.

O significado do trabalho. "É pena que isso ocorra, pois o trabalho é um meio muito eficaz para aprendermos a encontrar a profunda satisfação na vida. O trabalho pode ser uma fonte de crescimento, uma oportunidade para aprendermos mais sobre nós mesmos e para desenvolvermos relacionamentos positivos e saudáveis."

O trabalho e as atividades cotidianas são atos que nos possibilitam a própria realização. "Se encararmos o trabalho desta maneira, veremos que, realmente, não existe diferença alguma entre dedicarmos energia e cuidado ao nosso trabalho e dedicarmos energia ao desenvolvimento de nossa consciência e apreciação da vida." O trabalho é um *continuum* em nossa existência; com ele aprendemos, nos desenvolvemos, vivemos e sobrevivemos. É muito importante em nossa vida e, por isso, o seu significado não pode passar desapercebido.

Dificuldade de encontrar um novo modo de ser. "Entretanto, nem sempre é fácil encontrar um meio de fazer do trabalho um caminho para uma vida prazerosa. Ao trabalhar com meus alunos, tenho tentado, a cada dia, oferecer incentivo para que possam encontrar mais facilmente, em si mesmos, os meios para obter satisfação e realização por meio do seu trabalho. Não se trata de ensinamentos no sentido tradicional da palavra, mas de sugestões destinadas a orientá-los em seu trabalho e autodesenvolvimento."

"Mudar padrões estruturados no início da vida é uma das lições mais difíceis de se aprender e de se ensinar. Geralmente, acreditamos que os hábitos seguidos durante toda uma vida não possam ser alterados e, por-

---

7. A característica principal da sociedade moderna é ser uma sociedade de comerciantes livres. Cada um comercializa o que pode e a maior parte comercializa a sua força de trabalho. Aliás, é isso que as minorias dominantes esperam que comercializemos.

tanto, sentimos que somos limitados em certos aspectos. No entanto, não existe realmente nenhuma limitação quanto ao que podemos realizar, se apreciarmos, de verdade, todas as oportunidades que a vida nos oferece. Podemos romper com nossas limitações autoimpostas, fazer mudanças enormes e descobrir novas habilidades que nunca antes imaginávamos possuir. Mais importante ainda, podemos ganhar consciência das nossas verdadeiras responsabilidades."

Trabalho como busca de satisfação. "Cada ser vivo do universo expressa sua verdadeira natureza no seu processo de vida. Trabalhar é a resposta humana natural ao fato de estarmos vivos; é o nosso modo de participar do universo. O trabalho nos permite realizar o nosso potencial de forma plena, abrindo-nos para a variedade infinita de experiências que existe mesmo nas atividades mais mundanas. Por meio do trabalho, podemos aprender a usar nossa energia com sabedoria, de modo que todas as nossas ações passem a ser frutíferas e enriquecedoras."

"A busca de satisfação e preenchimento é própria da natureza humana. O trabalho nos dá oportunidade de alcançar esta satisfação por meio do desenvolvimento das verdadeiras qualidades de nossa natureza. O trabalho é a expressão habilidosa da totalidade do nosso ser, o recurso para criar harmonia e equilíbrio em nós mesmos e no mundo. Por meio do trabalho contribuímos para a vida com a nossa energia, investindo o nosso corpo, respiração e mente em atividades criativas. Ao exercitar a criatividade, preenchemos nossa função natural na vida e inspiramos todos os seres com a alegria de uma participação vital."

O trabalho exige nossa integração. "Cada um de nós tem uma ideia do papel que o trabalho desempenha em nossas vidas. Sabemos que o trabalho pode fazer uso de todos os componentes do nosso ser, levando nossa mente, coração e sentidos a um ação total. Entretanto, atualmente, é raro ficarmos assim tão profundamente envolvidos com o trabalho. Na sociedade complexa de hoje, perdemos contato com o conhecimento de como utilizar nossas capacidades para vivermos uma vida real e significativa. No passado, a educação desempenhava uma função importante na transmissão do conhecimento necessário para a integração de aprendizado e experiência, para a manifestação de nossa natureza interior de forma prática. Hoje em dia, esse conhecimento vital deixou de ser transmitido. Nossa compreensão geral do trabalho, portanto, é limitada, e poucas vezes percebemos a profunda satisfação que advém de trabalhar com habilidade, com a totalidade do nosso ser."

"Talvez porque não tenhamos de empregar todo o nosso esforço para atender às nossas necessidades básicas, raramente colocamos coração e mente por inteiro no trabalho; de fato, trabalhar apenas o bastante para ir levando tornou-se a regra. A maioria das pessoas não espera gostar do seu trabalho, muito menos executá-lo bem, pois o trabalho é comumente considerado apenas como um meio de se chegar a um fim. Qualquer que seja a nossa profissão, passamos a pensar no trabalho como uma parte de nossas vidas que consome tempo, um dever que não pode ser evitado."

Atuais motivações do trabalho. "Podemos trabalhar com afinco, se tivermos um incentivo suficientemente forte, porém, se olharmos com cuidado para nossa motivação, veremos que ela, com frequência, tem um âmbito restrito, dirige-se principalmente à obtenção de *status*, à aquisição de poder pessoal e de bens particulares, à proteção dos interesses do nome e da família. Esse tipo de motivação autocentrada dificulta a expressão e o desenvolvimento do nosso potencial humano por meio do trabalho. Em vez de nos assentar nas qualidades positivas de nossa natureza, o ambiente de trabalho alimenta comportamentos como competição e manipulação."

"Há pessoas que, reagindo a essa situação, optam por evitar o trabalho por completo. Quando assumimos este ponto de vista, talvez acreditemos estar buscando uma virtude mais elevada. No entanto, em vez de encontrar uma alternativa saudável que possa aumentar nosso prazer pela vida, na verdade limitamos o nosso potencial ainda mais, pois viver sem trabalho nos leva a um distanciamento da própria vida. Ao negarmos expressão à nossa energia por meio do trabalho, estamos, inconscientemente, nos furtando à oportunidade de realizar nossa natureza e negando aos outros a contribuição única que poderíamos dar à sociedade."

A vida exige uma entrega total. "A vida cobra um preço daqueles que têm a oferecer menos do que a sua participação total. Perdemos o contato com as qualidades e os valores humanos que emergem naturalmente de um engajamento pleno no trabalho e na vida: integridade, honestidade, lealdade, responsabilidade e cooperação. Sem a orientação que essas qualidades dão às nossas vidas, começamos a vaguear, vítimas de um sentimento desconfortável de insatisfação. Uma vez perdido o conhecimento de como termos o trabalho e o seu significado como a nossa base, não sabemos para onde nos voltar, a fim de encontrarmos valor na vida."

"É importante percebermos que nossa sobrevivência, num sentido mais amplo, depende da nossa disposição para trabalhar com força total dos nossos corações e mentes, para participar da vida de forma plena. Somente desse modo compreenderemos os valores e as qualidades humanas que trazem equilíbrio e harmonia às nossas vidas, à sociedade e ao mundo. Não podemos continuar ignorando os efeitos da motivação egoísta e de comportamentos como a competição e a manipulação. Necessitamos de uma nova filosofia de trabalho, baseada numa compreensão humana mais ampla, no respeito por nós próprios e pelos outros, numa consciência das qualidades e habilidades que geram paz no mundo: comunicação, cooperação e responsabilidade."

O significado do trabalho sadio. "Isso significa estarmos dispostos a encarar o trabalho abertamente, enxergando nossas forças e fraquezas com honestidade, e realizando as mudanças que irão beneficiar nossas vidas. Se, de fato, dedicarmos nossa energia para melhorar a atitude em relação ao trabalho, desenvolvendo o que é verdadeiramente valioso dentro de nós, poderemos tornar tudo na vida uma experiência de prazer. As habilidades que aprendermos enquanto estivermos trabalhando ditarão o tom do nosso crescimento e propiciarão os meios para trazermos satisfação e significado a cada momento de nossas vidas, bem como à vida de outras pessoas. Trabalhar desse modo é trabalhar com meios hábeis."

O significado de trabalhar com habilidade. "Trabalhar com habilidade é um processo em três passos, que podem ser aplicados a qualquer situação de vida. O primeiro é tornarmo-nos cientes das realidades das nossas dificuldades, não simplesmente por um reconhecimento intelectual, mas por meio de uma observação honesta de nós mesmos. Somente dessa maneira encontramos motivação para dar o segundo passo: tomar uma firme resolução de mudar. Quando tivermos visto claramente a natureza dos nossos problemas e começarmos a mudá-los, poderemos compartilhar com os outros o que tivermos aprendido. Esse compartilhar pode ser dentre todas as experiências, a que traz maior satisfação, pois há uma alegria profunda e duradoura em vermos outras pessoas encontrarem os meios para tornar suas vidas produtivas e preenchidas".

"Quando usamos meios hábeis para concretizar e fortalecer nossas qualidades positivas, num contexto de trabalho, tocamos os recursos preciosos que se encontram dentro de nós, aguardando para serem descobertos. Cada um de nós tem o potencial de criar a paz e a beleza no universo. Quando desenvolvemos nossas capacidades e as compartilhamos com os outros, podemos apreciar profundamente o valor que elas possuem. Essa apreciação profunda torna a vida realmente digna de ser vivida, infundindo amor e alegria em todas as ações e experiências. Ao aprender a empregar meios hábeis em tudo aquilo que fizermos, poderemos transformar nossa existência diária numa fonte de satisfação e realização que ultrapassa até mesmo nossos mais belos sonhos".

Atenção plena. Para trabalhar com habilidade, importa ter atenção plena nos próprios sentimentos. *Nós aprendemos a trabalhar para sobreviver*, mas é preciso aprender que o trabalho faz parte da existência; nos constitui, e, por isso, possibilita nosso permanente crescimento para a vida. Infelizmente, temos aprendido ao longo da existência que o trabalho é um peso do qual nós devemos nos livrar numa determinada hora do dia (fim do expediente) ou num determinado período da vida (aposentadoria) e, então, não aprendemos que é o meio pelo qual podemos crescer interiormente. Ele ocupa, pelo menos, metade das dezesseis horas que passamos acordado; um terço do tempo total de nossas vidas. Então, é muito significativo, em termos de tempo, para que o desprezemos como meio de autodesenvolvimento interior (mental e emocional). Ele não é só meio de sobrevivência; é meio de autoconhecimento e autodesenvolvimento. É preciso que o aprendamos desse modo.

Para tanto, importa exercitar a atenção plena, que significa estar atento aos próprios pensamentos e sentimentos, investigando-os no sentido de seguir os caminhos que eles apontam. Atenção plena significa descobrir o significado do desejo e da ação na fusão permanente de sentimentos e pensamentos. Certamente não sabemos fazer isso; porém é tempo de aprender, se pretendemos identificar nossas verdadeiras metas que nascem dos nossos desejos.

"Como poderemos retomar o contato com nossa pessoa? — pergunta Tarthang Tulku. O que podemos fazer para nos tornarmos genuinamente livres? Quando começamos a olhar com clareza para nossa natureza interior, ganhamos uma perspectiva em relação ao nosso desenvolvimento, que nos liberta para crescer. Essa clareza é o início do autoconhecimento e pode ser desenvolvida simplesmente pela observação da atividade da nossa mente e do nosso corpo."

"Você pode praticar essa observação interior não importa onde esteja ou o que esteja fazendo — basta estar ciente de cada pensamento seu ou dos sentimentos que o acompanham. Você pode ficar sensível à maneira como suas ações afetam seus pensamentos, seu corpo e seus sentidos. Ao fazer isso, reabre o canal de comunicação que há entre seu corpo e sua mente, e ganha maior consciência de quem você é, então se familiariza com a qualidade do seu ser interior. Seu corpo e sua mente começam a apoiar-se mutuamente, imprimindo uma qualidade vital a todos os seus esforços.

Entra, assim, num processo vivo e dinâmico de aprendizagem sobre si mesmo, e o autoconhecimento que adquire realça tudo o que faz."

"Quando observar atentamente sua natureza interior, verá todas as coisas que vêm mantendo guardadas dentro de si — o quanto seus sentimentos e sua verdadeira natureza têm sido aprisionados. Pode então começar a desbloquear esses sentimentos, liberando a energia que eles retinham no seu interior. Sendo calmo e honesto, se aceitando, você poderá se tornar mais confiante e aprender maneiras novas e mais positivas de olhar para si mesmo."

"Uma vez que suas percepções interiores estejam mais claras e mais fluentes, a concentração o ajudará a dirigir sua energia aonde for necessário. Essa concentração não é uma disciplina rigorosa: é descontraída, quase informal. A atenção tem um foco, mas não é rígida; sua qualidade é leve e agradável. Você pode desenvolver essa concentração no trabalho, realizando uma tarefa de cada vez, devotando toda a sua atenção ao que está fazendo e estando ciente de cada detalhe presente. Mantenha sua concentração em uma tarefa até que esteja terminada; então encarregue-se de outra, e assim por diante. Então verá que sua clareza e discernimento se aprofundarão e passarão, naturalmente, a fazer parte de tudo aquilo que realiza."

Ter atenção plena é uma entrega ao que emerge na mente numa fusão de sentimentos e pensamentos. É uma prática de investigação honesta sobre nossos desejos e nossas disponibilidades, para atingi-los; uma investigação sobre os verdadeiros sentimentos a respeito daquilo que estamos fazendo.

O primeiro passo para iniciar qualquer movimento de transformação é o reconhecimento dos sentimentos em relação àquilo que estamos fazendo. Ninguém conseguirá processar a mudança de um preconceito de sexo, cor, ou outro qualquer, sem que antes reconheça, de coração aberto, que possui esse preconceito. Reconhecimento implica não só uma ação intelectual, mas um reconhecimento pleno, em que o coração e a mente estão fundidos numa totalidade de conhecimento. Após o reconhecimento, importa desenvolver um sentimento de deixar fluir o nó ali presente. Ele necessita ser desfeito. Caso contrário, mantém-se como um veneno fechado numa cápsula. No trabalho, será a mesma coisa. Ele só fluirá bem se investigarmos, com atenção plena, os sentimentos que atravessam os atos no exercício do trabalho e se permitirmos que fluam os nós que nos amarram.

Só desse modo, poderemos descobrir nossas verdadeiras metas; criando as condições para que nelas coloquemos nossa entrega total, recebendo, então, o auxílio de todas as forças do universo para realizarmos o que desejamos.

Planejamento em geral e planejamento do ensino

Planejamento. Planejamento implica o estabelecimento de metas, ações e recursos necessários à produção de resultados que sejam satisfatórios à vida pessoal e social, ou seja, à consecução dos nossos desejos. Poderíamos pensar numa sequência assim:

necessidade — ação (planejada) — resultados — satisfação

A necessidade traz em si a carência da satisfação. É ela que nos move para a busca de sua satisfação. A necessidade é uma carência, uma "falta", que precisa ser preenchida. Os resultados são aquilo que buscamos para satisfazer as carências. E, é claro, esperamos que sejam satisfatórios. Poderão não o ser; então, importa buscá-los até que isso ocorra. Nessa busca de desejos, que sejam plenos, o universo estará posto ao nosso lado.

A obtenção da satisfação da necessidade, que está na origem de nossa ação, exige um planejamento; ou seja, o estabelecimento do que de fato desejamos, assim como a definição dos meios de atingi-lo. Contudo, somente o planejamento é insuficiente; ele necessita de execução. A ação é o meio pelo qual construímos os resultados, que podem nos satisfazer. Contudo, não uma ação qualquer, mas a ação planejada.

Necessidade da atenção plena no planejamento. Para tanto, importa a atenção plena aos sentimentos que perpassam nossas carências, nossos atos de planejar e nossos atos de construir os resultados que estamos esperando.

Planejar, duvidando da ação que estamos definindo, não conduzirá a um bom planejamento. Sem convicção, as forças do universo não se colocarão do nosso lado, pois nem nós mesmos estamos convencidos de que vale a pena investir nesse determinado curso de ação. O Evangelho de Jesus Cristo diz que "onde está o seu coração, aí está o seu tesouro". Planejar sem o coração é o modo de não querer encontrar o próprio tesouro. Com isso, não estamos dizendo que, ao planejar qualquer atividade, *temos de fazer esforço para que o coração esteja lá.* Não! Uma atividade só terá sucesso se o coração estiver lá fluido, leve, desejoso, e não sob a pressão da vontade.[8] Fazer uma coisa com peso, significa fazê-la sem o coração.

8. Por pressão da vontade, estamos querendo definir aqui a situação em que o nosso desejo se encontra muito longe de onde estamos, mas continuamos ali por razões as mais variadas possíveis, menos a verdade do nosso sentimento.

Necessidade de conhecimentos na atividade de planejar. Para se exercitar a atividade de planejar, ao lado da atenção plena, que abre os caminhos para a entrega à atividade, torna-se necessária a posse de conhecimentos específicos, que possibilitem a melhor decisão sobre o que se pretende fazer e sobre o modo de atingir aquilo que se pretende.

No caso do ensino-aprendizagem, o ato de planejar exige de nós um conhecimento seguro sobre o que desejamos fazer com a educação, quais são seus valores e seus significados (uma filosofia da educação); um conhecimento seguro sobre o educando, o que implica compreensão de sua inserção na sociedade e na história (ciências histórico-sociais), assim como uma compreensão dos processos de formação do seu caráter (teoria da personalidade) e do processo de desenvolvimento (psicologia do desenvolvimento e da aprendizagem); um conhecimento seguro dos conteúdos científicos com os quais trabalhamos (a ciência que ensina). Sem esses elementos, torna-se difícil traduzir um desejo em proposições operativas para que os resultados sejam construídos. O planejamento é um modo de ordenar a ação tendo em vista os fins desejados, e por base conhecimentos que deem suporte objetivo à ação. Sem isso, o planejamento será um "faz de conta" de decisão, que não servirá em nada para direcionar a ação.

Planejar implica conhecer para ordenar e entregar-se a um desejo para dar-lhe vida. O planejamento sem conhecimento será uma fantasia; sem a entrega, uma peça morta, útil para rechear arquivos.

Planejamento da atividade pedagógica como atividade coletiva. A atividade de planejar é uma atividade coletiva, uma vez que o ato de ensinar na escola, hoje, é um ato coletivo, não só devido a nossa constituição social como seres humanos, mas, mais que isso, devido ao fato de que o ato escolar de ensinar e aprender é coletivo. Os alunos não trabalham isolados; atuam em conjunto. Os professores não agem sozinhos, mas articulados com outros educadores e especialistas em educação. Numa série escolar, por exemplo, atuam diversos especialistas e um conjunto de professores. Na sequência das séries escolares, esse número se multiplica. Então, como pode ser possível que cada educador planeje e trabalhe isoladamente? Na prática, isso tem sido assim, porém, todos somos capazes de reconhecer os desvios decorrentes dessa atividade isolada.

Execução do planejado no ensino. Aquilo que foi planejado necessita ser executado com as mesmas habilidades: conhecimentos, entrega, ato coletivo. Os conhecimentos utilizados no planejamento são os mesmos que devem, no cotidiano, traduzir-se em prática; caso contrário, serão letras mortas. Não basta usar a filosofia, a história, a sociologia, a psicologia e a ciência específica só no planejar. Importa que, no cotidiano, se verifique o verdadeiro auxílio desses conhecimentos nos atos de ensinar e de aprender. Ao mesmo tempo, para que isso aconteça, torna-se necessária a entrega ao desejo. É a ação com paixão. Sem a entrega à atividade, todos os conhecimentos utilizados não terão vida, não serão fertilizados pela emoção. Por último, o planejamento coletivo só poderá ser executado pela conjugação das forças de todos; portanto, a execução deve também ser coletiva. Os profissionais que atuam numa prática escolar precisam da parceria entre si; necessitam investir comumente num objetivo. Com a atenção centrada só no individual, o coletivo não será construído. A parceria depende da entrega a um objetivo ou tarefa, que seja assumida por todos.

Além disso, a ação necessita ser avaliada e revista coletivamente, a fim de que o seu "tônus" possa ser mantido ao longo do tempo que durar a ação. O método da ação-reflexão-ação é uma necessidade para a realização o mais próximo possível do desejado, como meio de autodesenvolvimento.

Avaliação

Avaliação como ato subsidiário do processo de construção de resultados satisfatórios. A atividade de avaliar caracteriza-se como um meio subsidiário do crescimento; meio subsidiário da construção do resultado satisfatório.

Podemos verificar que, no cotidiano, tanto em atos simples como complexos, a avaliação subsidia a obtenção de resultados satisfatórios. Em nossa casa, avaliamos o alimento que estamos fazendo quando provamos seu sabor, sua rigidez, verificando se se encontra "no ponto" ou se necessita de mais algum ingrediente, de mais um tempo de cozimento etc. Na empresa ocorre o mesmo. Nenhuma empresa sobreviverá sem avaliação com consequente tomada de decisão, tendo em vista seu melhor funcionamento e, por isso mesmo, sua melhor produtividade. A avaliação tem por função subsidiar a construção de resultados satisfatórios.

Assim, planejamento e avaliação são atos que estão a serviço da construção de resultados satisfatórios. Enquanto o planejamento traça previamente os caminhos, a avaliação subsidia os redirecionamentos que venham a se fazer necessários no percurso da ação. A avaliação é um ato de investigar a qualidade dos resultados intermediários ou finais de uma ação, subsidiando sempre sua melhora.

Avaliação da aprendizagem. Em decorrência de padrões histórico-sociais, que se tornaram crônicos em nossas práticas pedagógicas escolares, a avaliação no ensino assumiu a prática de "provas e exames"; o que gerou um desvio no uso da avaliação. Em vez de ser utilizada para a construção de resultados satisfatórios, tornou-se um meio para classificar os educandos e decidir sobre os seus destinos no momento subsequente de suas vidas escolares. Em consequência desse seu modo de ser, teve agregado a si um significado de poder,[9] que decide sobre a vida do educando, e não um meio de auxiliá-lo ao crescimento.

A avaliação da aprendizagem necessita, para cumprir o seu verdadeiro significado, assumir a função de subsidiar a construção da aprendizagem bem-sucedida. A condição necessária para que isso aconteça é de que a avaliação deixe de ser utilizada como um recurso de autoridade, que decide sobre os destinos do educando, e assuma o papel de auxiliar o crescimento.

Avaliação e entrega. O ato de avaliar também exige a entrega, entrega à construção da experiência satisfatória do educando. A entrega ao desejo de que o educando cresça e se desenvolva possibilita ao educador o envolvimento com o processo do educando, estando sempre atento às suas necessidades. Isso não implica que o educador substitua o educando em seus processos de crescimento (o que não servirá em nada tanto para o educan-

9. Ver FOUCAULT, Michel. *Vigiar e punir.* Petrópolis: Vozes, 1989; ver também de LUCKESI, Cipriano. "Avaliação educacional escolar: para além do autoritarismo", revista *Tecnologia Educacional*, n. 61 (nesta coletânea, p. 75-93; do mesmo autor, *Avaliação da aprendizagem escolar*: sendas percorridas (tese de doutoramento apresentada à PUC-SP, 1992).

do como para o educador), mas sim que clareie para si e para o educando as exigências do crescimento. Ninguém cresce sem ação e a ação contém dentro de si uma disciplina. Cada ato tem sua disciplina própria que necessita ser descoberta e seguida se se quer aprender e crescer com ela. A avaliação é uma forma de tomar consciência sobre o significado da ação na construção do desejo que lhe deu origem.

Só a entrega à disciplina do ato permite uma cura, ou seja, a construção satisfatória dos resultados desejados.

Concluindo

Planejamento, execução e avaliação são recursos da busca de um desejo. Para tanto, é preciso saber qual é o desejo e entregar-se a ele. No nosso caso, importa saber qual é o desejo com ação pedagógica que praticamos junto aos educandos e se queremos estar entregues a ele, a fim de que possamos construir os resultados satisfatórios com o auxílio do planejamento, execução e avaliação, auxiliando o desenvolvimento dos educandos, ao mesmo tempo que processamos nosso autocrescimento.

PARTE V

DA NECESSIDADE DO INVESTIMENTO EFICIENTE NA PRÁTICA EDUCATIVA

Não se obtém resultados novos e positivos sem um largo e eficiente investimento cotidiano em sua conquista. A conquista é diária, passo a passo, com dedicação consistente. Acolher e investir na escola, acolher e investir no educando são atos que, no cotidiano escolar, fazem a diferença em termos de resultados bem-sucedidos. Os capítulos que se seguem sinalizam isso.

CAPÍTULO XI

PRÁTICA ESCOLAR: DO ERRO COMO FONTE DE CASTIGO AO ERRO COMO FONTE DE VIRTUDE

O presente texto foi publicado na Série *Ideias*, n. 8, Fundação para o Desenvolvimento da Educação, São Paulo, 1990, p. 133-140. Compunha o capítulo III nas edições anteriores do livro. Fora escrito por provocação das coordenadoras pedagógicas da Fundação, que ouviram o autor anunciar o desejo de escrever sobre esse tema em uma conferência. Aborda que, em nossa tradição pedagógica, para qualquer erro — ou suposto erro — em aprendizagem, vem um castigo. No entanto, o erro, nessa circunstância, deveria ser tomado como ponto de partida para o crescimento. Não se busca o erro, porém, quando ele ocorre, serve de indicador para o que se deve fazer para superá-lo, dai que ele, ao invés de ser visto como algo que deve ser castigado, necessita de ser visto e assumido como algo que tem força como base para um novo passo. O texto foi transferido para essa parte do livro — que trata do investimento na busca dos resultados desejados — em função de oferecer base para o educador agir a partir do erro como ponto de partida para construir o sucesso no ensino-aprendizagem escolar.

Sobre como os erros não devem ser castigados, mas abençoados como pontos de partida para novas aprendizagens

A visão culposa do erro, na prática escolar, tem conduzido ao uso permanente do castigo como forma de correção e direção da aprendizagem, tomando a avaliação como suporte da decisão. Todavia, uma visão sadia do erro possibilita sua utilização de forma construtiva.

O castigo escolar a partir do erro

As condutas dos alunos consideradas como erros têm dado margem, na prática escolar, tanto no passado como no presente, às mais variadas formas de castigo por parte do professor, indo desde as mais visíveis até as mais sutis. À medida que se avançou no tempo, os castigos escolares foram perdendo o seu caráter de agressão física, tornando-se mais tênues, mas não desprovidos de violência.

No passado, em nossa prática escolar, castigava-se fisicamente. No Sul do país, era comum um professor utilizar-se da régua escolar para bater num aluno que não respondesse com adequação às suas perguntas sobre uma lição qualquer. No Nordeste brasileiro, esta mesma prática era efetivada por meio da palmatória, instrumento de castigo com o qual o professor batia na palma da mão dos alunos. A quantidade de "palmadas" dependia do juízo desse professor sobre a possível "gravidade" do erro. O castigo físico, noutras vezes, dava-se pela prática de colocar o aluno "de joelhos" sobre grãos de milho ou de feijão, ou ainda de mandá-lo para a frente da classe, voltado para a parede e com os braços abertos. Pequenos martírios!

Uma forma intermediária de castigo, entre o físico e o moral, era deixar o aluno "em pé", durante a aula, enquanto os colegas permaneciam sentados. Neste caso, era castigado fisicamente, pela posição, e moralmente, pelo fato de tornar-se visível a todos os colegas a sua fragilidade. Era a exposição pública do erro.

Hoje essas formas de castigar são raras; porém, o castigo não desapareceu da escola. Ele se manifesta de outras maneiras, que não atingem imediatamente o corpo físico do aluno, mas sua personalidade, sendo, no sentido em que Bourdieu fala em seu livro *A reprodução*, uma "violência simbólica".

Uma forma de castigar um pouco mais sutil que as anteriores, que existiu no passado e ainda existe, é a prática pela qual o professor cria um clima de medo, tensão e ansiedade entre os alunos: faz uma pergunta a um deles, passando-a para um segundo, terceiro, quarto, e assim por diante, gerando tensão nos alunos que podem vir a ser os subsequentes na chamada. Deste modo, a classe toda fica tensa, já que cada um espera ser o próximo.

Esse modo de conduzir a docência manifesta-se com um viés mais grave ainda, porque o professor normalmente não está interessado em descobrir quem sabe o que foi ensinado, mas sim quem não aprendeu, para poder expor publicamente aos colegas a sua fragilidade. O professor, usualmente, prossegue a chamada até encontrar o fraco, aquele que não sabe. Este, coitado, treme de medo e de vergonha. O "forte" na lição é elogiado e o "fraco", ridicularizado.

No caso, a vergonha e o medo de não saber, segundo o senso comum do magistério, devem servir, de um lado, como lição para o aluno que não aprendeu e, de outro, como exemplo para os colegas, na medida em que ficam sabendo o que lhes pode acontecer no caso de não saberem a lição quando forem chamados. O vitupério do professor e dos colegas é uma forma de castigar e deixar o aluno tenso, bem como publicamente desvalorizado. (John Amós Comênio, na *Didática Magna*, dava conselhos semelhantes aos educadores.)

Existiam e existem, ainda, castigos como: ficar retido na sala de aula durante o recreio ou intervalo entre uma aula e outra; suspender o lanche; realizar tarefas extras em sala de aula ou em casa.

Uma modalidade diversa de castigo é a ameaça do castigo. O aluno sofre por antecipação, pois fica na expectativa do castigo que poderá vir e numa permanente atitude de defesa. São as ameaças de futuras repressões, caso os alunos não caminhem bem nas condutas que devem ser aprendidas, sejam elas cognitivas ou não. Eram e são frequentes expressões como:

— Vocês vão ver o que é que vou fazer com vocês no dia da prova...

— Se forem bem, neste trabalho, acrescento um ponto na nota para todos os alunos; se forem mal....

— Se continuarem fracos como estão, terei de levar isso ao conhecimento da direção da escola...

— Vou me comunicar com os pais de vocês, pois não estão aprendendo nada...

Sabemos que outras formas mais sutis de castigar têm sido utilizadas ainda hoje, tais como: a gozação com um aluno que não foi bem; a ridicularização de um erro; a ameaça de reprovação; o teste "relâmpago", como tem sido denominado aquele que é realizado para "pegar os alunos de surpresa". Um teste relâmpago, como bem diz o nome, deve ser algo que assusta e, se possível, mata.

O castigo que emerge do erro — verdadeiro ou suposto — marca o aluno tanto pelo seu conteúdo quanto pela sua forma. As atitudes ameaçadoras, empregadas repetidas vezes, garantem o medo, a ansiedade, a vergonha de modo intermitente. A postura corporal de defesa que o aluno assume, manifestada pela dificuldade de respirar enquanto fica na expectativa de ser o próximo da chamada, é uma expressão clara dessa tensão. A respiração presa parece um antídoto possível contra a catástrofe que está para desabar sobre ele. Pela forma, mantêm-se permanentemente o medo, a tensão e a atenção. Atenção limitada, mas atenção. E a que preço![1]

A partir do erro, na prática escolar, desenvolve-se e reforça-se no educando uma compreensão culposa da vida, pois, além de ser castigado por outros, muitas vezes ele sofre ainda a autopunição. Ao ser reiteradamente lembrado da culpa, o educando não apenas sofre os castigos impostos de fora, mas também aprende mecanismos de autopunição, por supostos erros que atribui a si mesmo. Nem sempre a escola é a responsável por todo o processo culposo que cada um de nós carrega, mas reforça (e muito) esse processo. Quando um jovem não vai bem numa aprendizagem e diz: "Poxa, isso só acontece comigo!", que é que está expressando senão um juízo culposo e autopunitivo?

Haverá muito trabalho psicológico futuro para que as crianças e os jovens de hoje se libertem de suas fobias e ansiedades, que foram se transformando em hábitos biopsicológicos inconscientes. Hábitos criados pelo medo que, com certeza, não serve para nada mais do que garantir uma submissão internalizada. O medo tolhe a vida e a liberdade, criando a dependência e a incapacidade para ir sempre em frente.

O clima de culpa, castigo e medo, que tem sido um dos elementos da configuração da prática docente, é um dos fatores que impedem a escola e a sala de aula de serem um ambiente de alegria, satisfação e vida feliz. Assim, as crianças e os jovens rapidamente se enfastiam de tudo o que lá acontece e, mais que isso, temem o que ocorre no âmbito da sala de aula.

---

1. Vale apena ver a literatura sobre a configuração corporal da personalidade: W. Reich, *A função do orgasmo*, São Paulo: Brasiliense, 6. ed., 1982; Stanley Kelemon, *Anatomia Emocional*, São Paulo: Summus Editorial, 1992, entre outros.

As razões do uso do castigo

A razão imediata e aparente do castigo decorre do fato de o aluno manifestar não ter apreendido um conjunto determinado de conhecimentos, uma sequência metodológica ou coisa semelhante. Porém, a questão do castigo é mais profunda.

A ideia e a prática do castigo decorrem da concepção de que as condutas de um sujeito — aqui, no caso, o aluno — que não correspondem a um determinado padrão preestabelecido, merecem ser castigadas, a fim de que ele "pague" por seu erro e "aprenda" a assumir a conduta que seria correta.

Isso conduz à percepção de que o entendimento e a prática do castigo decorrem de uma visão culposa dos atos humanos. Ou seja, a culpa está na raiz do castigo. No caso da escola, este senso caminha pela seguinte sequência: um aluno manifesta uma conduta não aprendida e, por isso, segundo o senso comum, é culpado; como tal deve ser castigado de alguma forma, a fim de que adquira e direcione seus atos na perspectiva da conduta considerada adequada.

Nessa perspectiva, o erro é sempre fonte de condenação e castigo, porque decorre de uma culpa e esta, segundo os padrões correntes de entendimento, deve ser reparada. Esta é uma compreensão e uma forma de agir que configuram nosso modo cotidiano de ser.

A ideia de culpa está articulada, dentre outras coisas, com a concepção filosófica-religiosa de que nascemos no pecado. Essa ideia nos acompanha desde o nascimento, em função de nossa cultura — "ocidental-cristã" — ser marcada pela perspectiva da queda. O texto bíblico do *Gênesis* diz que Adão e Eva pecaram ao comer o fruto proibido e, por isso, foram castigados com a expulsão do paraíso. Daí em diante, todos os seres humanos — homens e mulheres — que viessem a nascer teriam essa marca originária do pecado e, consequentemente, da culpa.

Essa concepção atravessou épocas, sendo mantida e difundida pelo judaísmo e exacerbada pelas igrejas cristãs, especialmente a católica, de tal forma que todos carregamos fortemente um sentimento de culpa que nos limita, e que,também, nos conduz à projeção e prática de atos que limitam os outros. Tanto nos limitamos com nosso sentimento de culpa, castigando-nos por múltiplos e variados mecanismos de autopunição, como o projetamos sobre os outros, castigando-os por seus supostos erros. A partir da culpa, assumimos uma conduta sadomasoquista: masoquista, porque punimos a nós mesmos, e sádica, porque castigamos os outros a partir da projeção de nossos sentimentos de culpa. Muitas vezes não suportamos em nós e nos outros os sentimentos de alegria e prazer; por isso, castigamo-nos assim como aos outros. E o castigo, por vezes, pode chegar a ser para alguns, estranhamente, um ato prazeroso.

A concepção de vida culpada, que atravessou épocas, não ocorreu por acaso. Esse processo se deu (e se dá) numa trama de relações sociais com a qual nos constituímos historicamente. O viés da culpa não é gratuito. A culpa gera uma limitação da vida e produz uma rigidez na conduta, o que, em última instância, produz um autocontrole sobre os sentimentos, os desejos e os modos de agir de cada um. Emerge, desta forma, um controle social internalizado, e cada um fica como se estivesse engessado, impossibilitado de expandir seus sentimentos e necessidades vitais. Interessa à sociedade em que vivemos esse engessamento dos indivíduos. A culpa impede a vida livre, a ousadia e o prazer, fatores que, multiplicados ao nível social, significam a impossibilidade de controle do processo de vida em sociedade, segundo parâmetros conservadores. A sociedade conservadora não suporta existir sem os mecanismos de controle internalizados pelos indivíduos — a culpa é, assim, muito útil.

Nessa perspectiva, a observação e a compreensão do uso do erro na prática escolar revelam que a questão é bem mais ampla do que somente o fato de proceder a um pequeno castigo de um aluno individualmente. A trama das relações sociais, que constitui o tecido da sociedade predominantemente conservadora na qual vivemos, tem uma força determinante sobre as nossas condutas individuais. Tal força é mediada por múltiplos mecanismos, dentre os quais a culpa e o medo por meio do castigo.

Contudo, o erro poderia ser visto como fonte de virtude, ou seja, de crescimento. O que implicaria estar aberto a observar o acontecimento como acontecimento, não como erro; observar o fato sem preconceito, para dele retirar os benefícios possíveis. Uma conduta, em princípio, é somente uma conduta, um fato; ela só pode ser qualificada como erro a partir de determinados padrões de julgamento.

Toda vez que se observa um fato, a partir de um preconceito, não se observa o fato, mas um imagem amalgamada pelo fato, cimentada pelo preconceito. Isto é, o fato é julgado antes de ser observado. O fato mesmo só emergirá a partir do momento em que o preconceito for sendo dissolvido e a observação, "desengessada".

É preciso, antes de mais nada, observar, para depois julgar. Nossa prática, entretanto, tem sido inversa: primeiro colocamos a barreira do julgamento, e só depois tentamos observar os fatos. Neste caso, a observação fica "borrada" pelo julgamento. Certamente, não é fácil observar primeiro para depois julgar, mas é preciso aprender esta conduta, se queremos usar o erro como fonte de virtude, ou seja, de crescimento.

O que é o erro?

A ideia de erro só emerge no contexto da existência de um padrão considerado correto. A solução insatisfatória de um problema só pode ser considerada errada a partir do momento em que se tem uma forma considerada correta de resolvê-lo; uma conduta é considerada errada na medida em que se tem uma definição de como seria considerada correta, e assim por diante. Sem padrão, não há erro. O que pode existir (e existe) é uma ação insatisfatória, no sentido de que ela não atinge um determinado objetivo que se está buscando. Ao investirmos esforços na busca de um objetivo qualquer, podemos ser bem ou malsucedidos. Aí não há erro, mas sucesso ou insucesso nos resultados de nossa ação.

Em metodologia da Ciência, sempre se diz que há um caminho aleatório pelo qual a humanidade tentou produzir a Ciência — o método da "tentativa do acerto e do erro". Ou seja, para produzir conhecimento, ia-se tentando; se desse certo,obtinha-se um conhecimento, caso contrário, não havia conhecimento e ia-se tentar novamente. Nesse caso, não se trabalhava com uma hipótese plausível a ser testada; trabalhava-se aleatoriamente.

Esta caracterização de "acerto e erro" é ampla e, usualmente, pode ser útil para expressar o esforço de alguém que busca, "no escuro do conhecimento", um caminho para compreender ou para agir sobre o mundo. Porém, se atentamos bem para o que acontece de fato nesse processo, não há nem acerto nem erro. Ocorre, sim, um sucesso ou um insucesso como resultado da atividade. Caso o resultado nos conduza à satisfação de uma necessidade — um produto, conhecimento novo — tivemos sucesso no nosso esforço; caso não tenhamos obtido a satisfação de nossas necessidades, chegamos a um insucesso. Nesse caso, não temos nem acerto nem erro, pois não existe um padrão que possa permitir o julgamento do "acerto" ou do "erro", não há aí um guia que nos permita ajuizar acerca do acerto ou do erro.

Desse modo, só ao nível da linguagem comum e utilitária podemos definir esse método como "método do acerto e do erro". De fato, na situação exposta no parágrafo anterior, não se configura "acerto" ou "erro". Existe, aí, um esforço de construção, que pode ser bem ou malsucedido. Quando se chega a uma solução bem-sucedida, pode-se dizer que se aprendeu positivamente uma solução; quando se chega a um resultado não satisfatório, pode-se dizer — também positivamente — que ainda não se aprendeu o modo de satisfazer determinada necessidade.

Contudo, nesse contexto, não existe erro. Para que exista erro, é necessário existir um padrão. No caso da moralidade, existem os preceitos estabelecidos dentro das diversas sociedades, a partir de suas determinações materiais e sociais. Por exemplo, o roubo só pode ser considerado erro numa sociedade que esteja fundada na posse privada dos bens. Se tal posse fosse comum a todos, não haveria como ocorrer roubo. Do ponto de vista do Direito Público, Civil, Penal etc., existem as leis, social e positivamente estabelecidas, que definem o que é correto. A partir daí, as condutas que não se conformarem à norma serão consideradas erros sociais a serem sancionados física, social ou materialmente, de acordo com o que determinar a lei. No caso de uma solução científica ou tecnológica já estabelecida, será considerado erro o encaminhamento que se fizer em desconformidade com o padrão já construído.

No caso da aprendizagem escolar, pode ocorrer o erro na manifestação da conduta aprendida, uma vez que já se tenha o padrão do conhecimento, das habilidades ou das soluções a serem aprendidas. Quando um aluno, em uma prova ou em uma prática, manifesta não ter adquirido determinado conhecimento ou habilidade, por meio de uma conduta que não condiz com o padrão existente, então podemos dizer que ele errou. Cometeu um erro em relação ao padrão.

O uso do erro como fonte de virtude

Tanto o "sucesso/insucesso" como o "acerto/erro" podem ser utilizados como fonte de virtude em geral e como fonte de "virtude" na aprendizagem escolar. No caso da solução bem ou malsucedida de uma busca, seja ela de investigação científica ou de solução prática de alguma necessidade, o "não sucesso" é, em primeiro lugar, um indicador de que ainda não se chegou à solução necessária, e, em segundo lugar, a indicação de um modo de "como não se resolver" essa determinada necessidade. O fato de não se chegar à solução bem-sucedida indica, no caso, o trampolim para um novo salto.

Não há por que ser castigado pelos outros ou por si mesmo em função de uma solução que não se deu de forma "bem-sucedida". Há, sim, que se utilizar positivamente dela para avançar na busca da solução pretendida. Diz-se que Thomas Edison fez mais de mil experimentos para chegar ao bem-sucedido na descoberta da lâmpada incandescente. Conta seu anedotário biográfico que, após muitos experimentos malsucedidos, um seu colaborador quis desistir do empreendimento e Edison teria comentado: "Por que desistir agora, se já sabemos muitos modos de como não fazer uma lâmpada? Estamos mais próximos de saber como fazer uma lâmpada". Os insucessos foram, assim, servindo de trampolim para o sucesso de sua busca. O insucesso, neste contexto, não significa erro; ao contrário, serve de ponto de partida para o avanço na investigação ou na busca da satisfação de uma necessidade prático-utilitária.

Os erros da aprendizagem, que emergem a partir de um padrão de conduta cognitivo ou prático já estabelecido pela ciência ou pela tecnologia, servem positivamente de ponto de partida para o avanço, na medida em que são identificados e compreendidos, e sua compreensão é o passo fundamental para a sua superação. Há que se observar que, o erro, como manifestação de uma conduta não aprendida, decorre do fato de que há um padrão já produzido e ordenado que dá a direção do avanço da aprendizagem do aluno e, consequentemente, a compreensão do desvio, possibilitando a sua correção inteligente. Isso significa a aquisição consciente e elaborada de uma conduta ou de uma habilidade, bem como um passo à frente na aprendizagem e no desenvolvimento. O erro, para ser utilizado como fonte de virtude ou de crescimento, necessita de efetiva verificação, para ver se estamos diante dele ou da valorização preconceituosa de um fato; e de esforço, visando compreender o erro quanto à sua constituição (como é esse erro?) e origem (como emergiu esse erro?).

Reconhecendo a origem e a constituição de um erro, podemos superá-lo, com benefícios significativos para o crescimento. Por exemplo, quando atribuímos uma atividade a um aluno e observamos que este não conseguiu chegar ao resultado esperado, conversamos com ele, verificamos o erro e como ele o cometeu, reorientamos seu entendimento e sua prática. E, então, muitas vezes ouvimos o aluno dizer: “Poxa, só agora compreendi o que era para fazer!”. Ou seja, foi o erro, conscientemente elaborado, que possibilitou a oportunidade de revisão e avanço. Todavia, se nossa conduta fosse a de castigar, não teríamos a oportunidade de reorientar, e o aluno não teria a chance de crescer. Ao contrário, teria um prejuízo no seu crescimento, e nós perderíamos a oportunidade de sermos educadores.

O erro, especialmente no caso da aprendizagem, não deve ser fonte de castigo, pois é um suporte para a autocompreensão, seja pela busca individual (na medida em que me pergunto como e por que errei), seja pela busca participativa (na medida em que um outro — no caso da escola, o professor — discute com o aluno, apontando-lhe os desvios cometidos em relação ao padrão estabelecido). Assim sendo, o erro não é fonte para castigo, mas suporte para o crescimento. Nessa reflexão, o erro é visto e compreendido de forma dinâmica, na medida em que contradiz o padrão, para, subsequentemente, possibilitar uma conduta nova em conformidade com o padrão ou mais perfeita que este. O erro, aqui, é visto como algo dinâmico, como caminho para o avanço.

O erro e a avaliação da aprendizagem escolar

A questão do erro, da culpa e do castigo na prática escolar está bastante articulada com a questão da avaliação da aprendizagem. Esta, à medida que se foi desvinculando, ao longo do tempo, da efetiva realidade da aprendizagem para tornar-se um instrumento de ameaça e disciplinamento da personalidade do educando, passou a servir de suporte para a imputação de culpabilidade e para a decisão de castigo.

De fato, a avaliação da aprendizagem deveria servir de suporte para a qualificação daquilo que acontece com o educando, diante dos objetivos que se têm, de tal modo que se pudesse verificar como agir para ajudá-lo a alcançar o que procura. A avaliação não deveria ser fonte de decisão sobre o castigo, mas de decisão sobre os caminhos do crescimento sadio e feliz.

Para maior aprofundamento nas questões relativas à avaliação da aprendizagem, remetemos o leitor a outros textos de nossa autoria: "Avaliação educacional: otimização do autoritarismo", publicado em *Equívocos Teóricos da Prática Educacional*, Rio de Janeiro, Associação Brasileira de Tecnologia Educacional, 1984; "Avaliação Educacional Escolar: para além do autoritarismo", nesta coletânea, p. 75-93; "Avaliação do Aluno: a favor ou contra a democratização do ensino?", nesta coletânea, p. 95-118.

Conclusão

Nesta reflexão, importa deixar claro que não estamos fazendo uma apologia do erro e do insucesso, como fontes necessárias do crescimento. Se assim estivéssemos pensando e propondo, estaríamos também assumindo uma posição sadomasoquista, ou seja, entendendo que o sofrimento seria um suporte necessário para o crescimento. Não se trata disso. Não defendemos esse ponto de vista, nem por imaginação. A vida é boa e bela para ser vivida por si e por suas qualidades.

O que desejamos ressaltar é o seguinte: por sobre o insucesso e o erro não se devem acrescer a culpa e o castigo. Ocorrendo o insucesso ou o erro, aprendamos a retirar deles os melhores e os mais significativos benefícios, mas não façamos deles uma trilha necessária de nossas vidas. Eles devem ser considerados percalços de travessia, com os quais podemos positivamente aprender e evoluir, mas nunca alvos a serem buscados.

Reiteramos que insucesso e erro, em si, não são necessários para o crescimento, porém, uma vez que ocorram, não devemos fazer deles fontes de culpa e de castigo, mas trampolins para o salto em direção a uma vida consciente, sadia e feliz.

Esse texto foi escrito como base para uma conferência na Fundação para o Desenvolvimento da Educação — FDE, São Paulo, no dia 21 de novembro de 1990; não publicado anteriormente. Compunha o capítulo IX nas edições anteriores do livro. Nele se demonstra que a avaliação é um ato de inclusão e, por isso, um ato amoroso. Amoroso, aqui, é compreendido como o cuidado do educador que não desiste do seu educando até que ele aprenda. Todo educando aprende, se efetivamente ensinado. Atuar dessa forma significa amorosidade e, pois, inclusão. Nesta parte do livro, ele cumpre o papel de sinalizar para o educador de que o sucesso positivo nos resultados do ensino-aprendizagem depende também de cuidado permanente, incansável, amoroso. O étimo da expressão "efeito pigmaleão" tem sua base na história mitológica grega, onde Afrodite atende o desejo do escultor Pigmaleão que produzira a sua mais perfeita obra e que, por isso, desejava ardentemente que tivesse vida. Lição: o investimento na busca de resultados produz efeitos positivos.

CAPÍTULO XII

AVALIAÇÃO DA APRENDIZAGEM ESCOLAR: UM ATO AMOROSO

Sobre o acolhimento como condição necessária do ensino e da aprendizagem

Durante muitos anos de trabalho com a avaliação da aprendizagem escolar, dediquei-me a desvendar as tramas nas quais essa prática se constitui e vem sendo exercitada em nossas escolas: uma prática ameaçadora, autoritária e seletiva. Portanto, ao longo desse tempo, vim denunciando o *processo de exclusão* que a prática da avaliação da aprendizagem escolar exercita, melhor dizendo, tem exercitado em relação aos educandos, no passado e no presente.

Ainda que em todas as minhas falas e escritos tenha me preocupado tanto com a denúncia da situação escolar concreta quanto com o anúncio de possibilidades de ação, parece que tenho ressaltado mais o aspecto negativo da avaliação da aprendizagem escolar. Desejo, nesta oportunidade, essencialmente, abordar os seus aspectos positivos. Quero clarificar como o ato de avaliar a aprendizagem, por si, é um ato amoroso. Entendo que o ato de avaliar é, constitutivamente, amoroso. Convido o leitor a viajar comigo nesta meditação.

Provas/exames e avaliação da aprendizagem escolar

A prática escolar usualmente denominada de avaliação da aprendizagem pouco tem a ver com avaliação. Ela constitui-se muito mais de provas/exames do que de avaliação. Provas/exames têm por finalidade, no caso da aprendizagem escolar, verificar o nível de desempenho do educando em determinado conteúdo (entendendo por conteúdo o conjunto de informações, habilidades motoras, habilidades mentais, convicções, criatividade etc.) e classificá-lo em termos de aprovação/reprovação (para tanto, podendo utilizar-se de níveis variados, tais como: superior, médio-superior, médio, médio-inferior, inferior, sem rendimento; ou notas que variam de 0 a 10, ou coisa semelhante). Desse modo, provas/exames separam os "eleitos" dos "não eleitos". Assim sendo, essa prática exclui uma parte dos alunos e admite, como "aceitos", uma outra. Manifesta-se, pois, como uma prática seletiva.

Essa característica das provas/exames não é graciosa. Ela está comprometida, como tenho denunciado em textos e falas, com o modelo de prática educativa e, consequentemente, com o modelo de sociedade, ao qual serve. A prática de provas/exames escolares que conhecemos tem sua origem na escola moderna, que se sistematizou a partir dos séculos XVI e XVII, com a cristalização da sociedade burguesa. As pedagogias jesuítica (século XVI), comeniana (século XVII), lassalista (fins do século XVII e inícios do século XVIII) são expressões das experiências pedagógicas desse período e sistematizadoras do modo de agir com provas/exames. A prática que conhecemos é herdeira dessa época, do momento histórico da cristalização da sociedade burguesa, que se constitui pela exclusão e marginalização de grande parte dos elementos da sociedade. A sociedade burguesa é uma sociedade marcada pela exclusão e marginalização de grande parte de seus membros. Ela não se constitui num modelo amoroso de sociedade. Seria sua negação. Basta observar que os *slogans* da Revolução Francesa (revolução burguesa por excelência), por si, eram amorosos, mas nenhum deles pode ser traduzido em prática histórica concreta dentro dessa sociedade. A liberdade e a igualdade foram definidas no *limite da lei*;

evidentemente, no limite da lei burguesa. E a fraternidade permaneceu como palavra que o vento levou. Praticar a fraternidade seria negar as possibilidades da sociedade burguesa, que tem por base a exploração do outro pela apropriação do excedente do seu trabalho, ou seja, pela apropriação da parte não paga do trabalho alheio.[1] Neste contexto, o ato pedagógico e, ainda menos, o ato das provas/exames poderiam ser um ato amoroso. Para serem amorosos esses atos opor-se-iam ao modelo de sociedade do qual emergem e no qual se sustentam. Para servir à sociedade burguesa, como servem, deveriam ser, como têm sido, atos antagônicos, autoritários, seletivos; e, por vezes, rancorosos.[2]

A denominação avaliação da aprendizagem é recente. Ela é atribuída a Ralph Tyler,[3] que a cunhou em 1930. O próprio Tyler reivindica para si essa autoria em texto recentemente publicado e os pesquisadores norte-americanos da área de avaliação da aprendizagem reconhecem a Tyler o direito dessa paternidade, definindo o período de 1930 a 1945 como o período "tyleriano" da avaliação da aprendizagem.

Mudou-se a denominação, mas a prática continuou sendo a mesma, de provas e exames. Tyler inventou a denominação de avaliação da aprendizagem e militou na prática educativa defendendo a ideia de que a avaliação poderia e deveria subsidiar um modo eficiente de fazer o ensino. Outros, no mundo todo, ao seu lado ou um pouco depois, militaram na mesma perspectiva. Porém, no geral, a prática escolar de acompanhamento do processo de crescimento do educando continuou sendo de provas e

---

1. A obra de Marx é uma profunda análise da sociedade capitalista e no primeiro livro de *O capital* os estudos sobre a mais-valia absoluta e relativa não deixam dúvidas sobre os fundamentos da constituição da sociedade burguesa; a mais-valia nada mais representa do que a exploração do homem pelo homem para garantir o capital, que é a base da sociedade burguesa.

2. A experiência educacional escolar, genericamente falando, dá-se como se o professor tivesse todos os alunos como seus inimigos e os alunos tivessem, previamente, o professor como seu inimigo. Esse antagonismo se mostra na sua integralidade, quando o tema são provas e exames. O professor deseja "pegar os alunos pelo pé" e os alunos desejam manobrar o professor. Os sujeitos educador e educando não se colocam como aliados da construção bem-sucedida da aprendizagem — o que seria o ideal.

3. Ralph Tyler é um educador norte-americano, que se dedicou à questão de um ensino que fosse eficiente. No Brasil, ele é conhecido pelo seu livro *Princípios básicos de currículo e ensino*, traduzido e publicado pela Editora Globo: Porto Alegre, 1974.

exames. Libâneo, em seu estudo sobre a prática pedagógica dos professores das escolas públicas de São Paulo, reconhece que a avaliação da aprendizagem é o âmbito da ação pedagógica em que os professores são mais resistentes à mudança.[4]

Essa prática é difícil de ser mudada devido ao fato de que a avaliação, por si, é um ato amoroso e a sociedade na qual está sendo praticada não é amorosa e, daí, vence a sociedade e não a avaliação. Em nossa prática escolar, hoje, usamos a denominação de avaliação e praticamos provas e exames, uma vez que esta é mais compatível com o senso comum exigido pela sociedade burguesa e, por isso, mais fácil e costumeira de ser executada. Provas e exames implicam julgamento, com consequente exclusão; avaliação pressupõe acolhimento, tendo em vista a transformação. As finalidades e funções da avaliação da aprendizagem são diversas das finalidades e funções das provas e exames. Enquanto as finalidades e funções das provas e exames são compatíveis com a sociedade burguesa, as da avaliação a questionam; por isso, torna-se difícil realizar a avaliação na integralidade do seu conceito, no exercício de atividades educacionais, sejam individuais ou coletivas.

Avaliação da aprendizagem escolar como um ato amoroso

O ato amoroso é aquele que acolhe a situação, na sua verdade (como ela é). Assim, manifesta-se o ato amoroso consigo mesmo e com os outros. O mandamento "ama o teu próximo como a ti mesmo" implica o ato amoroso que, em primeiro lugar, inclui a si mesmo e, nessa medida, pode incluir os outros. O ato amoroso é um ato que acolhe atos, ações, alegrias e dores como eles são; acolhe para permitir que cada coisa seja o que é, neste momento. Por acolher a situação como ela é, o ato amoroso tem a característica de não julgar. Julgamentos aparecerão, mas, evidentemente, para dar

---

4. LIBÂNEO, José Carlos. *Tendências pedagógicas dos professores das escolas públicas de São Paulo.* Tese (Mestrado) — PUC, São Paulo, 1982.

curso à vida (à ação) e não para excluí-la. Na passagem de Maria Madalena, Jesus Cristo incluiu-a no seio dos seres humanos comuns, enfrentando os fariseus com a frase: "Atire a primeira pedra, quem não tiver pecado". Com essa expressão, ele a acolheu; e, porque acolhida, Madalena foi curada no corpo e na alma. O acolhimento integra, o julgamento afasta. Todos necessitamos do acolhimento por parte de nós mesmos e dos outros. Só quando acolhidos, nos curamos. O primeiro passo para a cura é a admissão da situação como ela é. Quando não nos acolhemos e/ou não somos acolhidos, gastamos nossa energia nos defendendo e, ao longo da existência, nos acostumamos às nossas defesas, transformando-as em nosso modo permanente de viver.[5] Em síntese, o ato amoroso é acolhedor, integrativo, inclusivo.

Defino a avaliação da aprendizagem como um ato amoroso, no sentido de que a avaliação, por si, é um ato acolhedor, integrativo, inclusivo. Para compreender isso, importa distinguir avaliação de julgamento. O julgamento é um ato que distingue o certo do errado, incluindo o primeiro e excluindo o segundo. A avaliação tem por base acolher uma situação, para, então (e só então), ajuizar a sua qualidade, tendo em vista dar-lhe suporte de mudança, se necessário.[6] A avaliação, como ato diagnóstico, tem por objetivo a inclusão e não a exclusão; a inclusão e não a seleção (que

5. O acolhimento é condição da cura. Nós criamos nossos mecanismos de defesa como estratégias de sobrevivência. No decorrer da vida, necessitávamos sobreviver e tivemos nos defender das "intempéries". A nossa defesa, por vezes, tornou-se crônica, perdendo a flexibilidade de expandir e contrair, criando, deste modo, um mecanismo de defesa crônico (necessitamos ter mecanismos de defesa para garantir a nossa sobrevivência, porém eles podem e devem ser flexíveis; não crônicos). Vivendo e sobrevivendo na defesa, nem nós mesmos somos mais capazes de nos acolhermos. Então, não há caminho para a cura. O ponto de partida para toda cura é o reconhecimento acolhedor do que existe. Nossos mecanismos de defesa nos prendem ao passado e, muitas vezes, nos obrigam a assumir atitudes regressivas (que não são adultas). O ato amoroso é um ato "adulto"; é um ato de quem está reagindo em conformidade com os dados da realidade presente e não em conformidade com experiências regressivas. Ver REICH, Wilhelm. *A função do orgasmo*. São Paulo: Brasiliense, 1984.

6. Estou fazendo uma distinção entre julgamento e avaliação, no sentido de que o julgamento define uma situação, do ponto de vista do sim e do não, do certo e do errado; a avaliação acolhe alguma coisa, ato, pessoa ou situação e, então, reconhece-a como é (diagnóstico), para uma tomada de decisão sobre a possibilidade de uma melhoria de sua qualidade; para a avaliação não há uma separação entre o certo e o errado; há o que existe e esta situação que existe é acolhida, para ser modificada. Na avaliação, não há exclusão.

obrigatoriamente conduz à exclusão). O diagnóstico tem por objetivo aquilatar coisas, atos, situações, pessoas, tendo em vista tomar decisões no sentido de criar condições para a obtenção de uma maior satisfatoriedade daquilo que se esteja buscando ou construindo.

Transportando essa compreensão para a aprendizagem, podemos entender a avaliação da aprendizagem escolar como um ato amoroso, na medida em que a avaliação tem por objetivo diagnosticar e incluir o educando, pelos mais variados meios, no curso da aprendizagem satisfatória, que integre todas as suas experiências de vida.

A prática de provas e exames exclui parte dos alunos, por basear-se no julgamento, a avaliação pode incluí-los devido ao fato de proceder por diagnóstico e, por isso, pode oferecer-lhes condições de encontrar o caminho para obter melhores resultados na aprendizagem.[7]

Simbolicamente, podemos dizer que a avaliação, por si, é acolhedora e harmônica, como o círculo é acolhedor e harmônico. Quando chamamos alguém para dentro do nosso círculo de amigos, estamos acolhendo-o. Avaliar um aluno com dificuldades é criar a base do modo de como incluí-lo dentro do círculo da aprendizagem; o diagnóstico permite a decisão de direcionar ou redirecionar aquilo ou aquele que está precisando de ajuda.

Uso escolar da avaliação da aprendizagem

A avaliação da aprendizagem na escola tem dois objetivos: auxiliar o educando no seu desenvolvimento pessoal, a partir do processo de ensi-

7. Talvez um exemplo ajude a compreender o que está sendo exposto. O exame vestibular (não vamos entrar aqui na discussão de sua validade educacional ou social) seleciona, ou seja, dentre os muitos demandantes, ele seleciona uma parte. Aí nós temos *seleção;* alguns são acolhidos, outros são excluídos. Os alunos que foram acolhidos ingressam na Universidade e vamos dizer que um grupo de trinta alunos compõe uma turma; no percurso da atividade de ensino, esses alunos não deveriam mais ser selecionados, mas sim *avaliados,* o que significa que eles deveriam ser cuidados para que viessem a aprender e a se desenvolver. Assim sendo, o vestibular não pratica *avaliação educacional,* como estamos compreendendo, mas sim, *seleção;* a sala de aula não pode praticar seleção, mas sim avaliação, se está de fato, voltada para o crescimento do educando.

no-aprendizagem, e responder à sociedade pela qualidade do trabalho educativo realizado.

De um lado, a avaliação da aprendizagem tem por objetivo auxiliar o educando no seu crescimento e, por isso mesmo, na sua integração consigo mesmo, ajudando-o na apropriação dos conteúdos significativos (conhecimentos, habilidades, hábitos, convicções). A avaliação, aqui, apresenta-se como um meio constante de fornecer suporte ao educando no seu processo de assimilação dos conteúdos e no seu processo de constituição de si mesmo como sujeito existencial e como cidadão. Diagnosticando, a avaliação permite a tomada de decisão mais adequada, tendo em vista o autodesenvolvimento e o auxílio externo para esse processo de autodesenvolvimento.

Por outro lado, a avaliação da aprendizagem responde a uma necessidade social. A escola recebe o mandato social de educar as novas gerações e, por isso, deve responder por esse mandato, obtendo dos seus educandos a manifestação de suas condutas aprendidas e desenvolvidas. O histórico escolar de cada educando é o testemunho social que a escola dá ao coletivo sobre a qualidade do desenvolvimento do educando. Em função disso, educador e educando têm necessidade de se aliarem na jornada da construção da aprendizagem.

Esses dois objetivos só fazem sentido se caminharem juntos. Se dermos atenção exclusivamente ao sujeito individual, podemos cair no espontaneísmo; caso centremos nossa atenção apenas no segundo, chegaremos ao limite do autoritarismo.

O caminho é o do meio, onde o crescimento individual do educando articula-se com o coletivo, não no sentido de atrelamento à sociedade (estar a serviço da sociedade), mas sim no sentido de responsabilidade que a escola necessita ter com o educando individual e com o coletivo social (com as pessoas que compõem a sociedade, com suas preciosas vidas). A escola testemunha às pessoas a qualidade do desenvolvimento dos educandos e cada um de nós aceita esse testemunho acatando certificados e diplomas escolares. Sempre desejamos saber se o profissional que utilizamos é formado e como é formado. Esse testemunho é dado pela escola.

Assim sendo, a avaliação da aprendizagem escolar auxilia o educador e o educando na sua viagem comum de crescimento, e a escola na sua responsabilidade social. Educador e educando, aliados, constroem a aprendizagem, testemunhando-a à escola, e esta à sociedade. A avaliação da aprendizagem neste contexto é um ato amoroso, na medida em que inclui o educando no seu curso de aprendizagem, cada vez com qualidade mais satisfatória, assim como na medida em que o inclui entre os bem-sucedidos, devido ao fato de que esse sucesso foi construído ao longo do processo de ensino-aprendizagem (o sucesso não vem de graça). A construção, para efetivamente ser construção, necessita incluir, seja do ponto de vista individual, integrando a aprendizagem e o desenvolvimento do educando, seja do ponto de vista coletivo, integrando o educando num grupo de iguais, o todo da sociedade.

Alguns cuidados necessários com a prática da avaliação da aprendizagem escolar

No que se refere às funções da avaliação da aprendizagem, importa ter presente que ela permite o julgamento e a consequente classificação, mas essa não é a sua função constitutiva. É importante estar atento à sua função ontológica (constitutiva), que é de diagnóstico e, por isso mesmo, a avaliação cria a base para a tomada de decisão, que é o meio de encaminhar os atos subsequentes, na perspectiva da busca de maior satisfatoriedade nos resultados.[8] Articuladas com esta função básica estão:

a) a função de propiciar a autocompreensão, tanto do educando quanto do educador. Educando e educador, por meio dos atos de avaliação, como aliados na construção de resultados satisfatórios da aprendizagem, podem

---

8. As observações que se seguem, especialmente no que se refere às funções da avaliação e aos elementos necessários da construção de instrumentos de avaliação da aprendizagem, foram inspiradas no capítulo "Testes como auxílio à aprendizagem", de Norman Grounlund, do seu livro *Elaboração de testes de aproveitamento escolar*. São Paulo: EPU, 1974. Grounlund é um tecnopedagogo, mas, neste texto, manifesta-se sutil e sensível às questões básicas da avaliação como subsidiária de decisões fundamentais para o ensino.

se autocompreender no nível e nas condições em que se encontram, para dar um salto à frente. Só se autocompreendendo é que esses sujeitos do processo educativo podem encontrar o suporte para o desenvolvimento. Em primeiro lugar, é necessário ter consciência de onde se está, tendo em vista escolher para onde ir. Por meio dos instrumentos de avaliação da aprendizagem, o educando poderá se autocompreender com a ajuda do professor, mas este também poderá se autocompreender no seu papel pessoal de educador, no que se refere ao seu modo de ser, às suas habilidades para a profissão, seus métodos, seus recursos didáticos etc. Como aliados do processo ensino-aprendizagem, educador e educando podem se autocompreender a partir da avaliação da aprendizagem, o que trará ganhos para ambos e para o sistema de ensino;

b) a função de motivar o crescimento. Na medida em que ocorre o reconhecimento do limite e da amplitude de onde se está, descortina-se uma motivação para o prosseguimento no percurso de vida ou de estudo que se esteja realizando. A avaliação motiva na medida mesmo em que diagnostica e cria o desejo de obter resultados mais satisfatórios. Tradicionalmente, a avaliação da aprendizagem tem sido desmotivadora. Os educandos se sentem mal com os comentários desabonadores feitos pelos educadores no momento de devolver-lhes os resultados de seus trabalhos. Muitas vezes são comentários negativos e desqualificadores. Assim se desmotivam. Contudo, avaliação pode e deve ser motivadora para o educando, pelo reconhecimento de onde está e pela consequente visualização. de possibilidades;

c) a função de aprofundamento da aprendizagem. Quando se faz um exercício para que a aprendizagem seja manifestada, esse mesmo exercício já é uma oportunidade de aprender o conteúdo de uma forma mais aprofundada, de fixá-lo de modo mais adequado na memória, de aplicá-lo etc. O exercício da avaliação apresenta-se, neste caso, como uma das múltiplas oportunidades de aprender. Fazer um exercício a mais, se o exercício é suficientemente significativo, é um modo de aprender mais. A assimilação dos conteúdos escolares se dá pela recepção da informação e por sua assimilação ativa, por meio de exercícios que organizam a experiência e formam as habilidades e os hábitos. As atividades na prática da avaliação da aprendizagem têm o destino de possibilitar a manifestação, ao educador e ao próprio educando, da qualidade de sua possível aprendizagem, mas possibilita também, ao mesmo tempo, o aprofundamento da aprendizagem. Os exercícios que são executados na prática da avaliação podem e devem ser tomados como exercícios de aprendizagem;

d) a função de auxiliar a aprendizagem. Creio que, se tivermos em nossa frente a compreensão de que a avaliação auxilia a aprendizagem, e o coração aberto para praticarmos este princípio, sempre faremos bem a avaliação da aprendizagem, uma vez que estaremos atentos às necessidades dos nossos educandos, na perspectiva do seu crescimento. Então, estaremos fazendo o melhor para que eles aprendam e se desenvolvam.

Para cumprir as funções acima especificadas da avaliação da aprendizagem, importa estarmos atentos a alguns cuidados com os instrumentos utilizados para operacionalizá-la:

1. ter ciência de que, por meio dos instrumentos de avaliação da aprendizagem, estamos solicitando ao educando que manifeste a sua intimidade (seu modo de aprender, sua aprendizagem, sua capacidade de raciocinar, de poetizar, de criar estórias, seu modo de entender e de viver etc.). Não podemos, pois, aproveitar essa sua manifestação para "tomar posse" dele. Temos de respeitar essa sua intimidade e cuidar dela com carinho, utilizando-a como suporte de diagnóstico, da troca dialógica e da possível reorientação da aprendizagem tendo em vista o desenvolvimento do educando;[9]
2. construir os instrumentos de coleta de dados para a avaliação (sejam eles quais forem), com atenção aos seguintes pontos:
    - articular o instrumento com os conteúdos planejados, ensinados e aprendidos pelos educandos, no decorrer do período escolar que se toma para avaliar. Não se pode querer que o

---

9. É interessante ver as observações de Michel Foucault, em *Vigiar e punir*. Petrópolis: Vozes, 1979, na parte relativa à disciplina na escola, em que discute a questão do significado dos exames numa sociedade marcada pela disciplina.

educando manifeste uma aprendizagem que não foi proposta nem realizada;

- cobrir uma amostra significativa de todos os conteúdos ensinados e aprendidos de fato. Caso os conteúdos sejam essenciais, todos devem ser avaliados; conteúdos que não são essenciais não devem nem mesmo ir para o planejamento, quanto mais para o ensino e, menos ainda, para a avaliação.
- compatibilizar as habilidades (motoras, mentais, imaginativas...) do instrumento de avaliação com as habilidades trabalhadas e desenvolvidas na prática do ensino-aprendizagem. Não se pode admitir que certas habilidades sejam utilizadas nos instrumentos de avaliação caso não tenham sido praticadas no ensino;
- compatibilizar os níveis de dificuldade do que está sendo avaliado com os níveis de dificuldade do que foi ensinado e aprendido. Um instrumento de avaliação da aprendizagem não tem que ser nem mais fácil nem mais difícil do que aquilo que foi ensinado e aprendido. O instrumento de avaliação deve ser compatível, em termos de dificuldade, com o ensinado;
- usar uma linguagem clara e compreensível, para salientar o que se deseja pedir. Sem confundir a compreensão do educando no instrumento de avaliação. Para responder ao que pedimos, o educando necessita saber com clareza o que estamos solicitando. Ninguém responde uma pergunta, caso não a compreenda;
- por último, construir instrumentos que auxiliem a aprendizagem dos educandos, seja pela demonstração da essencialidade dos conteúdos, seja pelos exercícios inteligentes, ou pelos aprofundamentos cognitivos propostos.

Caso o educador tenha o desejo de verificar se os educandos são capazes de saltos maiores do que aquilo que foi ensinado, poderá construir algumas questões, itens ou situações-problemas que exijam para além do ensinado e do aprendido, porém não deverá considerar o desempenho do educando nesses elementos para efeito de aprovação/reprovação (caso se esteja trabalhando com tais parâmetros), mas tão somente como diagnóstico do desenvolvimento possível dos educandos.[10]

Por último, entre os cuidados no processo de avaliação da aprendizagem, é preciso estarmos atentos ao processo de correção e devolução dos instrumentos de avaliação da aprendizagem escolar aos educandos:

a) quanto à correção: não fazer um espalhafato com cores berrantes. Não tenho nada contra o vermelho, considero-o uma cor forte. Por isso mesmo é utilizado para chamar a atenção. Ela é carregada de expressões negativas do cotidiano: "estou operando no vermelho"; "obtive uma nota em vermelho", "o boletim do meu filho, neste mês, teve três notas em vermelho"... Pode-se usar um lápis; não é necessário borrar o trabalho do aluno, desqualificando-o. Tendo um afeto positivo, cada professor saberá a melhor forma de cuidar da correção dos trabalhos dos seus educandos;[11]

b) quanto à devolução dos resultados: penso que o professor deve, pessoalmente, devolver os instrumentos de avaliação de aprendizagem aos educandos, comentando-os, auxiliando o educando a se autocompreender em seu processo pessoal de estudo, aprendizagem e desenvolvimento. Creio que não devemos mandar alguém entregar os instrumentos após a correção. Nós recebemos das mãos de cada aluno; qual seria a razão para não entregarmos de volta às mãos de cada um? Mandar entregar é uma forma de suprimir a possibilidade de um processo dialógico e construtivo entre o educador e o educando.

---

10. Norman Grounlund, tratando desta questão em seu livro *Elaboração de testes para o ensino*, São Paulo: Pioneira, 1979, sugere que um mesmo teste trabalhe com o *domínio* e com o *desenvolvimento*; para a avaliação do primeiro, utiliza-se a avaliação por critério, e, para a do segundo, a avaliação por norma. Neste processo só se levaria em consideração, para a promoção do educando, a parte do teste relativa ao domínio. A parte relativa à norma seria utilizada para diagnosticar as possibilidades de avanços dos educandos para além do mínimo necessário. Nesta perspectiva, vale a pena ver esse texto.

11. Adriana de Oliveira Lima, em seu livro *Avaliação escolar: julgamento x construção*, Petrópolis, Vozes, 1994, oferece considerações interessantes sobre a prática escolar de correção dos instrumentos de avaliação da aprendizagem.

Concluindo

O ato de avaliar, por sua constituição mesma, não se destina a um julgamento "definitivo" sobre alguma coisa, pessoa ou situação, pois que não é um ato selctivo. A avaliação se destina ao diagnóstico e, por isso mesmo, à inclusão; destina-se à melhoria do ciclo de vida. Deste modo, por si, é um ato amoroso. Infelizmente, por nossas experiências histórico-sociais e pessoais, temos dificuldades em assim compreendê-la e praticá-la. Mas... fica o convite a todos nós. É uma meta a ser trabalhada, que, com o tempo, se transformará em realidade, por meio de nossa ação. Somos responsáveis por esse processo.

O texto do presente capítulo foi publicado na revista *ABC Educatio*, ano 8, n. 66, maio 2007, p. 30-33, São Paulo, Editora Criarp. Está sendo introduzido nesta edição do livro. Ele demonstra que o fracasso escolar está presente no nosso sistema escolar e em nossas salas de aulas, em decorrência de variados fatores — financiamento da educação, gestão do sistema de ensino e gestão escolar, assim como gestão pedagógica do ensino-aprendizagem. Esses fatores não atuam de forma isolada, mas em conjunto, por isso, todos devem ser cuidados. Como educadores na sala de aula, ao lado de dar atenção a todos os fatores intervenientes no fracasso escolar, necessitamos de ocupar, da melhor forma possível, espaço profissional que nos é próprio, que é a sala de aulas. Esse é o tema do capítulo.

CAPÍTULO XIII

FRACASSO ESCOLAR, ESCOLA E SALA DE AULAS

Sobre como a ação em sala de aulas pode e deve ser um recurso fundamental para a ultrapassagem do fracasso escolar

A questão do fracasso escolar no Brasil veio novamente à tona, com a publicação pelo MEC — neste ano de 2007 — do relatório dos resultados do Exame Nacional do Ensino Médio (ENEM). O ENEM tem duas facetas. Ele nasceu como um recurso de investigação sobre a qualidade e os impasses do Ensino Médio no Brasil, todavia, vagarosamente vem se transformando num exame seletivo para ingresso no ensino superior. Várias instituições já se servem dos seus resultados para acolher o ingresso de parte de seus calouros aos seus cursos. O que nos interessa, quanto ao tema do fracasso escolar, é a sua faceta de investigação. Nessa perspectiva e dentro de sua configuração metodológica, explicita a presença de sucesso, mas também de acentuado fracasso escolar em nossas escolas, no caso do ensino médio, estudadas por região, por estado, por unidades escolares.

Para a abordagem que desejo fazer neste texto, considerei interessante a exposição comparativa, realizada pela revista Veja, entre a escola que apresentou melhor desempenho nesta edição do exame e a que apresentou o pior resultado.

Para a comparação foram tomadas algumas variáveis: existência de biblioteca, investimentos nos educadores e investimento na aprendizagem dos educandos. A escola que apresentou o melhor desempenho tem uma biblioteca de boa qualidade, investe na qualificação dos seus professores, assim como na busca de resultados satisfatórios de aprendizagem para seus estudantes, com os diretores e coordenadores pedagógicos debruçados, a cada período escolar, sobre os resultados dos desempenhos dos educandos; já a escola que, nessa investigação, apresentou o pior desempenho não tem biblioteca, contrata os professores e não investe em sua qualificação no decorrer do ano letivo e os estudantes prosseguem no ano letivo como podem, com os resultados de aprendizagem que vão obtendo, sem um acompanhamento específico por parte da direção e de outros profissionais da área pedagógica. Observando essa comparação, facilmente percebe-se que o que faz a diferença nos resultados das duas escolas tem a ver com investimento nos recursos escolares (biblioteca), investimento nos educadores (profissionais), e investimentos nos educandos (aprendizes). A chave do sucesso está no investimento.

Frente às revelações produzidas pelo Enem, também acompanhei pelo noticiário nacional a compreensão, explicitada por vários pesquisadores, de que a "gestão escolar" fez a diferença nesses resultados. O que se dizia era que as instituições que apresentaram melhor sucesso em seus resultados tinham usualmente uma direção investida na escola, ou seja, tinham um diretor líder e eficiente por mais de cinco anos no cargo.

Nas duas leituras dos resultados do Enem, acima citadas, ou seja, a relação entre investimentos na educação — sejam eles econômicos, de gestão ou pedagógicos — e aproveitamento escolar está presente a compreensão de que o investimento faz a diferença. Esse é o tema que está na hora do dia e de fundamental importância tanto para pesquisadores da educação como para gestores de instituições escolares, assim como também para educadores em sala de aulas.

No contato que fiz com o noticiário, chamou-me a atenção uma frase que começa a ser dita em várias comunicações, por pesquisadores ou não, tornando-se massiva, que considero uma armadilha. Ela se expressa da seguinte forma: "Boa gestão, e não orçamento maior, determina boas notas".

Penso que não podemos assumir uma posição excludente. Uma coisa não exclui a outra. Acredito que a expressão mais adequada seria — "*Exclusivamente*, orçamento maior não produz melhores resultados" —, na medida em que nossas escolas são carentes, sim, tanto de mais recursos financeiros e melhores condições de ensino, quanto de investimento na gestão administrativa e na gestão pedagógica, que inclui a prática pedagógica em sala de aulas. Penso que não podemos excluir qualquer um desses três fatores, se desejamos um sistema educacional que se confronte com a questão do fracasso escolar — orçamento e gestão administrativa e gestão pedagógica. Um fator não é o exclusivamente determinante e os outros secundários. Financiamento, gestão satisfatória e prática pedagógica consistente, conjuntamente, são fatores determinantes de resultados mais satisfatórios.

Dar aulas, às 14:00h, em uma sala mal construída, pequena, coberta com telhas de amianto, e sem ventilação, com carência de todo tipo de material didático, como ocorre em muitas de nossas escolas públicas do interior desse nosso imenso país, só por milagre (não por uma boa gestão e boa prática pedagógica) se consegue que crianças e adolescentes efetivamente aprendam.

A afirmação de que "boa gestão, e não orçamento maior, determina boas notas" me faz pensar que não podemos pender exclusivamente para um lado, de modo excludente — ou "o financeiro" ou "a gestão" ou "o pedagógico"; o financeiro, sem a gestão e sem o pedagógico, no que se refere à escola, não produz e não produzirá resultados satisfatórios, mas ele é necessário.

A mim me parece que, por traz da frase — "Boa gestão, e não orçamento maior, determina boas notas" —, tem uma ideologia sub-reptícia: "o dinheiro que se investe em educação já é suficiente, agora tudo depende da gestão escolar e da gestão pedagógica". E, de novo se lava as mãos no que se refere a colocar um maior quinhão de recursos no sistema nacional de ensino. Mas, por outro lado, mais recursos financeiros — como único fator determinante — também não resolve.

Devemos estar cientes desse tripé de fatores que expressam as necessidades básicas para a existência de uma escola de qualidade: investimento financeiro, gestão escolar consistente e prática pedagógica satisfatória.

Não tenho competência profissional para abordar todos esses fatores, mas sei da necessidade de cada um deles para configurar uma escola que possa ser dita de "boa qualidade". Então, desejo sinalizar para políticos, administradores, gestores e pesquisadores da área da educação que não podemos "puxar a brasa somente para uma ou outra sardinha, mas para todas, se desejamos uma escola de qualidade".

Por outro lado, escrevo esse texto aos educadores que se encontram diretamente na gestão escolar e nas salas de aula, convidando a todos que, estando cientes das nossas carências financeiras e administrativas, não usemos esses dados como argumentos para o não investimento no pedagógico, o melhor que pudermos, mesmo frente a essas carências. Certamente, com isso, não faremos a escola ideal, mas faremos o melhor que pudermos com os parcos recursos que tivermos. E nossos educandos e a sociedade civil nos agradecerá por isso.

Não será na sala de aula que conseguiremos, de alguma forma reverter os baixos investimentos econômicos em educação, atendendo necessidades de espaços físicos em maior quantidade e mais satisfatórios, assim como não será desse espaço que virá a melhoria salarial para todos nós. Para isso, necessitaremos de usar os canais competentes para esse tipo de reivindicação, tais como: organizações da sociedade civil, sindicatos, partidos políticos, a imprensa. E, na sala de aulas, fazer o melhor que pudermos, não para justificar os discursos de nossos políticos ou a imagem externa do país, mas sim para oferecer aos nossos educandos recursos pessoais e coletivos de cidadania, o que, por si, fará uma revolução.

Nesse contexto, ainda que possa pender somente para um lado dos fatores básicos para uma escola de qualidade, passo a fazer algumas considerações em torno do nosso papel em sala de aulas. Não pretendo, de forma alguma, enfraquecer a luta pelo investimento de mais recursos financeiros e físicos para o sistema de ensino, assim como por melhores condições de trabalho para todos nós, mas sinalizar que, ao lado dessa luta podemos, no espaço que temos em nossas salas de aulas, fazer o melhor que pudermos. E, isso tem a ver com o "pedagógico", ao lado do "sindical" e do político. A busca e a conquista de cada um desses fatores têm foros específicos.

A sala de aulas tem a ver com a qualidade da aprendizagem, onde nós podemos investir, apesar e sem descuidar dos outros fatores. Nela, nós podemos fazer a diferença por um ideário revolucionário, que tem como objetivo a formação de um educando que tenha a posse de si e, com isso, recursos para exigir seu lugar com dignidade e satisfatoriedade na vida e na sociedade.

Caso não usemos esse recurso, que está em nossas mãos, o que faremos? Assumir uma crítica socioeconômica sobre a escola no país e seus resultados é profundamente importante para sabermos onde estamos, mas é insuficiente para o investimento numa mudança. As denúncias são necessárias, porém elas necessitam de dar lugar ao anúncio, à busca de soluções. Identificar problemas é mais fácil do produzir soluções; o primeiro exige análises e falas, o segundo exige ações práticas e efetivas. Necessitamos de buscar soluções em variadas frentes, sem descuidar de nenhuma delas.

No que se segue, desejo trazer à baila alguma compreensão sobre nosso papel na sala de aulas. É lá que se produz e se expressa, em primeiro lugar e de forma concreta, o fracasso escolar, tendo como pano de fundo os financiamentos e a gestão escolar. Será que temos clareza do nosso papel de educadores nesse espaço?

Até meados dos anos 1970, nós os pesquisadores da educação estudávamos a escola somente dentro de quatro paredes (os fatores pedagógicos intraescolares). Sociologicamente, isso foi considerado — e certamente o é — uma ingenuidade.

A partir desse período, em função dos movimentos emergentes de 1968, iniciamos a considerar *criticamente* os fatores externos intervenientes na escola como elementos fundamentais para compreendê-la. Para isso basta lembrar os estudos realizados e divulgados em nosso meio, da autoria de pesquisadores como Louis Althusser, Bodelot, Establet, Bourdieu e Passeron (França), Bowels e Gintis (Estados Unidos), Luiz Antonio Cunha (Brasil), entre outros; assim como se desenvolveram os estudos sobre "economia da educação", mostrando a fragilidade de nossos investimentos nessa área, diante da magnitude de nossos impasses (temos um país continental, o que implica que qualquer comparação que fizermos do nosso país com países europeus esbarra nessa variável. Não podemos comparar os montantes de investimento num país pequeno e antigo com um país jovem e grande. São realidades diferentes que exigem olhares diferentes).

Naquele contexto dos anos 1970, do ponto de vista da teoria e da prática educacional e pedagógica, o professor Dermeval Saviani, junto com seus orientados, no Programa de Pós-Graduação da PUC de São Paulo, entre eles o professor José Carlos Libâneo, que formulou o que se denominou Pedagogia Crítico-Social dos Conteúdos, foi quase que voz única, sinalizando que a escola, além de crítica, necessitava de ser competente no ato de ensinar, o que garantiria uma aprendizagem também satisfatória. E ele assumia isso como revolucionário e, a meu ver, o é. Esse é um dos impasses que estamos vivendo diante do fracasso escolar.

As minhas considerações aqui não são para engrossar o caldo e dizer que os educadores são os responsáveis pelo fracasso escolar. Isso já se diz em excesso por distorções ideológicas e interesseiras. Mas sim que eles, em seus postos na sala de aulas, podem fazer uma diferença enorme nos resultados finais da aprendizagem de seus estudantes, o que, em consequência, repercute em suas vidas pessoais e no coletivo da sociedade.

Agora — neste momento histórico em que vivemos —, apesar de vozes dissonantes, estamos iniciando a compreender que ambos os fatores são fundamentais de serem considerados: *os externos*, que nos permitem compreender a escola através de seus condicionamentos sócio-históricos e *os internos* (gestão escolar, currículo, didática, avaliação da aprendizagem), que nos permitem dar eficiência ao ensino-aprendizagem.

Os estudos científicos e críticos da escola são necessários, mas não suficientes, pois que não produzem soluções efetivas. Importa conjuntamente o diagnóstico e a busca de soluções. É fácil o deleitamento exclusivo na crítica; contudo, se for somente isso, ele é aprisionante. Importa. No caso, ter ciência da situação e, ao mesmo tempo, investir na ação eficaz.

Na segunda metade dos anos 1970, se dizia, aqui e acolá, que "já que a escola reproduz a sociedade capitalista, quanto pior ela for, será melhor!".

Então, a sala de aulas foi desdenhada a um fator secundário e passou-se a investir pouco na consistência dos seus efeitos. Hoje, felizmente estamos sendo capazes de compreender que, sem ela, não existe efetivamente educação. Estamos nos conscientizado de que ela necessita de ser a melhor, mesmo com fatores externos adversos, tendo em vista criar condições de contrapor-se a eles, para que o cidadão, o profissional, o ser humano ético, se formem e se expressem, com essas qualidades, na vida, na relação consigo mesmo e com os outros.

Estamos, vagarosamente, compreendendo que ela faz a diferença. Antonio Gramsci foi um desdobrador da afirmação de Marx relativo à "força material da ideologia". A força da cultura é um recurso no seio de processos revolucionários em sociedades complexas como a nossa. O "status quo" faz uso desse recurso permanentemente. Só criticar não basta, importa também saber o que fazer e efetivamente fazer.

Como colocar nas mãos de nossas crianças e jovens essa força revolucionária? A mim me parece que não é só construindo mais e mais discursos críticos, mais e mais diagnósticos sobre a escola (eles são necessários, porém insuficientes) mas sim agindo, com a consciência crítica sinalizada por eles (Marx lembra que "a ciência abrevia a dores do parto, mas não a suprime"). Já temos muitas análises e podemos até construir mais, porém, ao mesmo tempo, necessitamos de soluções. Para que servem tantos conhecimentos se eles não vão à prática?

Em síntese, a mim me parece, que não podemos opor orçamento de um lado e prática educativa escolar do outro frente ao fenômeno educativo em geral e, nesse momento, frente ao fracasso escolar. Ambos são necessários, se queremos uma escola de qualidade. E acredito que, nos últimos vinte e mais anos, pendemos para considerar os meios externos como os únicos determinantes. Se não tivermos cuidado, vamos pender para considerar novamente que os únicos fatores determinantes são os internos à escola, como já se começa a dizer que a "gestão", com exclusividade, é que faz a diferença.

Tendo em vista não cair na falácia da dicotomia, acredito que nós educadores, que estamos em nossas salas de aula, temos que agir nas duas direções:

— politicamente, organizar-nos para obter melhores orçamentos para a ducação neste país;

— escolar e pedagogicamente, gerir de modo mais competente nossas tarefas, de tal forma que crianças, adolescentes e adultos aprendam e, por isso, se desenvolvam como seres humanos, adquirindo a posse de si mesmos, e, por isso, podendo conviver bem consigo mesmo, com os outros, com o meio ambiente natural e social, e tudo o mais que os cerca.

Fico incomodado quando ouço ou leio um discurso, propondo exclusão de fatores intervenientes num mesmo processo. Como cientistas da educação, a meu ver, importa que olhemos para eles como um todo. Na linguagem de Marx, uma realidade se configura "por múltiplas determinações" e, por consequência, acredito eu, assim também deve ser cuidada, ainda que não possamos atacar tudo ao mesmo tempo e com os mesmos atos. Há o orçamento, há a escola e sua gestão administrativa, assim como a prática pedagógica. Nada pode ser descuidado, ainda que, em determinados momento, podemos agir mais aqui do que ali.

A sala de aulas e nossos educandos estão mais às nossas mãos. Penso que não podemos nos engessar seja na busca de novos orçamentos ou só na nossa acão eficiente. Necessitamos de atuar nos dois, sendo que a sala de aulas faz parte do nosso cotidiano, do nosso minuto a minuto profissional. Não investir nela, apesar das condições insatisfatórias, significa não se opor ao fracasso escolar.

Como menino pobre, de parcos recursos, aprendi a me perguntar: "O que posso fazer, *agora*, com o que tenho? *Depois*, haverá tempo para novas buscas, mas *agora* necessito de uma solução e, *agora*, ela terá que ser obtida com o que tenho, sob pena 'de vida ou morte'. *Depois*, poderá e certamente será melhor". Isso tem me ajudado na vida.

No seio da escola, temos a nosso favor a sala de aulas, os estudantes, nossos instrumentos pedagógicos (currículo, plano de ensino, didática, avaliação) para produzirmos resultados bem-sucedidos, *os mais bem-sucedidos que pudermos*; não "quaisquer resultados". E, fora da escola, temos os sindicatos, os partidos políticos, as organizações da sociedade civil, como recursos de lutas sociais.

E como aqui estamos tratando a escola, em si, sem sombras de dúvidas, necessitamos de gestores, como líderes eficientes de uma comunidade de trabalho. Líderes que, efetivamente, sejam entusiastas da obra que dirigem e que querem produzir resultados. Para tanto, "necessitam de vestir a camisa de suas escolas", dar-lhes seu tempo, investir sua capacidade de liderar para que os resultados sejam obtidos, como consequência de sua capacidade de orquestrar todos os participantes da escola.

A constituição e apresentação de uma orquestra dependem de cada um dos seus músicos, porém o conjunto depende da capacidade do maestro de reger (liderar) a todos. Orquestra, sem maestro, não é orquestra; escola, sem diretor (líder, entusiasta de sua obra), não é escola.

O convite é para que nós — diretores escolares, coordenadores pedagógicos e educadores em sala de aulas —, ao lado de nossas lutas políticas e sindicais, invistamos na escola e na sala de aulas. Ações consistentes produzirão efeitos consistentes. Resultados bem-sucedidos dependem de permanente investimento na sua busca.

O artigo que compõe este capítulo foi publicado na revista *ABC Educatio*, ano 8, n. 64, mar. 2007, p. 12-15, Editora Criarp, São Paulo. E está sendo introduzido nesta 22ª. edição deste livro. Explicita que a qualidade positiva da escola tem a ver com sua gestão democrática, entendida como participativa de todos os seus componentes, cada um cumprindo o seu papel em função de si, do outro, e do meio que nos cerca a todos. Ele amplia e completa o tratamento que vimos dando nesta IV Parte do livro, abordando a questão da efetividade dos resultados da escola e do ato pedagógico. O ato de avaliar diagnostica a qualidade dos resultados da ação, mas é a gestão que realiza as atividades, assim como corrige suas distorções. A avaliação sem a gestão representa apenas uma constatação.

CAPÍTULO XIV

GESTÃO DEMOCRÁTICA DA ESCOLA, ÉTICA E SALA DE AULAS

Sobre o entendimento de gestão escolar e como pode ser um forte aliado na busca do sucesso na prática educativa escolar

Nos últimos dez ou quinze anos, muito se tem escrito, falado e abordado sobre o fenômeno da gestão democrática da escola. Usualmente, essas abordagens, assim como as práticas delas decorrentes, têm focado sua atenção na participação de pais, comunidade, professores e estudantes na vida administrativa da escola, especialmente através da eleição dos seus gestores (diretor e vice-diretor) e constituição e participação em comissões que decidem sobre parcos recursos econômicos, que, por ventura, possam ser destinados pelos poderes públicos a uma determinada instituição escolar pública. Quanto às escolas particulares, por suas características, nem se pode pensar nesse tipo de gestão.

Para tanto, organizam-se campanhas eleitorais, assemelhadas às campanhas dos períodos de escolha dos ocupantes dos cargos executivos e legislativos do país, nos diversos níveis do poder, municipal, estadual, federal. Além disso, comissões são constituídas, até com representatividade igualitária dos grupos de interessados na vida da escola, tendo em vista, eventualmente, decidir sobre o destino de algum recurso econômico existente no âmbito da instituição.

Isso tem seu lado positivo, mas essa é uma compreensão e um uso limitados do que se pode entender e vivenciar sob o slogan da "gestão democrática da escola". De fato, tenho dúvidas se essas atividades efetivamente propiciam efetivas condições de prática participativa de pais, comunidade, professores e estudantes na gestão escolar. Parece-me que não é o fato de participar de um processo eleitoral no âmbito da escola que faz com que estudantes, pais e professores aprendam a melhor se desempenhar de forma mais adequada na vida política do país. Importa até mesmo observar que esse processo tem trazido para dentro da escola todas as mazelas de nossas campanhas políticas, tais como debates emocionais, esgrimas verbais, manipulação de informações,.... No caso, ao invés da escola ensinar uma prática política mais adequada, importa para dentro do seu espaço as mazelas daquilo que ocorre na sociedade fora dos muros escolares. Por outro lado, não será uma eventual participação em uma comissão decisória que dará suporte para que os seus participantes (representantes de pais, comunidade, professores e estudantes) efetivamente aprendam a compartilhar responsabilidades diretamente na escola e na vida pública em geral.

Essa modalidade de pensar e praticar a "gestão democrática escolar" configura muito pouca coisa diante do que efetivamente ela pode significar tanto para a escola em si, como para a aprendizagem dos estudantes, seus pais, seus professores e gestores acerca dos compromissos consigo mesmo e com o outro, da aprendizagem do 'viver juntos", que está posto pela Unesco como um dos objetivos fundamentais para a educação do século XXI.

Aprender e viver a experiência da gestão democrática da escola implica em que, além das acima citadas atividades, estejamos atentos ao modo como isso se dá dentro do âmbito educativo escolar, tendo presente, além disso, que a própria sala de aula é um lugar de gestão e, principalmente, de aprendizagem da gestão democrática, não só da escola, mas da vida.

Além das atividades acima citadas, vamos lembrar que, democrática e participativamente, a comunidade pode e deve, junto com a escola, cuidar de sua manutenção e de sua integração em seu espaço; os pais podem e devem, de modo ativo e comprometido, participar, junto com escola e seus educadores, da orientação dos seus filhos e estudantes para a vida escolar e para a vida fora da escola, participar da manutenção da escola e de sua integração na comunidade; os professores podem e devem cuidar da manutenção da escola em termos de não depredação dos móveis e de seu espaço físico, de sua limpeza, assim como dos estudantes que forem adjudicados a si, para que efetivamente aprendam e se desenvolvam; os estudantes, por seu turno, podem e devem cuidar do espaço físico da escola, sua manutenção e limpeza, da biblioteca, dos jardins, dos móveis e, principalmente, assumr a responsabilidade de sua aprendizagem e desenvolvimento. Os estudantes necessitam de aprender a viver em grupo, o que exige cuidados bem específicos consigo mesmo, com o meio e com os outros, no que se refere ao estudo, à aprendizagem, ao cumprimento de suas tarefas.

Participar da gestão democrática da escola significa usar o espaço escolar como um recurso de educação para todos — comunidade, pais, professores e estudantes —, na perspectiva do "aprender a viver juntos", de tal forma que os espaços públicos e particulares possam ser respeitados, de "modo ativo", ou seja, no sentido de agir a favor de um modo satisfatório de vida para todos. O "respeito passivo" se expressa quando dizemos — "Respeito os outros, contanto que eles fiquem lá e eu cá"; "Que não venham para o meu lado. Eles lá e eu cá. E, assim, está tudo bem". De modo diverso, o "respeito ativo", que é o verdadeiro respeito, que se expressa pela frase — "Trabalho com você para que isso seja melhor"; "Atuo com você para que essa situação efetivamente se modifique".

Participar da gestão democrática da escola significa que todos se sentem e efetivamente são partícipes do sucesso ou do fracasso da escola em todos os seus aspectos: físico, educativo, cultural e político. Gestores administrando, educadores ensinando, estudantes aprendendo. Afinal, todos aprendendo numa "escola que aprende", cada um no seu lugar e papel, orquestrando o todo.

O que mais caracteriza a escola é ela ser um espaço educativo, o que implica, do seu ponto de vista, que é mais importante que seus membros aprendam a viver e responsabilizar-se democraticamente do que exerçam uma suposta administração democrática com a exclusiva delegação de poderes. Em última instância, exercitar a gestão democrática na escola é uma forma de ensinar e aprender constantemente.

Que isso tem a ver com ética? Historicamente, fomos acostumados a pensar e agir como se ética fosse um conjunto de princípios ou determinações, denominados morais, que devem ser seguidas em nossas ações. Daí, cotidianamente, nos depararmos com os denominados "Código de Ética" desta ou daquela profissão, tais como Código de Ética dos Médicos, Código de Ética dos Advogados, Código de Ética dos Psicólogos, só para relembra alguns entre muitos outros. Nesta perspectiva, a ética é alguma coisa fora de nós, um código que deve guiar nossas condutas e ao qual devemos nos adequar. É em função disso que, usualmente, se diz que este ou aquele profissional vai ser "julgado" pelo Código de Ética de sua profissão. Com esse olhar sobre a ética, não se ajuda ninguém a se educar para viver consigo mesmo e conviver com outro e com o meio, devido ser algo externo a cada um. Desse modo, não se aprende, de forma alguma, a gerir democraticamente a escola.

Esse modo de compreender a ética vem dos antigos gregos, que consideravam que o agir deveria "seguir a reta razão", ou seja, a razão (a inteligência) conheceria as coisas e a ação (ato de vontade) deveria ocorrer em conformidade com esse conhecimento, isto é, um modo de agir guiado de fora. A autoridade se dizia conhecedora das coisas e, por isso, ela tinha o direito e o poder de definir o que era certo e o que era errado e, desse modo, o fundamento do ato ético estava baseado em princípios externos a cada um. A ética era, então, um conjunto de normas, usualmente rígidas.

Hoje, em termos de humanidade, após termos passado por muitas peripécias, iniciamos a compreender que o fundamento da ética tem a ver com a "relação conosco mesmos, com o outro e com o meio ambiente, com cada um desses setores e com todos em conjunto". O respeito ativo (participativo) em relação a nós mesmos, ao outro e ao meio ambiente é que dá base para uma ação eticamente adequada. Isso significa cuidar de nós mesmos, simultaneamente, cuidando do outro e do meio aonde vivemos. Isso leva a ter presente que eu, o outro, o grupo e o meio são elementos fundamentais a serem considerados para que nossa conduta ética seja adequada. Não importa ter presente somente o eu, somente o outro ou somente o grupo, ou somente o meio ambiente, mas, ao mesmo tempo, o eu, o outro, o grupo e o meio ambiente. O Dalai Lama, mestre tibetano, citado em todos os meios de comunicação do ocidente, denomina esse fundamento do ato ético de "compaixão". Compaixão é o ato de "agir com o outro", cuja origem latina diz "cum" (com) patior (agir); e agir com o outro significa, ativamente, produzir o bem para o outro, o que significa também produzir o bem para nós mesmos. A compaixão é um ato exigente conosco mesmos, com o outro, com o grupo, devido visar o bem de todos, sem detrimento de ninguém.

Comunidade, pais, professores, estudantes necessitam de aprender, ativamente, cuidar do espaço físico da escola e da cidade, na medida em que escola e cidade pertencem a todos, não aos poderes públicos. E como pertence a todos, todos devem cuidar dela.

Porém, o que isso tem a ver com sala de aulas? Tudo. A sala de aulas é um lugar especial para trabalharmos com nossos estudantes na sua formação, como sujeitos, cuidadores de si mesmos, e como cidadãos, cuidadores de si, dos outros e do meio ambiente, ao mesmo tempo. Cuidar dos nossos estudantes, por sua vez, nos faz aprender muito como educadores, que efetivamente educam.

Existem coisas simples diretas e óbvias às quais devemos estar atentos em nossa prática de educar para o bem de si, dos outros e do meio, tais como: conservar os móveis, que não foram feitos somente para cada um de nós; conservar o espaço físico, conservar a limpeza, cuidar dos jardins (quando eles existem); não apelidar os outros, não desqualificar os outros para parecermos melhor que eles. Exercer com cuidado o papel que temos no grupo, na instituição; na via, afinal.

Porém, existem experiências que são menos óbvias e que podem e devem ser cuidadas para que a gestão democrática e participativa chegue à escola, como meio de aprendizagem.

A primeira delas é "professor ensinar bem e educando estudar bem". Essa é uma experiência revolucionária, na medida em que ensinar bem significa, do lado do educador, estar comprometido com o educando em sua necessidade de aprender; significa não abrir mão dele na primeira dificuldade com a qual se depare, no primeiro impasse, no primeiro resultado insatisfatório; ao contrário, significa investir nele, de tal forma que *efetivamente* ele aprenda, na medida em que, na escola, o que importa é aprender (esse é o seu destino social). Por outro lado, o educando necessita de aprender que "qualquer coisa" não serve como expressão de sua efetiva e qualitativamente significativa aprendizagem; necessita de aprender que professor (a autoridade) não tem o direito de dispensá-lo de suas tarefas, que necessitam de ser realizadas com a melhor qualidade possível.

Usualmente nossos estudantes, após não terem cumprido uma tarefa qualquer, dirigem-se ao educador para solicitar uma outra oportunidade, ou uma outra atividade qualquer para compensar aquela não realizada. Qual a razão para que essa solicitação não seja feita aos colegas, pois que eles sim foram sacrificados por esse não cumprimento de compromissos escolares pessoais? Foram eles que perderam a colaboração do colega. Do modo mais comum possível, nós não percebemos que essas são oportunidades do educador e do educando aprenderem a respeitar ativamente o grupo, o que quer dizer "gerir democrática e participativamente a vida da escola", o que, em síntese, quer dizer agir eticamente.

Uma escola é o que são seus gestores, os seus educadores, os pais dos estudantes, os estudantes, e a comunidade. A "cara da escola" decorre da ação conjunta de todos esses elementos. E isso tudo ultrapassa eleições para os gestores e as comissões decisórias que possam ser estabelecidas na escola. Essas atividades são importantes, mas irrisórias diante do que se pode fazer educativamente para a cidadania (experiência de cuidar de si, do outro e do meio, ao mesmo tempo).

Gerir democrática e participativamente a escola significa usar de todas as oportunidades que ela oferece tanto para realizar práticas quanto para aprender condutas com elas. Mais importante do que os resultados práticos imediatos da gestão democrática é a aprendizagem para a vida pessoal e social. Afinal, a escola não é uma oficina produtiva, mas sim um lugar de aprendizagem e desenvolvimento. O mais importante na vida escolar não é "ganhar ou perder", como ocorre na política partidária ou na vida cotidiana da sociedade; porém, sim, aprender a ser e aprender a viver juntos, para o bem-estar de si mesmo e do outro, com qualidade.

Nesse processo, o educador tem um papel fundamental de estar ajudando os pais, a comunidade, a si mesmo e aos educandos a agirem, cada vez mais de forma adulta, ou seja, sem lamúrias, mas na busca de soluções efetivas. Nesse processo, necessitamos de ter claro que "acender um fósforo" é mais significativo que "lamentar a escuridão". A lamentação não ajuda a arredar um pé do lugar; o que ajuda é tomar a realidade em nossas mãos e agir a partir dela e com ela, na busca de soluções. Gerir democrática e participativamente a escola significa criar condições para que todos ocupem os seus lugares e os seus papéis, da melhor forma que for possível, em função do bem-estar de si e do outro, o que significa ter presente também o grupo e o meio ambiente.

A avaliação terá um papel fundamental nesse processo, constatando a qualidade dos resultados que estão sendo obtidos através da ação de todos e subsidiando novas possibilidades de ação e aprendizagens também para todos. Afinal, essa é a possibilidade da "escola que aprende", de modo eficaz e consistente, onde todos respondem pelo sucesso; ou, infelizmente, também par ao fracasso, na medida em que o fracasso de um segmento da escola não é somente dele, mas de todos os seus segmentos. Este capítulo é um convite para que todos os membros de uma escola invistam na gestão democrática, o que dizer que cada um e todos conjuntamente façam a escola, o que redunda em sucesso para todos.

PARTE VI

CUIDADOS COM OS INSTRUMENTOS DE COLETA DE DADOS PARA A AVALIAÇÃO

Avaliar significa investigar a qualidade da realidade e nela intervir, se necessário. Para isso é preciso conhecê-la através de sua melhor descritiva. Isso implica em coleta de dados, que exige instrumentos elaborados segundo as regras da metodologia científica. Os capítulos subsequentes oferecem abordagens sobre a questão dos instrumentos de coleta de dados para a avaliação.

O texto que compõe este capítulo está sendo incluído nesta edição e foi publicado na revista *ABC Educatio*, ano 7, n. 58, ago. 006, p. 26-29. Neste capítulo discuto a questão da qualidade de sistematicidade que deve ter um instrumento de coleta de dados para a avaliação da aprendizagem. A eventualidade e aleatoriedade das questões elaboradas e propostas nos instrumentos estão assentadas no arbítrio, por isso não detectam a realidade da aprendizagem do educandos. Mal elaborados, os instrumentos nos enganam. Ensinamos uma coisa e exigimos outra de nossos educandos; então, eles não podem revelar se aprenderam aquilo que ensinamos. Este capítulo propõe um cuidado especial com os instrumentos de coleta de dados para a avaliação no que se refere à sistematicidade, como característica essencial desse recurso técnico de investigação, que implica que o educador não pode escolher o que quer perguntar, mas está obrigado a construir os instrumentos em compatibilidade com o planejado e ensinado.

CAPÍTULO XV

ESTUDAR TUDO PARA QUÊ, SE OS PROFESSORES NÃO LEVAM TUDO EM CONSIDERAÇÃO?

Sobre a característica de sistematicidade dos instrumentos de coleta de dados para a avaliação

Na oportunidade de uma conferência na cidade do Rio de Janeiro, no ano de 2006, abordando o tema de uma prática pedagógica bem-sucedida, recebi um bilhete de uma professora a respeito de uma experiência pessoal sua no exercício da atividade docente. Nesse bilhete, de um lado, ela relatava uma situação e, de outro, apresentava uma solução. A situação foi a seguinte: "Uma vez, ouvi, minutos antes de uma prova, um menino repetindo os nomes dos rios do Crescente Fértil... Me deu a maior pena, pois eu não havia perguntado nada sobre isso..."; e a solução que ela deu foi: "Resolvi acrescentar [na prova], como desafio, uma pergunta: 'Escreva o que você estudou da nossa matéria, que eu não te perguntei na prova...' Foi o maior sucesso! Como mostraram conhecimentos!!".[1]

1. Na ocasião, eu disse à professora Sonia Levinbuk (esse é o seu nome) que, um dia, eu transmitiria sua experiência para outros educadores, para que apren-

A partilha dessa experiência colocou-me a refletir. Fiquei a pensar sobre acontecimentos e práticas que se dão regularmente em nossas escolas, tanto do passado como do presente, e que, no passado, produziram em nós, hoje adultos, estados de desânimo, raiva e, por vezes, ressentimentos com a escola e seus modos de ser; e que, no presente, certamente também produzem estados de frustração e, consequentemente, de desânimo em nossos educandos, que, usualmente, interpretamos como desinteresse deles pelos estudos.

Nesse contexto, em passado recente, neste ano de 2006, interagi com meu filho, que frequenta a sexta série do Ensino Fundamental, no estudo de conteúdos de Geografia para um teste de aprendizagem, que ocorreria, na escola, na semana em que estávamos vivendo.

Havia três documentos para estudar, dois capítulos de um livro de Geografia, utilizado na série anterior (5ª), que tratavam dos recursos de "orientação espacial", tais como mapas, pontos cardeais, orientação pelo sol, pelas estrelas, assim como pelas coordenadas de latitude e longitude. Além desse material para estudar, havia uma apostilha, contendo informações sobre os Tratados entre os povos europeus, relacionados à questão das descobertas de novas terras a ocidente, nos séculos XV e XVI, e, evidentemente, também relacionados às posses dessas mesmas terras.

Então, observei o esforço do meu filho pré-adolescente em dar conta da aprendizagem dos referidos conteúdos escolares indicados como aqueles que seriam levados em conta no instrumento de coleta de dados para avaliação, um teste. Foram horas estudando cada um dos capítulos estipulados, assim como a apostilha oferecida pelo Colégio.

Após ter passado pela experiência de responder ao instrumento de coleta de dados para a avaliação, perguntei ao meu filho como fora o teste, assim como o seu desempenho pessoal. Respondeu-me que havia estado bem. Então, acrescentei uma nova pergunta: "Quais foram os conteúdos contemplados nas perguntas do teste?" Ao que ele disse-me: "Todas as questões trataram do conteúdo da apostilha sobre os Tratados". E eu, então,

---

dessem com ela. E aqui está o cumprimento da promessa. De fato, ela encontrou uma ótima solução para incluir todos os esforços dos educandos na prática avaliativa. E esse é o conteúdo deste texto.

questionei novamente: "Mas, nenhuma questão sobre os capítulos do livro da quinta série, que trabalhavam sobre a orientação no espaço geográfico?" "Nenhuma, meu pai", foi a resposta que recebi.

Dessas vivências emerge a constatação de um fenômeno comum em nossas escolas, qual seja: exigir que os estudantes dediquem-se a estudar uma gama grande de conteúdos, que, depois, efetivamente, não são considerados em nossas práticas avaliativas, em função da seleção arbitrária que fazemos dos conteúdos que compõem os instrumentos de coleta de dados para a avaliação, que elaboramos e aplicamos em nossos estudantes.

O fenômeno que salta aos nossos olhos, decorrente dos dois relatos acima, é comum nas práticas educativas de quase todas as nossas escolas (se não praticamente de todas elas), do passado e do presente. No passado, como professor, eu também agi dessa mesma maneira. Esse modo de agir vem passando de geração em geração e nós educadores nos impregnamos dele, como se fosse adequado e correto. Nem mesmo prestamos atenção no seu significado cotidiano e na sua abrangência. Seguimos, em nossas práticas escolares, orientados ingênua e acriticamente por uma crença de senso comum, que nos domina; uma crença sub-reptícia que incorporamos em nosso inconsciente e que nos faz agir e reagir automaticamente.

Dei-me conta, então, que as experiências, acima relatadas, já ocorriam há muitos anos, desde quando fui estudante do antigo Ginásio (hoje 5ª a 8ª séries do Ensino Fundamental) e do Ensino Médio, nos anos cinquenta e sessenta do século que, recentemente, findou, e, certamente, muito antes disso, já se davam. Como professor, não fiquei isento dessas práticas; repeti sobre estudantes, com os quais trabalhava, aquilo que havia ocorrido em minha vida. No geral, nossas condutas são configuradas mais pelas práticas vividas na vida que pelos estudos.

Em síntese, é corriqueira, em nossas escolas, do passado e do presente, a conduta de orientar e exigir que os estudantes se dediquem a um conjunto amplo de conteúdos, que, depois, nem **todos** serão levados em consideração para saber se eles estudaram e se efetivamente aprenderam. Ou seja, os estudantes devem estudar tudo o que nós, como educadores, indicamos para o estudo, mas, não necessariamente nos sentimos obrigados a levar em consideração tudo isso que prescrevemos para estudar. São orientados e obrigados a estudar, sem que suas aprendizagens, necessariamente, venham a ser levadas em consideração. Assumimos o direito de escolher, arbitrariamente, sobre o que eles serão avaliados, ou não, em vez de considerar que, necessariamente, deveriam ser avaliados sobre a aprendizagem de tudo aquilo que elegemos, em nossos planejamentos de ensino e em nossas atividades pedagógicas em sala de aulas, como essenciais.

Se tais conteúdos não serão levados em consideração na observação do desempenho do educando, que razão haveria para o educador a orientar os estudantes a dedicarem-se ao seu estudo? Será, então que, de fato, eram essenciais? Se não eram, por que foram incluídos em nossos planejamentos e em nossas aulas? Para essas questões, a resposta mais comum dos educadores do passado era — "O estudante deve estudar tudo e estar pronto para qualquer coisa que possa acontecer" —; e, para os educadores de hoje, certamente, será — "Um dia, no vestibular, esses estudantes necessitarão de conhecer esses conteúdos, por isso devem estudá-los, mesmo que não sejam conteúdos perguntados nos instrumentos de coleta de dados para a avaliação". Contudo, se os estudantes necessitarão desses conteúdos no futuro, por que não procurar, agora, através dos instrumentos de coleta de dados para a avaliação, saber se eles, efetivamente, aprenderam tais conteúdos ou, caso não os tenham aprendido, ensinar-lhes novamente?

Por outro lado, o que será que ocorre no interior do educando, quando ele toma consciência de que ele dedicou tanto tempo a estudar aqueles conteúdos, aprendendo-os, porém, que, no teste, não havia nenhuma referência a eles? Será que o estudante não se sente um pouco enganado? Será que, da próxima vez, terá ânimo para usar o seu tempo estudando **tudo** o que foi indicado pelo seu educador ou por seus educadores? Certamente que perderão o encanto de estudar novamente conteúdos que, possivelmente, não terão, aparente ou verdadeiramente, nenhuma importância para o educador. Não há como o estudante ter certeza de que tais conteúdos são importantes para o educador, se, agora, ele diz uma coisa, mas, depois, pratica outra. Para que estudar, então, se o que o estudante estuda e aprende não será levado em conta, no momento da avaliação? A consequência disso é o desencanto e a reatividade aos estudos.

E, então, diante do quadro de desânimo dos nossos educandos *com* e *na* escola, nós damos, de imediato, nosso veredicto, como tem sido dado pelos educadores ao longo do tempo: "Os estudantes já não têm mais interesse em estudar o que nós ensinamos; só querem brincar, são indisciplinados, mal-educados; só querem estar diante de uma televisão ou de um monitor de computador, na medida em que esses recursos são mais atraentes do que a escola". Será que esse desânimo e essa reatividade são da responsabilidade exclusiva dos nossos educandos?

Será que, de fato, eles não têm mais interesse em estudar ou estão cansados de serem enganados e, diante disso, tomam a atitude — inconsciente, é claro — de não mais investir tanto nos estudos, pois que, mesmo investindo, poderão não ter um desempenho adequado, pois que nem sempre o professor leva em consideração **tudo aquilo** que ele disse que seria o conteúdo, a ser contemplado no teste? Então, para que estudar tudo e de modo bem estudado?

Diante dessa situação, importa ter presente duas coisas. De um lado, do ponto de vista psicológico do educando, é importante estarmos cientes e valorizarmos o seu esforço em dar conta dos conteúdos indicados para estudo. Importa valorizar sua dedicação. E, de outro lado, importa observar que, do ponto de vista técnico e científico da prática da avaliação, se desejamos saber se o educando aprendeu o que efetivamente ensinamos, devemos construir um instrumento que cubra todos os conteúdos essenciais, que o estudante efetivamente necessita de saber para o seu desenvolvimento no estágio escolar em que se encontra (idade e série).

Diante da compreensão da experiência escolar, tratada neste texto, uma sugestão. Tendo em vista mudar esse modo de agir, a meu ver, nós educadores devemos, em primeiro lugar, ter claro o que desejamos com a nossa atividade, ou seja, um projeto que guie nossas condutas educativas. É preciso ter projetos, se desejamos chegar a algum lugar. No caso, nosso melhor projeto é investir para que nossos educandos aprendam o que necessitam de aprender; e... da melhor forma possível. Necessitamos de um mapa da mina: o que é mesmo necessário que nossos educandos aprendam (elenco detalhando dos nossos objetivos)? Em segundo lugar, investir muito para que os resultados sejam obtidos, conforme os desejados. Não existirão resultados bem-sucedidos sem investimento adequado e persistente. Para tanto, importa que nosso coração esteja lá no centro de nossa atividade ("Onde estiver o seu coração, aí estará o seu tesouro", nos lembra um texto da sabedoria universal). Por último, praticar a avaliação a serviço desse projeto; consequentemente, a serviço da obtenção dos resultados esperados. Usar a avaliação como recurso de diagnóstico da aprendizagem dos nossos educandos, que oriente nossas intervenções para a melhoria dos resultados desejados.

E, então, nesse contexto, vale a pena lembrar que um instrumento de coleta de dados para a avaliação do desempenho do educando deve respeitá-lo em seus esforços de estudar e aprender, sem enganá-lo (o que, se ocorrer, o conduzirá ao desânimo). Para tanto, deverá ser construído de forma metodológica, cientificamente adequada, ou seja, **deverá ser planejado** (cobrir todos os conteúdos essenciais ensinados e que deveriam ser aprendidos; não um que outro, que possa ser mais difícil ou complicado; mas sim todos os conteúdos essenciais ensinados. Um sociólogo, quando vai fazer uma pesquisa numa população, antes de elaborar seu instrumento de coleta de dados, faz um mapa, contendo tudo o que necessita de saber dessa população; nada do necessário pode ficar de fora, caso efetivamente ele deseje conhecer essa população. Num instrumento de coleta de dados para a avaliação da aprendizagem do educando, deve ocorrer o mesmo processo, sob pena de não estarmos tendo cuidados nem com o que ensinamos nem com o que os estudantes aprenderam); **deverá conter questões precisas** (sem ambiguidades; nada de propor questões que possam induzir o educando à dúvidas sobre o que estamos solicitando que ele manifeste ter aprendido); **cada questão deverá conter um único conteúdo** (se, numa questão, estiverem presentes dois ou mais conteúdos, caso o estudante acerte ou erre, nunca poderemos saber o que efetivamente ele acertou ou errou); **as questões deverão ser apresentadas em linguagem clara** (o estudante necessita de ter, clara e objetivamente, ciência do que está sendo solicitado que faça; caso não compreenda o que se pede, como poderá responder com adequação?). Questões **dúbias e confusas** deverão ser suprimidas de todo e qualquer instrumento, pois que, do lado do estudante, não deixará claro o que se deseja que ele faça, e, do lado do educador, elas não permitem saber se o estudante, de fato, não aprendeu o que foi ensinado ou se não compreendeu o que lhe foi solicitado e, por isso, respondeu inadequadamente. Não podemos nos esquecer de que, em um instrumento escrito, não há interatividade entre o emissor e o receptor da mensagem, através da qual as dúvidas poderiam ser superadas, em função do que deve ser o mais claro e preciso possível.

Muitas vezes, de fato, o estudante estudou o conteúdo ensinado e o aprendeu, mas não consegue mostrar o seu desempenho satisfatório devido, de um lado, às eleições esparsas que nós educadores fazemos dos conteúdos indicados para estudo (escolhemos um que outro dos tópicos de conteúdos, para levar em consideração), e, de outro, devido à elaboração de questões dúbias, confusas ou com linguagem incompreensível para o estudante.

Quando nossos estudantes manifestam um desempenho insatisfatório, através de nossos instrumentos de coleta de dados para a avaliação, nossa conduta mais comum é dizer que os estudantes não estudaram ou não aprenderam. Contudo, poderá ocorrer que tenham estudado e aprendido, mas nosso instrumento, pela sua má qualidade, não permitiu que eles revelassem a qualidade efetiva de sua aprendizagem.

Em síntese, muitas vezes, nossas próprias condutas, como educadores, conduzem nossos estudantes ao desânimo, pela repetição constante das mesmas condutas de um "certo engano", que sutilmente, atravessa nossas condutas; não por nossa intencionalidade, por nosso desejo consciente de agir dessa forma, mas, sim, pelo costume, pelo senso comum, pela impregnação cultural da qual também somos vítimas.

A partir das situações relatadas, esse texto é convite à reflexão de todos nós e, mais que isso, se possível, um convite à mudança de conduta em nossas práticas educativas e avaliativas, que, por vezes, são destrutivas para nossos educandos e para nós mesmos. Não temos que olhar para o nosso passado distante ou próximo *com culpa* do que já fizemos. Isso não serve para nada mais do que nos prender e nos imobilizar no passado. Importa, agora, com consciência clara e crítica, tomar o destino nas nossas mãos e seguir em frente, buscando fazer sempre o melhor que pudermos.

Elaborar e utilizar instrumentos construídos com base no critério de sistematicidade dos conteúdos abordados pode ser um meio pelo qual iniciamos a abrir mão do arbítrio e do autoritarismo vigente na elaboração e aplicação de instrumentos de coleta de dados para a avaliação em nossas escolas. É um passo para o cuidado e a democratização do saber.

O texto deste capítulo foi publicado sob a forma de artigo na revista *ABC Educatio*, ano 7, n. 54, mar. 2006, p. 20-22, Editora Cripart, São Paulo. Aborda como as questões presentes nos testes em nossas escolas, por vezes, expressam condutas antiéticas, que podem ser detectadas na diferença entre os cuidados necessários e o que efetivamente acontece nas práticas avaliativas no cotidiano escolar. Trata da ética ao elaborar e aplicar instrumentos de coleta de dados para a avaliação.

CAPÍTULO XVI

AVALIAÇÃO DA APRENDIZAGEM E ÉTICA

Sobre a questão da formulação das questões para um instrumento de coleta de dados para a avaliação

O presente texto tem a ver com os instrumentos de coleta de dados sobre o desempenho de aprendizagens dos estudantes em nossas escolas. Muitas vezes, os instrumentos revelam que professores e professoras *parecem* desejar coletar dados sobre um determinado conteúdo, porém introduzem um fator estranho ao conteúdo de uma questão, o que dificulta a compreensão do educando, conduzindo-o, assim, a uma resposta inadequada; fator esse que pode se apresentar como uma linguagem incompreensível para o estudante ou o uso de padrões de complexidade do conteúdo testado diferentes dos padrões de complexidade com que foram ensinados (ensina-se simples e solicita-se uma resposta complexa, por exemplo).

Neste contexto, cabe a pergunta: "Será que nossos instrumentos de coleta de dados para a avaliação têm tido o objetivo de detectar a aprendizagem de um determinado conteúdo (informações, procedimentos e atitudes) por parte do educando ou têm tido o objetivo de detectar a capacidade do educando de desvendar enigmas?" São duas habilidades completamente diferentes.

Já que o título deste texto é "Ética e avaliação da aprendizagem", podemos, então, estar nos perguntando: "O que é que instrumentos de coleta de dados para a avaliação da aprendizagem têm a ver com ética?" Por enquanto, basta permanecer com a pergunta. Vamos, ainda que sinteticamente, aos detalhes, e, em seguida, poderemos vislumbrar o que isso tem a ver com ética.

Vejamos o exemplo de uma questão que expressa a primeira modalidade de desvio acima indicado: perguntar uma coisa, introduzindo um fator estranho pelo meio. Vou indicar somente uma ou outra questão que possa servir de modelo para outras análises; seria extenso e inviável no espaço deste artigo analisar todas as questões de um teste. As questões que vamos apresentar expressam uma situação particular, mas que reflete o geral do que acontece nos instrumentos de coleta de dados sobre desempenho escolar, aplicados em nossos educandos.

Assim, numa "prova final" de matemática[1], para estudantes de uma série intermediária do Ensino Fundamental, havia a seguinte questão: "Qual é o número que é maior do que cento e noventa, menor que 200, e múltiplo de 4 e 6?". O conteúdo que havia sido ensinado e que, agora, no teste, estava sendo levado em consideração em termos de aprendizagem era "múltiplos de um número" e "múltiplos comuns de dois ou mais números". Se retomarmos a primeira parte da questão — "Qual é o número que é maior do que cento e noventa e menor que 200" —, vamos observar que ela introduz um elemento estranho e desnecessário ao tema dos "múltiplos de um número", assim como dos "múltiplos comuns a dois ou mais números", mas que o mesmo é útil para dificultar a compreensão do educando a respeito do que se está sendo solicitado a ele e, certamente, conduzi-lo-á ao erro.

Vejamos. Os conteúdos ensinados foram "múltiplos de um número" e "múltiplos comuns a dois ou mais números"; então qual é a razão pela qual

1. Lembrar que "prova final" é a aplicação de um instrumento de coleta de dados sobre o desempenho do educando, já no final do ano letivo, quando ele não obteve os pontos necessários para a sua promoção para a série seguinte.

a pergunta não foi formulada diretamente? Por exemplo: "Quais são os múltiplos de 4, até cem, duzentos?" ou "Quais são os múltiplos, ao mesmo tempo, de 4 e 6, até duzentos?" A circunstância colocada na questão — "Qual o número que é maior do que cento e noventa e menor que 200..." — traz uma complexidade desnecessária para saber se o estudante aprendeu ou não "múltiplos de um número" e "múltiplos comuns de dois ou mais números"; contudo, útil para confundir a compreensão do estudante e, consequentemente, para conduzi-lo a uma resposta insatisfatória. Onde está a ética na conduta do educador(a) que elabora questões semelhantes a essa? Esta é uma questão que implica em si o fenômeno da complexidade que assinalamos acima: ensinar num nível de complexidade e solicitar desempenho em outra

Outro exemplo de questão, ainda num teste de matemática, que implica em formulação desnecessária para o que se tem que solicitar ao educando. Uma questão de linguagem. No caso, o que se desejava saber era se o educando havia aprendido a "simplificar fração". A pergunta formulada na provinha foi a seguinte: "A fração irredutível equivalente à fração 64/96 é da forma a/b. Qual é o valor de a + b?" Opções de resposta: a) 10; b) 5; c) 20 d) 80. A resposta correta evidentemente é a "b", pois que a fração irredutível equivalente de 64/96 é 2/3, cuja soma do numerador com o denominador é 5.

Temos que observar que a complicada formulação da questão não torna mais complexa a tarefa que o estudante tem para realizar, que é simplesmente "simplificar fração". Ele pode perfeitamente saber "simplificar fração", mas, por não compreender a tortuosa redação da questão acima, pode também manifestar um desempenho inadequado. E, certamente será isso o que irá acontecer. Uma resposta insatisfatória, no caso, não revelará, em princípio, que o estudante não aprendeu o conteúdo ensinado, mas poderá simplesmente estar manifestando que ele não entendeu o que lhe foi perguntado.

Exemplos semelhantes de questões poderão ser multiplicados às miríades tanto em matemática como em outras disciplinas. Para descobrir isso, basta cada um de nós tomarmos os testes escolares de nossos filhos ou de outras crianças e prestar atenção em suas questões. Então, veremos que, muitas vezes, o que é difícil não é o conteúdo ensinado e aprendido, mas sim a compreensão das questões formuladas pelo(a) professor(a), seja em função da linguagem, da complexidade ou de outros fatores inseridos indevidamente na questão.

Através de questões de uma “Prova Final de Português”, exemplifico novamente o que ocorre quando se ensina um conteúdo num nível de complexidade e se elabora questões num nível de compreensão muito mais complexo, o que conduz a uma dificuldade excessiva de entendimento do que se pede ao educando que responda. Não é que o educando não tenha aprendido o determinado conteúdo; de fato, ele pode ter aprendido *da forma como foi ensinado*, mas não sabe responder *da forma como está sendo perguntado*. A diferença de complexidade entre a forma como foi ensinado e forma como está sendo perguntado conduz, muitas vezes, o educando a um resultado insatisfatório. Aqui, de novo, uma resposta incorreta não revelará que o estudante aprendeu alguma coisa. Poderá simplesmente revela que não compreendeu o que se pediu a ele.

Analisando uma apostilha, oferecida pela escola para estudo de alguns temas da Língua Portuguesa, no que se refere ao tema “Sujeito e Predicado” numa oração, observei que os exemplos apresentados para “modelos de estudo” eram diretos e simples, tais como “Pedro telefonou para Maria” (sujeito simples); “Ontem, Pedro e José telefonaram para você” (sujeito composto); “Continuo preocupado com você” (sujeito oculto). Com nível de complexidade simples, semelhante aos acima, estavam expostos outros conteúdos tais como “Núcleo do sujeito” ou os “Tipos de predicado (verbal ou nominal)”. Porém, quando esses exemplos, utilizados no ensino, são comparados com o que foi solicitado na provinha, podemos verificar a diferença de complexidade entre *o modo como o conteúdo foi ensinado* e o *modo como foi solicitado no instrumento*. Será fácil para cada um de nós tomar uma provinha de nossos filhos ou sobrinhos e observar essas diferenças na complexidade entre o *quê* e *como* foi ensinado um determinado conteúdo e o *quê* e *como* foi solicitado. Usualmente, nos testes, encontramos uma frase, mais complexa que a utilizada como exemplo no ensino, comumente destacada de um texto escolhido como base, pedindo-se ao estudante que aplique sobre ela os conhecimentos sobre sujeito, núcleo de sujeito, tipos de predicados etc...

Vamos ao exemplo de uma questão no teste de Língua Portuguesa com essas características. A tarefa era: "Observe a oração — '*...que prometera ir pessoalmente à televisão ...*' — e diga qual é o tipo de sujeito da mesma". É óbvio que essa frase faz parte do corpo de um texto, de onde foi extraída. Importa observar a diferença de complexidade entre a expressão dessa frase e das frases anteriores, utilizadas como exemplos para o ensino na apostilha — que eram diretas, simples. A complexidade do que se pede na pergunta aumenta sumamente a dificuldade para identificar o sujeito da oração. É óbvio que a dificuldade que a criança apresentará para identificar o "sujeito oculto" na frase citada na questão não é por "não saber o que seja um sujeito oculto", mas sim pela dificuldade de compreender o que se pede através de uma formulação completamente diferente das utilizadas no ensino. No caso, o sujeito da frase, de fato, está "extremamente oculto" para um estudante de quinta série do Ensino Fundamenrtal, como era o caso. Certamente que, a criança responderá incorretamente essa questão e, por isso, receberá a reprovação. Mas, de fato, não é que ela não soubesse o conteúdo; o que ela não conseguiu foi compreender o que se pediu a ela, nem era capaz de responder a uma questão mais complexa do que fora ensinada.

Então, será que nossos instrumentos de coleta de dados sobre desempenho de aprendizagem dos nossos educandos, de fato, estão assentados sobre o que foi ensinado e que, portanto, eles deveriam ter aprendido e, por isso, manifestariam saber? Usualmente, não, pois que o mais comum entre nós é que as perguntas estabelecidas nos testes, na sua maioria, não está compatível com os conteúdos ensinados, tendo as características de clareza, precisão, linguagem clara e de mesmo nível de complexidade.

Recentemente, eu assistia a uma conferência, na qual o conferencista, entre outras coisas, fez o relato de uma experiência da sua biografia escolar passada. Ele era um homem dos seus setenta anos e dizia que, no passado, ainda havia vivenciado as experiências de provas escritas e provas orais.

Numa determinada prova oral, diante de uma banca de três professores, ele não fora capaz de responder nenhuma das perguntas formuladas e, por isso, recebera a menção 0 (zero). Diante da situação, levantou-se e disse aos examinadores: "Senhores professores, eu sei o conteúdo sobre o qual vocês me fizeram perguntas, mas não sei responder *do jeito* que vocês perguntaram. Por isso, fiquei como se não houvesse estudado e não soubesse esse conteúdo. Contudo, eu o sei, pois eu o estudei". Então, os examinadores, após confabularem entre si, permitiram que ele (jovem) falasse sobre o assunto. E ele passou a expor o que havia estudado e o que sabia sobre o tema em exame. Após quinze minutos de exposição, os professores o dispensaram, atribuindo-lhe uma menção 8 (oito). Dizia esse conferencista: "Eu bem que merecia dez, mas pela minha ousadia, eles me deram oito".

Penso que essa experiência está presente em nossas práticas intituladas de "avaliativas". De fato, na maior parte das vezes, os instrumentos não são elaborados de tal forma que solicitem *simples e diretamente* aos estudantes o que eles deverão manifestar tendo em vista demonstrar que aprenderam o que fora ensinado. E, então, muitas vezes (e muitos estudantes são reprovados por isso) o difícil não é o conteúdo ensinado e aprendido e a ser expresso nos instrumentos, mas sim o difícil é compreender o que é que os professores solicitam aos estudantes.

Esses elementos estranhos a um instrumento de coleta de dados para avaliação, mas neles presentes, não detectam nada significativo na conduta do educando, mas servem para justificar a afirmativa de "eles não sabem, porque não estudaram", muito ao gosto comum das conversas entre educadores(as) na "Sala dos Professores", em nossas escolas, nos intervalos entre uma aula e outra. Instrumentos elaborados dessa forma distorcem a realidade, mas seus resultados são tomados indevidamente como se revelassem a realidade.

Mas, o que isso tudo tem a ver com ética? Ética, aqui no caso, tem a ver com verdade, o que não quer dizer "verdade absoluta". Entre outras coisas, tem a ver com a verdade nas relações conosco mesmo e com os outros. Retomando os exemplos acima, nós professores dizemos aos nossos estudantes: "Estou ensinando esses conteúdos e nos testes perguntarei sobre isso, para verificar se vocês efetivamente aprenderam o que foi ensinado". Todavia, os exemplos mostram que não é tão verdade que os professores perguntam *simples* e *diretamente* sobre o que ensinaram. Usualmente formulam —desnecessariamente — do ponto de vista dos conteúdos — questões complexas e difíceis de serem compreendidas, contudo, não necessariamente difíceis de serem respondidas, caso pudessem ser bem compreendidas. Existe um ditado que diz: "Pergunta bem compreendida, cinquenta por cento da resposta bem dada". O contrário também é verdadeiro: "Pergunta mal compreendida, cem por cento da resposta mal dada".

Com essas situações repetidas por inúmeras vezes na escola, os estudantes vão se sentindo sutilmente enganados e, vagarosamente, subliminarmente, também vão aprendendo a enganar. Ocorre aí uma conduta antiética, do ponto de vista do compromisso com a verdade nas relações interpessoais entre educador(a)-educando, o que, por usa vez, aqui e acolá, conduz um ou outro educando — como reação — a utilizar de subterfúgios para responder aos testes de forma correta (as famosas "colas").

Por outro lado, desejo dizer com todas as letras, que essa conduta não é realizada por nós educadores por má vontade ou por uma intenção negativa explícita e consciente de enganar. É assim que se tem agido ao longo do tempo. Essa compreensão efetivamente não justifica, de forma alguma, nenhum dos atos, acima citados, mas permite tomar consciência de que assim agimos e, se o desejarmos, permite também mudar o rumo das coisas.

Por outro lado, importa ensinar ética aos nossos educandos através da vida cotidiana. É o que nos ensina os chamados "conteúdos transversais" dos Planos Curriculares Nacionais.

Produzir bons e adequados instrumentos para a coleta de dados para a avaliação da aprendizagem dos nossos educandos, sem subterfúgios, sem enganos, sem complicações desnecessárias, sem armadilhas, pode ser um bom exercício ético na nossa vida pessoal, assim como pode ser um bom e significativo exercício vivencial de ensinar a ética aos nossos educandos na vida cotidiana.

Eles aprendem muito pela convivência, como também nós. Superar os subterfúgios e explicitar o que efetivamente é necessário ser explicitado, pode ser uma boa conduta ética. Atuar adequadamente no uso de instrumentos de coleta de dados para a prática da avaliação da aprendizagem pode ser uma boa oportunidade para nós educadores vivenciarmos condutas éticas e, para nossos educandos, oportunidade ímpar de aprender condutas semelhantes.

Respeitar as regras de elaboração e uso de instrumentos de coleta de dados é uma prática eticamente positiva que redunda em proveito efetivo do sucesso em nossas escolas. Afinal, através deles, nós educadores tomaremos conhecimento sobre a eficiência de nossa prática de ensino e nossos educandos tomarão consciência dos resultados positivos decorrentes dos investimentos que fizeram em seus estudos. A ética necessita estar presente nas condutas avaliativas, como sua guia.

Instrumentos de coleta de dados para a avaliação compatíveis com o ensino são recursos fundamentais para nossa prática de educadores e para a prática de nossos estudantes. Eles expressarão o respeito que temos pelo nosso trabalho, assim como revelarão o respeito que temos pelo investimento de nossos estudantes ao estudo, assim como pela validade e verdade da investigação que realizamos sobre o seu desempenho, além de revelar o quanto eticamente estamos comprometidos com esse processo.

O texto que compõe este capítulo foi publicado na revista *ABC Educatio*, ano 7, n. 56, maio 2006, p. 33-34, Editora Cripart, São Paulo. O artigo foi escrito para expor aos educadores uma solução viável, quando num instrumento de coleta de dados para a avaliação, o avaliador tem desejo de verificar o desempenho do educando em tarefas que estão para além do que foi ensinado. O que foi ensinado tem a ver com o "domínio", o que está para além do ensinado está vinculado ao "desenvolvimento", segundo termos utilizados por Norman Grounlund, autor utilizado no texto para abordar a questão proposta.

CAPÍTULO XVII

AVALIAÇÃO DA APRENDIZAGEM: DOMÍNIO E/OU DESENVOLVIMENTO

Sobre a questão dos conhecimentos majorantes nos instrumentos de coleta de dados para a avaliação

A partir do artigo inserido no capítulo anterior, tratando das armadilhas que estão presentes nas perguntas dos instrumentos de coleta de dados para a avaliação da aprendizagem na escola, assim como abordando a questão ética que aí se encontra envolvida, cabe a pergunta: "Então, não podemos, num instrumento, colocar perguntas que exijam que o estudante vá para além daquilo que foi ensinado, de tal forma que ele manifeste sua capacidade de solucionar problemas novos? Se isso não pode ser feito, como ficará o crescimento pessoal do estudante?"

No presente texto, proponho-me a tecer considerações sobre essa questão, que serve de aprofundamento sobre o que foi exposto no texto anterior, assim como indicar alguma solução para o impasse colocado na pergunta acima em torno da necessidade do educando ir para além do que foi ensinado.

A clareza é profundamente importante para que não misturemos uma coisa com outra — conhecimento ensinado e conhecimento majorante —, parecendo que são iguais ou, no mínimo, semelhantes, quando possivelmente não o são. A seguir, tento produzir clareza sobre a questão colocada.

Norman E. Gronlund, pesquisador norte-americano da área da avaliação da aprendizagem, em seu livro *Elaboração de testes para o ensino*, traduzido e publicado no Brasil pela Livraria Pioneira Editora, São Paulo, 1979, estabelece uma abordagem que considero interessante para compreender a questão formulada acima. Ele distingue as aprendizagens de "domínio" das aprendizagens de "desenvolvimento", com uma consequente prática de avaliação para o domínio e para o desenvolvimento.

De um lado, estão as aprendizagens chamadas de "domínio", que significam aquelas que devem ser ensinadas e aprendidas como as mínimas necessárias de um determinado conteúdo (seja ele conhecimento, procedimento ou atitude) para um determinado nível de desenvolvimento escolar (faixa etária, série).

Por exemplo, o que é necessário ser ensinado e aprendido por um estudante de quinta série sobre a operação com os números fracionários? Isso significa listar que todos as informações, habilidades e valores necessários à aprendizagem do estudante nesse conteúdo e nesse nível que deverão nortear as atividades do educador. São os dados (as variáveis) que configuram o mínimo necessário desse determinado conteúdo para esse nível de escolaridade. A exemplo genérico poderíamos citar que o "estudo de fração", numa quinta série exige os seguintes conhecimentos e habilidades: noção de fração, operação com as frações (adição, subtração, multiplicação, divisão), solução de problemas simples com os números fracionários. Esses conteúdos e habilidades necessitam ser adquiridos efetiva e plenamente, ou seja, todos os estudantes, que se submetem a esses estudos, deverão saber esses conteúdos sem que seja pela "média", mas sim pelo máximo. Esse é o mínimo necessário.

Para essa aprendizagem, nós educadores necessitamos de investir todas as nossas habilidades de ensinantes para que, de fato, todos os estudantes, com os quais trabalhamos, aprendam e tomem posse desse conteúdo, tendo o domínio do mesmo. Isso significa que o estudante somente atingiu "o domínio sobre esse conteúdo".

De outro lado, está a possibilidade dos estudantes irem para além desse domínio, o que o referido autor denomina de "aprendizagem de desenvolvimento". O que os estudantes poderão fazer com o "conhecimento de domínio", aplicando-os? Certamente, poderão fazer muitas coisas. Por exemplo, ele pode ser utilizado para resolver problemas práticos do dia a dia (aplicação), assim como para entender ou aprofundar outros problemas teóricos, o que, neste caso, implica no uso de uma categoria de conhecimento para proceder a formulação de outro mais complexo.

É no nível do "desenvolvimento" que os pesquisadores que produzem novos conhecimentos e que os criadores de novas tecnologias realizam suas atividades. Eles se servem do que aprenderam e dominaram para criar novas soluções e novos objetos. A aprendizagem para o "desenvolvimento", da qual nos fala o autor, tem a ver com o que nossos estudantes podem fazer com os conhecimentos já adquiridos e assentados. Certamente que não temos o poder de saber o que o outro fará livremente com aquilo que aprendeu, que tem domínio. Não temos o poder de saber o que cada um fará com a sua liberdade de intuir, descobrir, inventar e criar. Essa é a atividade da criatividade que pertence a cada um. Apesar de nossa ignorância sobre as possibilidades de desenvolvimento do outro ou de cada um dos nossos estudantes, essa qualidade da "aprendizagem para o desenvolvimento" pode e deve ser estimulada e treinada em nossas escolas.

Tendo presente essa compreensão, estaremos cientes de que a aprendizagem para o "domínio" é necessária a todos e ela deve dar-se na sua forma mais perfeita, isto é, não pode ser só "pela média"; o estudante necessita tomar posse desse determinado conteúdo como seu. Todos os estudantes de uma turma devem chegar lá. Ele é o recurso da democratização do saber necessário, que chega a todos.

Porém a aprendizagem para o "desenvolvimento" expressa o risco, a possibilidade de chegar num bom resultado ou não. O desenvolvimento é o "mais" (o "plus"), o que vai para além do estritamente necessário, vai para além do reino do necessário e ingressa no reino do criativo. É o âmbito da criação ou recriação do conhecimento, das habilidades, das performances, da investigação científica, das soluções tecnológicas novas. Isso deve ser ensinado e treinado em nossos estudantes e, por isso mesmo, não só esperado deles nas ocasiões de aplicação de instrumentos para a coleta de dados sobre o seu desempenho, tendo em vista a avaliação da sua aprendizagem. Aprende-se a arriscar para além do que já se aprendeu, mas, para isso, importa investir na exercitação prática.

Assim sendo, as questões colocadas nos instrumentos de coleta de dados — hoje, em nossas escolas — para a avaliação da aprendizagem, que parecem ser somente para desvendar a aprendizagem do educando em relação aos conteúdos que ensinamos, muitas vezes poderão ser classificadas como questões que servem para detectar o "desenvolvimento" — conhecimentos e habilidades que estão para além do ensinado —, que pertence a cada um, ao talento de cada um, diferente do "domínio", que é o necessário para todos. E, outras vezes, infelizmente (o que não ajuda em nada), muitas questões colocadas nos testes não podem, nem mesmo, serem classificadas na categoria do "desenvolvimento", como definimos acima, mas sim numa categoria outra categoria — a de "armadilha", como abordado no capítulo anterior —, que somente servem para excluir os estudantes.

Os exemplos, que utilizei no texto anterior, de um teste de Matemática e de um teste de Língua Portuguesa para estudantes de quinta série, não se classificam como "questões de desenvolvimento", devido suas próprias formulações. Assim sendo, será que efetivamente o que se encontra nas seguintes questões de Matemática — "Qual é o número maior do que cento e noventa, menor do que 200, e múltiplo de 4 e 6?" e — "A fração irredutível equivalente à fração 64/96 é da forma a/b. Qual é o valor de a + b? — (a) 10; (b) 5; (c) 20 (d) 80" — poderia ser categorizado como "questões de desenvolvimento", que, por si, deveriam conter efetivos problemas que conduzissem o estudante para além do que ele aprendeu no "domínio" ou são formulações que somente confundem o estudante na compreensão do que se pede?

Os conteúdos aos quais essas questões fazem referência não têm a ver com "questões de desenvolvimento", porém, sim com a introdução de uma linguagem excessivamente complicada para se expressar o que se pede.

De fato, nessas questões, não se faz presente um efetivo problema novo de matemática. O que se pede nelas é o "domínio" dos conteúdos "múltiplos de um número", "de dois ou mais números" e "simplificação de fração", porém através de um circunlóquio de palavras, que dificulta o entendimento do que se solicita. "Múltiplos de um número", "múltiplos de dois ou mais números" e "simplificação de fração" são conteúdos mínimos necessários ao domínio, não são problemas que exigem do estudante ir para além do ensinado e aprendido, ou seja, não significam questões de "desenvolvimento".

As "questões de desenvolvimento" são aquelas que colocam à frente do estudante problemas novos, para a solução das quais, necessita de servir-se como base dos conteúdos do "domínio", mas indo além. No caso acima, para serem de desenvolvimento, as questões deveriam enunciar problemas que, para serem resolvidos, necessitar-se-ia do domínio prévio sobre os múltiplos de um, ou de um ou mais números, e sobre a simplificação de uma fração, somando-se a esses conhecimentos outros recursos criativos No entanto, as questões do exemplo não trazem essa qualidade; somente pedem que o estudante manifeste ter aprendido "estabelecer e/ou reconhecer os múltiplos de um número", " múltiplo de dois ou mais números" e "simplificar uma fração".

Um exemplo de "desenvolvimento" poderia ser "servir-se do conhecimento sobre múltiplos de dois ou mais números para proceder ao estabelecimento do 'mínimo múltiplo comum' nas operações de adição e subtração de frações denominadores diferentes". Aqui há a exigência no uso de um conhecimento já adquirido para solucionar um desafio mais complexo, exige, pois, um "desenvolvimento", na linguagem de Grounlund. Ou seja, o "desenvolvimento" implica na aplicação de conhecimentos de "domínio" (mínimo necessário de um determinado conteúdo) na solução de problemas mais complexos.

Em síntese, solicitar ao estudante que manifeste desenvolvimento para além do domínio não significa formular questões que sejam mais difíceis de serem compreendidas, mas sim colocar questões claras que possibilitem ao estudante aplicar os conhecimentos anteriores para solucionar problemas novos.

A análise que fizemos acima sobre as questões de Matemática, abordadas no texto anterior, pode ser aplicada à questão de Língua Portuguesa — também foi abordada no capítulo anterior —, assim como poderá ser aplicada a quaisquer situações educativas do cotidiano de cada leitor, abordando criticamente instrumentos de coleta de dados para a avaliação aplicados em educandos próprios ou de outros, filhos, parentes, identificando onde existe uma questão que é de domínio, ou de desenvolvimento ou uma armadilha para "pegar o estudante pelo pé". Com essas categorias em mãos e com um pouco de atenção, um educador profissional, facilmente tanto elaborará questões de uma e de outra categoria para compor um teste, quanto para analisar um teste já elaborado que contenha questões com essas categorias ou que as confunda.

Então, vamos treinar um pouco. Um desafio para o leitor — uma "questão de desenvolvimento". Usando os entendimentos assimilados com leitura deste capítulo até este parágrafo (domínio), procurar (conhecimento majorante[2] = aplicação) em seus instrumentos de coleta de dados para avaliação ou nos instrumentos utilizados na instituição escolar onde trabalham, questões que efetivamente revelem investigação sobre "domínio" sobre "desenvolvimento" ou questões que somente "apresentem linguagem confusa e/ou complicada para confundir o estudante na compreensão do que se pede"; o que certamente o conduz a uma manifestação insatisfatória de sua aprendizagem.

Se essa compreensão é clara, então podemos dar um passo a frente. Em primeiro lugar, nossos instrumentos de coleta de dados sobre desempenho do estudante *devem ser instrumentos capazes de coletar de dados para uma pesquisa* (o quer dizer elaborados segundo as regras da metodologia científica). Em segundo lugar, elaborar questões que coletem *todos* os dados necessários para saber se um estudante aprendeu efetivamente um determinado conteúdo (domínio), tendo em vista aquilatar se o estudante aprendeu o que fora ensinado. Em terceiro lugar, se for do nosso desejo ou de nossa necessidade, elaborar questões, que coletem dados sobre os co-

---

2. A expressão "conhecimento majorante" diz respeito a capacidade do educandos de ir para além do ensinado e aprendido, servindo-se do ensinado como base.

nhecimentos majorantes, que o estudante, porventura, possa manifestar. Esses dois tipos de questões devem ser diagramados em lugares distintos do instrumento.

Então, no que se refere ao domínio, se a aprendizagem de um conteúdo implica em dez informações importantes e em mais dez habilidades, todas essas informações e todas essas habilidades devem ser contempladas nas questões formuladas para diagnosticar esse âmbito da aprendizagem. Nada deve ficar de fora, pois que se deseja saber se o estudante aprendeu o que era necessário aprender (característica dos instrumentos estudada no Capítulo XV). Não bastam questões aleatórias, algumas sobre "x" tema e outras sobre "y" tema; importa cobrir todo o essencial necessário a ser aprendido sobre esse conteúdo. Além disso, as questões necessitam de ser vazadas em linguagem clara, precisa, direta (característica estudada no Capítulo XVI). Nada de subterfúgios. O que desejamos constatar é se o estudante aprendeu o que ensinamos e não se ele é capaz de compreender enigmas.

Por outro lado, caso desejemos que nossos estudantes revelem se são capazes de ultrapassar o ensinado e aprendido, aplicando os conhecimentos adquiridos para solucionar novos problemas ou criar novas soluções, sejam elas mais complexas ou não, devemos também formular questões, com as mesmas características metodológicas lembradas acima, que solicitem deles seja a aplicação dos conhecimentos básicos já adquiridos, seja sua recriação, seja a criação de algo novo.

Assim sendo, tomando por base a ideia de que teríamos vinte condutas básicas sobre um determinado conteúdo (dez de informação e dez de habilidades, acima mencionadas), nosso instrumento teria 20 questões de "domínio" e acrescentaríamos, talvez, mais cinco de "desenvolvimento". E, se na nossa escola, ainda importa ter "notas" para aprovação do estudante, para isso, somente nos serviríamos das questões de domínio; as de "desenvolvimento" teriam a função de diagnosticar as possibilidades de nossos estudantes de irem para além do aprendido; e, mais do que isso, oferecer para nós educadores um diagnóstico do que estamos necessitando de treinar em nossos estudantes, se queremos que eles se desenvolvam para além do que nós ensinamos, em decorrência estrita dos programas escolares de "domínio".

Se assim agirmos, não cairemos no engano de considerar uma questão formulada com linguagem complicada como se apresentasse um problema novo, que, *aparentemente*, exigiria do estudante a aplicação de conhecimentos anteriormente adquiridos.

Se assim agirmos, teremos clareza do que é que estamos fazendo, do mesmo modo como não estaremos confundindo nosso educando, dizendo que estamos solicitando uma coisa e, de fato, estamos solicitando outra.

Acredito que valha a pena tentar esse caminho. Será sadio para nós mesmos como para nossos estudantes; o mesmo ocorrendo para o sistema de ensino. Será um recurso de verdadeiro diagnóstico, que servirá de base para uma consequente intervenção na aprendizagem dos nossos educandos. Estaremos evitando confundir fenômenos e conceitos, dificultando a compreensão das questões, como se estivéssemos solicitando dos nossos estudantes a manifestação de sua capacidade majorante de resolver problemas. O que, ao mesmo tempo, nos propiciará condições de um diagnóstico, o mais objetivo possível, da aprendizagem de nossos educandos, e o mais próximo de suas verdadeiras capacidades.

Penso que essa conduta clara será mais saudável para nós educadores, para o sistema de ensino e para nossos educandos. Para todos, enfim!

PARTE VII

UMA ÚLTIMA OBSERVAÇÃO

Olhar para o aproveitamento individual do educando é o meio de acompanhá-lo em sua trajetória de estudos e aprendizagens. Olhar para o aproveitamento da turma de estudantes é o meio pelo qual se pode saber da eficiência do trabalho docente e do sistema escolar.

CAPÍTULO XVIII

O INDIVIDUAL E O COLETIVO NA AVALIAÇÃO DA APRENDIZAGEM

Sobre o cuidado necessário em olhar para o educando e em olhar para o educador.

Escrevo este texto para fechar as compreensões e encaminhamentos práticos sobre avaliação da aprendizagem tratados neste livro. O que exporei, a seguir, tem a ver com o destino final das práticas de avaliação da aprendizagem na escola, no caso, estar atento tanto ao "educando" quanto à "turma de estudantes", na qual ele se encontra inserido. O que implica em ter presente o individual e o coletivo nesse âmbito de prática avaliativa.

Primeiro, o educando. Praticar a avaliação da aprendizagem escolar, do ponto de vista do educando, significa acompanhá-lo, através da qualidade dos resultados de sua aprendizagem, detectados através do uso cuidadoso dos recursos metodológicos, em conformidade com as abordagens, entre outras, realizadas no decurso dos capítulos deste livro, aliados aos recursos da psicologia e da pedagogia no que se refere às relações humanas interpessoais e de liderança.

Os atos avaliativos na escola, de um lado, permitem ao educador saber como está se dando a aprendizagem do educando individualmente, seus sucessos, suas dificuldades, ao mesmo tempo, indicam o que fazer para auxiliá-lo a ultrapassar os impasses emergentes. O ato de avaliar, como temos visto, subsidia o gestor (no caso, o educador) nas suas decisões e encaminhamentos na busca do sucesso dos resultados estabelecidos como metas no planejamento da atividade que administra (no caso, o ensino).

Esse é o serviço que a avaliação da aprendizagem presta ao educador, como acompanhante do educando individualmente no seu processo de aprender e desenvolver-se. É um recurso que subsidia olhar para o desempenho de cada educando.

Todavia, a gestão do ensino, como de qualquer outra atividade onde se trabalhe com pessoas agrupadas, tem também uma dimensão coletiva. Então, o ato avaliativo, no caso, tem um destino de permitir ao educador servir-se de um olhar para a realidade, a partir dos resultados coletivos, ou seja, o estudante sobre o qual se olha individualmente faz parte de um todo. Então, nesse contexto, é preciso ter ciência dos resultados desse todo, que, aqui, de imediato, é definido como a turma de estudantes da qual faz parte o educando individual, que, mais amplamente, esse todo pode ser definido como as turmas de uma série, a escola, um município, um estado, o país. Contudo, para as dimensões abordadas neste livro, interessa de imediato a turma de estudantes, na medida em que esse olhar subsidiará o professor, em sala de aula, ter ciência da eficiência do seu trabalho, como também pode subsidiar a direção da escola ter ciência da qualidade de desempenho de cada educador em sua turma ou suas turmas.

Um estudante ou poucos estudantes, de modo isolado, poderão estar obtendo resultados plenamente satisfatórios, mas a turma como um todo, na qual estão inseridos, ou as turmas com as quais um determinado professor trabalha em torno de uma mesma matéria de ensino, não estão manifestando desempenho satisfatório em termos de aprendizagem.

Quando o foco de atenção volta-se exclusivamente para o educando individual, somos tentados (e, em nossas escolas, temos sido tentados) a dizer que os educandos, que estão com desempenho insatisfatório, são os únicos responsáveis pela qualidade negativa de sua aprendizagem. Contudo, se nosso foco for, ao mesmo tempo, o educando individual assim como a turma, poderemos perceber se os resultados negativos obtidos são de responsabilidade somente do educando individual ou também do educador e do sistema de ensino. O mesmo pode-se dizer quando os resultados são positivos.

Se em uma turma de trinta estudantes, alguns (que podem ser dois, três ou quatro) estão com aprendizagens insatisfatórias, necessitamos de ter um foco imediato para eles, tendo em vista dar-lhes suporte para que ultrapassem suas dificuldades, caso desejemos que efetivamente todos aprendam. Todavia, se, nessa mesma turma de trinta estudantes, um número maior deles manifestar um desempenho insatisfatório, há que se olhar para o que está ocorrendo com a qualidade da atividade do educador, que pode estar causando a circunstância de que tantos educandos estejam manifestando carências em suas aprendizagens.

A eficiência na aprendizagem não depende só do aprendiz, mas, ao mesmo tempo, do ensinante e do sistema escolar dentro do qual ele está inserido. Será que os baixos resultados não estão a depender do desempenho do educador, ou da metodologia que utiliza, dos materiais didáticos disponíveis, ou das carências presentes na administração da escola, ou do espaço físico aonde os educandos são atendidos; ou desse fatores todos juntos?

Caso o olhar para o coletivo nos mostre as carências do sistema de ensino (educador em sala de aula, direção da escola, escola, município....), essas carências necessitam de sofrer correções para que os educandos, como indivíduos pertencentes a uma turma ou a uma escola, possam efetivamente aprender. Aqui a responsabilidade pela aprendizagem não é atribuída exclusivamente ao educando, mas cuida-se do conjunto de variáveis que "determinam" a situação que está sendo abordada. Marx diz que, ao investigar algum fenômeno, necessitamos, metodologicamente, ter presente suas "múltiplas determinações". Sem o que, podemos nos enganar, olhando só para um dos fatores componentes da realidade em avaliação.

Na prática da avaliação da aprendizagem, focar a atenção só no desempenho do educando pode trazer muitos enganos, desde que a fonte dos impasses pode estar assentada em outros componentes (variáveis) da ação que não só a responsabilidade de estudo e aprendizagem por parte do educando. Desse modo, importa focar tanto o individual quanto o coletivo; tanto o estudante quanto a turma e o sistema.

As investigações do sistema nacional de educação, implantados no Brasil, a partir do exercício administrativo do ministro Paulo Renato, à frente do Ministério da Educação, no Brasil — SAEB (Serviço de Avaliação da Educação Básica), ENEM (Exame de Ensino Médio), anterior ENC (Exame Nacional de Curso) — tinham e têm (com todas as mudanças ocorridas, após seus dois mandatos) por objetivo olhar o desempenho do sistema — do coletivo. Olhar para o coletivo permite aquilatar o desempenho do sistema, seus sucessos, suas falhas e carências, o que possibilita correções fundamentais, se o desejo é de sucesso do sistema como um todo.

A sugestão, aqui, é de que o educador, em sua sala de aulas, sirva-se dos recursos metodológicos da avaliação da aprendizagem para obter os resultados individuais de aprendizagem de cada um dos seus educandos. Com esses resultados em mãos, praticar duas "leituras": uma individual relativa a cada educando; outra, coletiva, tomando por base o desempenho da turma.

Para o diagnóstico individual, basta a contagem de pontos positivos e negativos e sua subsequente qualificação, em conformidade com a definição de avaliação como "investigação da qualidade dos resultados, no caso, da aprendizagem de cada educando". Para o diagnóstico coletivo, importa que, minimamente, se faça uma "curva de aproveitamento" da turma.

Vamos supor um determinado teste de 20 questões utilizado em uma turma de estudantes e, em torno dele, vamos estabelecer a mais simples de todas as curvas estatísticas.

Para tanto, basta contar quantos estudantes acertaram vinte questões, quantos acertaram dezenove, dezoito,... e assim por diante. Ao final, teremos uma curva de aproveitamento.

Ou podemos, também de forma simples, agrupar os acertos por faixas. Por exemplo, quantos estudantes da turma tiveram acertos na faixa entre 17-20 questões; na faixa entre 14-16 questões; entre 11-13...? Então, também rapidamente, temos um desenho da curva de aproveitamento.

Esse desenho pode ser expresso num gráfico de dupla entrada: uma vertical, assinalando o número de cada questão (1, 2, 3, 4, ...) e em uma linha horizontal o número de estudantes que acertou cada questão. O cruzamento entre essas duas linhas indicará visualmente, no gráfico, o nível de desempenho de cada grupo de estudantes e, ao final, temos um desenho visual do desempenho da turma, o que implicará dizer do nosso desempenho como educador e da escola como sistema de ensino. Se a turma, como um todo, manifestar um desempenho satisfatório, será o nosso trabalho que estará garantindo esse sucesso, mas, se nesse gráfico, se manifestarem carências significativas nos resultados, teremos que investigar em que variáveis do nosso trabalho ou do sistema de ensino estão as fontes desses desvios.

Caso optemos por um gráfico estabelecido por faixas de acertos, ele será desenhado do mesmo modo: na coluna vertical, as faixas de acertos, e linha horizontal, a quantidade dos indivíduos (estudantes) que se enquadra em cada faixa. O desenho do aproveitamento da turma será equivalente ao anterior.

Caso o educador tenha conhecimentos mais sofisticados em estatística, poderá servir-se dos recursos da "Curva de Gauss", ou de outros recursos, para expressar e ler os resultados da turma.

A "leitura" dos resultados individuais dará a dimensão do aproveitamento de cada estudante, a "leitura coletiva" dará a dimensão do desempenho do sistema de ensino, que tem a ver com o educador como seu representante na sala de aula, com a escola como instituição que sedia a ação do educador, e com o próprio sistema de ensino, aonde está inserida.

Índices como do IDH ou IDEB, ou os resultados das avaliações do sistema nacional do ensino, nos apontam para focar no desempenho do sistema e não só no desempenho do educando. Esses dados permitem tomar decisões para a melhoria do todo.

Necessitamos dos dois enfoques — individual e coletivo —, se desejamos melhorar o desempenho da prática educativa em nossas salas de aula, em nossas escolas e em nossas variadas instâncias administrativas do país, quando identificamos carências.

O convite final deste livro é para que cada educador, em seu posto de trabalho — seja ele em sala de aula, na coordenação pedagógica de uma escola, na supervisão, na direção, na instâncias das secretarias de educação municipais ou estaduais, ou como ministro da educação do país — aprenda o olhar para as múltiplas determinações de uma realidade, na perspectiva de configurar sua qualidade, seja ela positiva ou negativa, tendo em vista subsidiar melhorias permanentes, oferecendo a cada indivíduo deste país a possibilidade de ampliar sua consciência na perspectiva da cidadania, assim como oferecendo a sociedade a possibilidade de elevar-se no processo civilizatório, garantindo a cada um e a todos um modo de vida democrático — onde todos usufruem e contribuem para os bens sociais, seguro — no qual todos podem ir e vir sem sustos e temores, saudável — aonde todos possam viver razoavelmente bem, com riquezas e benefícios distribuídos.

REFERÊNCIAS BIBLIOGRÁFICAS

Para compreensões socio-históricas da avaliação

ALTHUSSER, Louis. *Ideologia e aparelhos ideológicos do Estado.* 2. ed. Rio de Janeiro: Graal, 1985.

BOURDIEU, Pierre. Sistemas de ensino e sistemas de pensamento. In: *A economia das trocas simbólicas.* São Paulo: Perspectiva, 1974. p. 203-30.

BOURDIEU, Pierre; PASSERON, C. *A reprodução.* Rio de Janeiro: Livraria Francisco Alves, 1975.

CURY, Carlos Roberto Jamil. *Educação e contradição:* elementos metodológicos para uma teoria crítica do fenômeno educativo. 1979. Tese de doutoramento. PUC, São Paulo.

FOUCAULT, Michel. *Vigiar e punir.* 29. ed. Petrópolis: Vozes, 2004.

GRAMSCI, Antonio. *Os intelectuais e a organização da cultura.* Rio de Janeiro: Civilização Brasileira, 1979.

LIBÂNEO, José Carlos. *A prática pedagógica de professores da escola pública.* Dissertação (Mestrado). Pontifícia Universidade Católica, São Paulo, 1984.

LUKÁCS, G. *História da consciência de classe.* Porto: Publicações Escorpião, 1974.

LUCKESI, Cipriano Carlos. Avaliação: otimização do autoritarismo. In: *Equívocos teóricos na prática educacional.* Rio de Janeiro: Associação Brasileira de Tecnologia Educacional, 1983. p. 44-52.

MARX, Karl. *O Dezoito Brumário de Louis Bonaparte.* São Paulo: Centaruro, 2006.

______. *O capital.* Rio de Janeiro: Civilização Brasileira, 1980. Livro 1. v. 1.

MARX, Karl. *Contribuição à crítica da economia política*. São Paulo: Martins Fontes, 1977.

PERRENOUD, Philippe. *Avaliação:* da excelência à regulação da aprendizagem entre duas lógicas. Trad. Patrícia Chittoni Ramos. Porto Alegre: Artes Médicas, 1999.

Para a compreensão da questão filosófica dos valores

FRONDIZI, Rizieri. *Qué son los valores*. México: Fondo de Cultura Económica, 1958.

HESSEN, Johannes. *Filosofia dos valores*. Coimbra: Arménio Amado Editor, 1980.

LINTON, Ralph. *O homem:* uma introdução à antropologia. São Paulo: Martins Fontes, 1976.

MORENTE, Manuel García. *Fundamentos:* lições preliminares de filosofia. São Paulo: Mestre Jou, 1967.

ROGERS, Carl. *Liberdade para aprender*. Belo Horizonte: Interlivros, 1969.

VÁZQUEZ, Adolfo Sánchez. *Ética*. Rio de Janeiro: Paz e Terra, 1978.

WILBER, Ken. *A união da alma e dos sentidos*. São Paulo: Cultrix, 2001.

______. *Uma breve história do universo*. Rio de Janeiro: Nova Era, 2001.

Para estudos da história da pedagogia e da avaliação

CHAYEAU, J. *Grandes pedagogistas*. São Paulo: Editora Nacional, 1978.

COMÊNIO, John Amós. *Didáctica magna:* tratado da arte universal de ensinar tudo a todos, totalmente. Lisboa: Fundação Calouste Gulbenkian, 1957.

______. *Norme per un buon ordinamento delle scuole*. Trad. Giuliana Limiti. Studi e Testi Comeniani. Roma: Edizioni dell'Ateneo, 1965. p. 47-107.

DANILOV, M. A.; SKATKIN, M. N. *Didáctica de la escuela media*. Havana: Editorial Pueblo y Educación, 1978.

DEWEY, John. *Como pensamos*. 3. ed. São Paulo: Editora Nacional, 1959.

FRANCA, Leonel. *O método pedagógico dos jesuítas: o Ratio studiorum*. Rio de Janeiro: Agir, 1952.

GASPARIN, João Luiz. *Uma didática para a pedagogia histórico-crítica*. 4. ed. Campinas: Autores Associados, 2007.

LIBÂNEO, José Carlos. *Didática*. São Paulo: Cortez, 1994.

______. *Democratização da escola pública:* a pedagogia crítico-social dos conteúdos. São Paulo: Loyola, 1985.

______. *Adeus professor, adeus professora?* Novas exigências educacionais e profissão docente. 12. ed. São Paulo, Cortez, 2010.

LUCKESI, Cipriano Carlos. *Avaliação da aprendizagem escolar:* sendas percorridas. Tese (Doutorado em Educação). Pontifícia Universidade Católica de São Paulo, São Paulo, 1992.

SAVIANI, Dermeval. *Escola e democracia*. 39. ed. Campinas: Autores Associados, 2007.

______. *Pedagogia histórico-crítica:* primeiras aproximações. 10. ed. Campinas: Autores Associados, 2008.

SOUSA, Sandra Maria Zákia Lian. *Avaliação da aprendizagem na escola de 1º grau:* legislação, teoria e prática. Dissertação (Mestrado). Pontifícia Universidade Católica, São Paulo, 1986.

TYLER, Ralph W. *Princípios básicos de currículo e ensino*. Trad. Leonel Vallandro. Porto Alegre: Globo, 1974.

Para estudos da relação entre ética e avaliação

GOLEMAN, Daniel. *Inteligência emocional*. Rio de Janeiro: Objetiva, 1995.

______. Ética. In*: Emoções que curam:* conversas com o Dalai Lama sobre mente alerta, emoções e saúde. Rio de Janeiro: Rocco, 1999. p. 17-58.

GOTTMAN, John; DECLAIRE, Joan. *Inteligência emocional e a arte de educar nossos filhos*. São Paulo: Objetiva, 1997.

KELEMAN, Stanley. *Anatomia emocional*. São Paulo: Summus, 1992.

LEDOUX, Joseph. *O cérebro emocional:* os misteriosos alicerces da vida emocional. Trad. Terezinha Batista dos Santos. Rio de Janeiro: Objetiva, 1998.

LUCKESI, Cipriano Carlos. Avaliação da aprendizagem, ética e relações interpessoais. In: *Avaliação da aprendizagem;* componente do ato pedagógico. São Paulo: Cortez, 2011. p. 383-405.

MARTINS, José Maria. Emoções e desenvolvimento moral. In: *Lógica das emoções na ciência e na vida.* Petrópolis: Vozes, 2004. p. 123-35.

Para estudos específicos sobre avaliação da aprendizagem

1. Teoria e prática

AFONSO, Almerindo Janela. *Avaliação educacional:* regulação e emancipação. 3. ed. São Paulo: Cortez, 2005.

______. *Políticas educativas e avaliação educacional.* Portugal: Universidade do Minho, 1999.

AQUINO, Julio Groppa (Org.). *Erro e fracasso na escola:* alternativas teóricas e práticas. São Paulo: Summus, 1997.

BASTOS, Lilia; PAIXÃO, Lyra; MESSICK, Rosemery Grives. *Avaliação educacional:* planejamento, análise dos dados, determinação de custos. Petrópolis: Vozes, 1977.

______. *Avaliação educacional II:* perspectivas, procedimentos, alternativas. Petrópolis: Vozes, 1978.

______; HASTINGS, J. Thomas; MANDAUS, George F. *Manual de avaliação formativa e somativa do aprendizado escolar.* São Paulo: Pioneira, 1983.

DEMO, Pedro. *Avaliação qualitativa.* São Paulo: Cortez, 1987.

DEPRESBITERIS, Léa. *O desafio da avaliação da aprendizagem:* dos fundamentos a uma proposta inovadora. São Paulo: Editora Pedagógica e Universitária, 1989.

GREGÓIRE, Jacques e col. *Avaliando as aprendizagens:* os aportes da psicologia cognitiva. Porto Alegre: Artes Médicas, 2009.

HADJI, Charles. *Avaliação desmistificada.* Trad. Patrícia C. Ramos. Porto Alegre: Artes Médicas, 2001.

HOFFMANN, Jussara. *Avaliação:* mito e desafio. Uma perspectiva construtivista. Porto Alegre: Mediação, 1992.

______. *Avaliação mediadora:* uma prática em construção. Da pré-escola à universidade. Porto Alegre: Mediação, 1993.

HOLANDA, N. *Planejamento e projetos.* Rio de Janeiro: APEC, 1977.

LUCKESI, Cipriano Carlos. *Avaliação da aprendizagem: componente do ato pedagógico.* São Paulo: Cortez, 2011.

______. *Avaliação da aprendizagem na escola:* reelaborando conceitos e recriando a prática. Salvador: Malabares Comunicação e Eventos Ltda., 2003.

______. Avaliação educacional escolar: elucidações conceituais. *Tecnologia Educacional.* Rio de Janeiro, n. 24, 1976, ABT — Associação Brasileira de Tecnologia Educacional.

POPHAM, W. James. *Avaliação educacional.* Trad. Vânia Maria Moreira Rocha. Porto Alegre: Globo, 1983.

ROMÃO, José Eustáquio. *Avaliação dialógica:* desafios e perspectivas. São Paulo: Cortez, 1999.

TURRA, C. M. G. et al. *Planejamento do ensino e avaliação.* Porto Alegre: Editora Emma, s/d.

VASCONCELLOS, Celso dos Santos. *Avaliação:* superação da lógica classificatória e excludente. Do "é preciso reprovar" ao é preciso garantir a aprendizagem. São Paulo. Libertad, 1998.

______. *Avaliação:* concepção dialética-libertadora do processo de avaliação escolar. São Paulo: Libertad, 2000.

VIANNA, Heraldo Marelin. *Introdução à avaliação educacional.* São Paulo: Ibrasa, 1989.

______. *Avaliação educacional e o educador*. São Paulo: Ibrasa, 2000.

______. *Fundamentos de um programa de avaliação educacional.* Brasília: Líber, 2005.

2. Recursos técnicos

BAQUERO, Goderado. *Testes psicométricos e projetivos:* esquemas para construção e análise de avaliação. São Paulo: Loyola, 1968.

BARTOLOMEIS, Francesco de. *Avaliação e orientação:* objetivos, instrumentos e métodos. Lisboa: Livros Horizontes, 1981.

BLOOM, Benjamin S. et al. *Taxionomia de objetivos educacionais:* domínio afetivo. Porto Alegre: Globo, 1972. v. 1.

______. *Taxionomia de objetivos educacionais:* domínio cognitivo. Porto Alegre: Globo, 1973. v. 2.

DEPRESBITERIS, Lea; TAVARES, Marialva Rossi. *Diversificar é preciso...:* instrumentos e técnicas de avaliação de aprendizagem. São Paulo: Senac, 2009.

GRONLUND, Norman E. *A elaboração de testes de aproveitamento escolar.* Trad. Erb Luís Lente Cruz. São Paulo: Editora Pedagógica e Universitária, 1974.

______. *Elaboração de testes para o ensino.* São Paulo: Pioneira, 1979.

______. *Sistema de notas na avaliação do ensino.* São Paulo: Pioneira, 1979.

LIMA, Lauro de Oliveira. Como utilizar os instrumentos de verificação do rendimento escolar. In: *Escola secundária moderna:* organização, métodos e processos. 10. ed. Petrópolis: Vozes, 1973. p. 595-638.

MAIA, Adinoel Motta. Um método para a verificação da aprendizagem. *Tecnologia Educacional.* Rio de Janeiro, v. 7, n. 57, p. 47 ss., 1984.

NOLL, Victor H. *Introdução às medidas educacionais.* São Paulo: Pioneira, 1975.

RONCA, Paulo Afonso Caruso; TERZI, Cleide do Amaral. *A prova operatória:* contribuições da psicologia do desenvolvimento. São Paulo: Instituto Splan, 1995.

VIANNA, Heraldo Marelim, *Testes em educação.* São Paulo: Ibrasa, 1973.